ECKHARDT/FRIEDRICH/ORTH/SCHMIDT/SCHNEPF (HRSG.)
RAUMPLANUNG UND LÄNDLICHE ENTWICKLUNG
IN TANZANIA

Herausgegeben vom Institut für Raumplanung (IRPUD)
Abteilung Raumplanung, Universität Dortmund

Wissenschaftlich-redaktionelle Beratung der
Schriftenkommission für den vorliegenden Band:
Einhard Schmidt

Redaktion:
Ursula v. Petz, Bereich Dokumentation (IRPUD)

Grafisch-technische Beratung und Bearbeitung:
Wieland Halbroth (IRPUD)

Schreibarbeiten:
Petra Hülsmann
Hedwig Stein

Kartographie:
Wolfgang Eckhardt
Rita Schnepf
Christine Starosta

Photographien:
Wolfgang Börstinghaus
Richard Blamauer
Alban Jansson
Einhard Schmidt
Denise Tomecko
National Museum of Tanzania

Linolschnitte und Federzeichnungen:
Alban Jansson

Reprotechnik:
Reprozentrum IRPUD

Druck:
Schadel, 8600 Bamberg

Vertrieb:
Informationskreis für Raumplanung e.V. (IfR),
Universität Dortmund, Postfach 500 500
4600 Dortmund 50

Nachdruck, auch auszugsweise, nur mit Genehmigung
des Herausgebers

Dortmund 1982
ISBN 3-88211-035-X

DORTMUNDER BEITRÄGE ZUR RAUMPLANUNG

27

W. Eckhardt / U. Friedrich / M. Orth / E. Schmidt / R. Schnepf (Hrsg.)

Raumplanung und ländliche Entwicklung in Tanzania

Geographisches Institut
der Universität Kiel
23 Kiel, Olshausenstraße

IRPUD

Inhalt

Einleitung 1

Teil 1
Entwicklungsstrategie und politisches System 7

Katabaro Miti
Kontroversen über Tanzanias industrielle Entwicklung
1976 - "Basic Industries Strategy". *Die langfristige
Industrialisierungsstrategie und die Umwälzung der
Volkswirtschaft. Sozialismus oder Nationalismus -
die Ära nach der Arusha-Erklärung* 9

Wohin? *(Dei-Anang)* 19

Uwe Friedrich, Rita Schnepf, Steven Székely
Politisches System und Planungsorganisation 20
*Historischer Überblick. Die gegenwärtige politische
und Verwaltungsstruktur. Reform durch Dezentrali-
sierungsbeschluß (1972). Organisation der Planung:
Raumstruktur, ökonomische Planung, räumliche Planung*

Teil 2
Planung im ländlichen Raum 41

Rita Schnepf
Was es bringt, über den Kraterrand zu schauen 42

Margaret Skutsch
Institutionalisierte Dorfplanung in Tanzania und
Möglichkeiten der eigenständigen Planung durch die
Dorfbevölkerung 44
*Tanzanias Politik der Dorfplanung. Ziele und Inhalte
ökonomischer und räumlicher Planung. Methodische
Unterschiede zwischen räumlicher und ökonomischer
Planung. Räumliche Planung auf Dorfebene. Die Bei-
spiele Merera und Mbingu. Eigenständige Planung
durch die Bevölkerung*

Gerd Hennings
Förderung von Kleinindustrien in ländlichen Regionen
Tanzanias 76
*Die TANU-Direktive von 1973. Kleinindustrien und die
Ergebnisse der Industrialisierungsstrategie bis 1976.
Kleinindustrien im Rahmen der "Basic Industries Strategy".
Der Bestand an Kleinindustrien in Tanzania. Das Instru-
ment der "Small Industries Development Organisation".
Ein regionaler Fünfjahresplan. Das UTUNDU-Programm*

Michael McCall
Verkehrsplanung für den ländlichen Raum. Kann Verkehrs-
planung regionale Entwicklung herbeiführen? 107
*Anforderungen an die Verkehrs- und Standortplanung beim
Übergang zum Sozialismus. Prinzipien der Verkehrs-
planung. Verkehrsplanung in einer unterentwickelten
Region*

V

Christiane Ziegler
Die Entwicklung des ländlichen Raumes in Tanzania aus
ökologischer Sicht 122
*Natürliche Ressourcen und Empfindlichkeit. Anthropogene
Nutzungen und ihre Auswirkungen auf die natürliche Umwelt.
politische Ziele und Institutionen im Umweltbereich.
Untersuchungen und Programme zur Umweltplanung*

Martin Orth, Einhard Schmidt
Planerausbildung in Tanzania und die Anforderungen der
ländlichen Entwicklungsplanung 148
*Das tanzanische Bildungssystem. Planerausbildung.
Das ARDHI-Institute. Der Studiengang "Städtische und
ländliche Planung". Anforderungen an eine sozialistische
Planerausbildung. Das Institute of Rural Development
Planning. Erziehung zur Eigenständigkeit in der Planer-
ausbildung?*

Literaturverzeichnis 165

EINLEITUNG

Den Fragen räumlicher Planung in Entwicklungsländern wird zunehmend Beachtung geschenkt an den Hochschulen der Industrieländer.
Dabei zeigt sich jedoch, daß bei Veröffentlichungen einige spezifische Sichtweisen vorherrschen:
1. Veröffentlichungen machen oft nicht den Versuch, staatliche Planung und ihre Organisation darzustellen. Vielmehr beschränkt sich ihr Interesse meist isoliert auf Projekte der Entwicklungshilfe.
2. Bei den Berichten zurückgekehrter Entwicklungshelfer stehen persönliche Erfahrungsberichte und Eindrücke eher im Vordergrund als Beschreibungen der materiellen, organisatorischen und inhaltlichen Planungsbedingungen /1/.
3. Die Ergebnisse wissenschaftlicher Auseinandersetzung mit Raumplanung in Entwicklungsländern weisen oft eine sehr hohe Verallgemeinerung auf oder stellen recht unvermittelt eine Vielzahl von Fallbeispielen aus aller Herren Länder zusammen. Die Auseinandersetzung mit dem, was der Summe der Entwicklungsländer an Problemen gemeinsam ist, erlaubt oft nur noch eine eingeschränkte Rückbeziehung auf die konkreten Probleme eines Landes.
Diese Situation spiegelt sich auch am Beispiel Tanzania wider.
Darüber hinaus sind nur über wenige Länder Schwarz-Afrikas im letzten Jahrzehnt so viele deutschsprachige Monographien erschienen, wie über Tanzania.
Auslösend für das besondere Interesse, das gerade Tanzania - bis heute eines der ärmsten Länder der Erde und während der Kolonialzeit eher stiefmütterlich weggekommen - entgegengebracht wird, ist zweifellos der besondere Entwicklungsweg des Landes, der unter den Schlagworten "afrikanischer Sozialismus" und "Ujamaa-Politik" in die entwicklungspolitische Diskussion eingegangen ist.
So wichtig die Rezeption und die Debatte des tanzanischen Entwicklungsweges in der entwicklungspolitisch interessierten Öffentlichkeit sind, so darf doch nicht übersehen werden, daß der überwiegende Teil der einschlägigen Literatur ein sehr grobes Bild von der gesellschaftlichen Wirklichkeit Tanzanias zeichnet. Programmatik und Ziele der Politik sind in der Regel besser dokumentiert als konkrete Maßnahmen und die daraus resultierenden Veränderungen der Existenzbedingungen der Bevölkerung /2/.
Was für die entwicklungspolitische Debatte um das tanzanische Modell im allgemeinen gilt, gilt auch für die Arbeiten, die Fragen der Raumentwicklung und der Raumplanung aufgreifen.
Im deutschsprachigen Raum liegen nur wenige Arbeiten vor, die nicht nur programmatische Aussagen, sondern auch ihre Umsetzung dokumentieren, oder die untersuchen, wie sich die räumlichen Strukturen verändert haben, seit der "afrikanische Sozialismus" zum offiziellen Regierungsprogramm erhoben wurde.
Neben diesen Arbeiten, die sich vor allem mit städtischen Problemen beschäftigen /3/, gibt es noch Arbeiten, die Fachbeiträge liefern /4/.
Mit ländlicher Entwicklung und Planung im ländlichen Raum setzen sich nur wenige Autoren /5/ auseinander.
Es liegen außerdem eine Reihe englischsprachiger Veröffentlichungen vor /6/, die sich durch gründliche und dezidierte Auseinandersetzung mit dem tanzanischen Modell auszeichnen. Diese Arbeiten sind zum Teil jedoch nur schwer zugänglich.
Darüber hinaus sind in Tanzania selbst zahlreiche Arbeits- und Seminarpapiere entstanden, die sich zum Teil sehr fundiert mit Teilaspekten der räumlichen Entwicklung auseinandersetzen. Diese Papiere sind jedoch über einen eng begrenzten Zirkel von Akademikern in Tanzania selbst hinaus kaum verbreitet.

Um die eben beschriebenen Informationslücken schließen zu helfen, liegt der Schwerpunkt dieses Buches deshalb darauf:

1. die realen Probleme Tanzanias in der Planung und die Chancen autozentrierter Entwicklung darzustellen,

2. die Alternativen bzw. deren Ansätze deutlich zu machen, die sich aus der Umsetzung der tanzanischen Entwicklungsstrategie ergeben,

3. die Schwerpunkte der tanzanischen Strategie - gesamtgesellschaftliche Planung, Planung von unten und ländliche Entwicklung (vor allem Dorfplanung und die an ländlicher Entwicklung orientierte Regionalplanung) zu berücksichtigen,

4. eine systematisierende Darstellung der Raumplanung in Tanzania zu leisten, soweit nicht Mängel des tanzanischen Planungssystems selbst dem entgegenstehen.

Ausgangspunkt für das, was die Herausgeber selbst zu diesem Thema zusammengetragen haben, war eine Studienreise im Rahmen einer eineinhalbjährigen Projektarbeit von Studenten und Assistenten der Abteilung Raumplanung nach Tanzania im Sommer 1979. Einige Mitglieder der damaligen Projektgruppe arbeiteten am Thema weiter.

Neben diesen Beiträgen der Herausgeber und anderer Fachkollegen an der Abteilung Raumplanung der Universität Dortmund stehen Arbeits- und Seminarpapiere von Lehrenden an tanzanischen Hochschulen, die in der Planerausbildung tätig sind.

Das Buch ist in zwei Teile aufgeteilt. Im ersten Teil sind drei Artikel zusammengefaßt, die die räumliche Entwicklung Tanzanias, seine Entwicklungsstrategie und seine Planungsorganisation, besonders in bezug auf die ländliche Entwicklung beschreiben und diskutieren.

Im zweiten Teil finden sich Beiträge über die Planung auf den verschiedenen Ebenen und in den verschiedenen Fachplanungen, ebenfalls wieder mit speziellem Bezug auf den ländlichen Raum.

Margret Skutsch's Artikel beschäftigt sich mit der offiziellen Dorfplanung und besonders mit der Frage nach der Möglichkeit von Selbstplanung durch die Bewohner. Dann folgen Artikel über Kleinindustrieförderung, Verkehrsplanung, über Landschaftsplanung, Ökologie und Umweltschutz, sowie ein Beitrag über Planerausbildung und die Berücksichtigung der Anforderungen ländlicher Entwicklung in der Ausbildung.

Das Buch versucht also, die räumliche Umsetzung der tanzanischen Entwicklungsvorstellungen zu beschreiben und zu diskutieren und damit einen Beitrag zur Planungsdiskussion und zur entwicklungspolitischen Information aus einer Position kritischer Solidarität heraus zu geben. Denn es kann nicht Aufgabe europäischer Planer sein, räumliche Entwicklungskonzepte für Tanzania oder andere Länder der Dritten Welt zu erarbeiten, weil das die Gefahr in sich birgt, neokoloniale Abhängigkeitsstrukturen zu verstärken oder gar die räumliche Entwicklung Tanzanias an den Interessen des Industrielandes auszurichten.

Für interessant halten wir auch die Frage, inwieweit bestimmte Teile der allgemein politischen Zielsetzung und der räumlichen Planung in Tanzania Vorbild konkreter Utopien für unser Land sein können.
Diese Sichtweise birgt natürlich auch die Gefahr in sich, ein idealisiertes Bild von Tanzania zu entwerfen, das dann gegenüber der Wirklichkeit nicht bestehen kann.
Gerade die Hoffnungen, aber seit einiger Zeit auch die Enttäuschungen vieler entwicklungspolitisch Interessierter über den tanzanischen Weg beweisen, daß nur die intensive Auseinandersetzung mit den Problemen eines Landes und deren Ursachen es möglich machen, eine Kontinuität der Entwicklung trotz aller Rückschläge ernsthaft zu prüfen und langfristig Solidarität zu üben.

Die Neuorientierung des tanzanischen Entwicklungsweges begann als ländliche Basisbewegung in den 60er Jahren. Die Gründung ländlicher Produktionsgenossenschaften wurde dann 1967 in der Arusha-Erklärung der TANU (Tanganjka African National Union), die maßgeblich durch den Staatspräsident Julius K. Nyerere geprägt ist, zum Herzstück tanzanischer Politik. Sie sah eine Betonung der ländlichen Entwicklung, die Sozialisierung der gesamten Wirtschaft sowie eine strikte politische und wirtschaftliche Unabhängigkeit durch Blockfreiheit und Vertrauen auf die eigene Kraft (self-reliance) vor. Eine solche Zielvorgabe stellt an die räumliche Planung die Anforderung, die Dekolonisierung durch den Ausgleich räumlicher Disparitäten (Stadt-Land-Gegensatz, inner- und zwischenregionale Ungleichheiten) voranzutreiben, eine sozialistische Landnutzung zu ermöglichen sowie im Sinne des Vertrauens auf die eigene Kraft Planung mit und durch die Bevölkerung vorzunehmen (Dezentralisierung, Demokratisierung politischer und planerischer Entscheidungsprozesse).

Damit bedeutete die tanzanische Entwicklungskonzeption nicht nur die Ablehnung von kolonialen Ausbeutungsstrukturen, sondern auch die Abkehr von wirtschaftlichen und räumlichen Entwicklungsvorstellungen, die durch die Modernisierungstheorien und Vorstellung räumlich polarisierten Wachstums geprägt sind.
Neben die Ablehnung neokolonialistischer Vorstellungen der westlichen Industrienationen trat zugleich eine skeptische Position gegen eine allzu große Abhängigkeit eines Entwicklungslandes von Ländern des sozialistischen Blocks und deren Vorstellung einer wirtschaftlichen Entwicklung, die zunächst eine absolute Vorrangstellung für die Industrialisierung und für polarisiertes Wachstum vorsieht.

Damit bargen die tanzanischen Entwicklungsvorstellungen die Hoffnung auf einen qualitativ neuen "dritten Weg" autozentrierter Entwicklung. Wenn auch mit politisch etwas anderen Vorzeichen, so wurde das tanzanische "Modell" ähnlich mit Hoffnungen und Erwartungen besetzt wie die Entwicklung in China.

Als Beispiel für den Versuch, autozentrierte Entwicklung auf dem Lande einzuleiten, kann die Zusammensiedlungskampagne (Villagization) ab 1973 gelten. Die weit verstreut lebende ländliche Bevölkerung sollte in Dörfern zusammensiedeln, damit eine elementare infrastrukturelle Versorgung mit Schulen, Krankenstationen, gesundem Wasser und den nötigsten Waren möglich wird. Zugleich sollten auch Landnutzungsmodelle entwickelt werden, die eine sozialistische Wirtschaftsweise erleichterten. Die kolonial verursachten regionalen Disparitäten sollten beseitigt werden zugunsten einer Bevölkerungsverteilung, die sich an der Tragfähigkeit des Landes orientierte. Zum Beispiel wechseln bis heute in Tanzania Gebiete mit relativer Überbevölkerung und stark entleerte Räume ab. Diese stark entleerten Räume sind auch das Ergebnis rücksichtsloser Rekrutierung von Zwangs- und Wanderarbeitern durch die deutschen Kolonialherren vor 1918 sowie durch sie verursachter Hungersnöte und Strafexpeditionen.

Der eigentlich gute Ansatz der Zusammensiedlungskampagne verkehrte sich jedoch in ein schlechtes Beispiel, weil die Durchführung sehr bürokratisch und zum Teil auch gegen den Willen der Bevölkerung verlief. Auch die räumliche Verteilung erwies sich zum Teil als eher willkürlich denn planvoll.
Auch die zu frühe Umwandlung der spontan entstandenen Genossenschaften sowie die sehr ungesteuert verlaufene Industrialisierung - im wesentlichen Importsubstitution - mögen als politische Fehler angesehen werden. Andere Fehler, Schwierigkeiten und Unstimmigkeiten in Tanzanias Entwicklung sind das Ergebnis noch nicht aufgelöster neokolonialer Abhängigkeitsstrukturen. So kam z.B. die Ausweisung von 11 Wachstumspolen im zweiten Fünfjahresplan deshalb zustande, weil aus der Bundesrepublik Experten in den regelmäßig zwischen der Bundesrepublik und Tanzania stattfindenden entwicklungspolitischen Konsultationen sehr darauf drängten, die Investitionen - entsprechend ihrer Vorstellung von polarisiertem Wachstum - auf wenige Städte zu konzentrieren.

Die alarmierende aktuelle Situation in Tanzania ist gekennzeichnet durch sinkende Reallöhne und eine schlechte Versorgungslage für die Bevölkerung, steigende Korruption und sinkendes Vertrauen in die Regierung. Die Auslandsverschuldung steigt ebenso wie das Außenhandelsdefizit. Die Weltwirtschaftskrise verschlechtert die Entwicklungschancen der Dritten Welt in besonderer Weise. Die Schere zwischen den auf dem Weltmarkt zu erzielenden Preise für industrielle Fertigprodukte und den landwirtschaftlichen Produkten und Rohstoffen der Dritte Welt Länder klafft immer weiter auseinander, und die Verteuerung des Öls hat wiederum die Entwicklungsländer besonders betroffen. Tanzania muß mehr als 80 Prozent seiner Außenhandelserlöse für die Ölrechnungen aufbringen. Der Kampf gegen diese Abhängigkeit von einem Weltmarkt, der von den Industrienationen kontrolliert wird, ist schier aussichtslos.

Damit steigt die Abhängigkeit Tanzanias von Krediten der Weltbank, des Internationalen Währungsfonds und von bilateraler Entwicklungshilfe weiter an. Die Vergabe dieser Gelder wiederum ist eng gekoppelt an die Erfüllung politischer Forderungen durch die Vergabeländer und -organisationen. Traurige Berühmtheit haben vor allem die Forderungen des Internationalen Währungsfonds erlangt. Die Lebensmittelsubventionen sollen genauso gekürzt werden wie andere Sozialleistungen und die Löhne. Die Abhängigkeit vom Weltmarkt wirkt sich auf die Lebensbedingungen großer Teile der Bevölkerung also doppelt verheerend aus, weil sie die Auswirkungen der Krise und der Bekämpfung der Krise tragen müssen. Diese Verschlechterung trägt natürlich dazu bei, die innenpolitischen und klassenmäßigen Auseinandersetzungen zu verschärfen

Zusätzliche interne Probleme ergeben sich aus der Gesellschaftsformation Tanzanias. Die Ansätze der Herausbildung einer neuen herrschenden Klasse sowie der Versuch der Intellektuellen, sich bestimmte Privilegien zu sichern /7/, bringen große Schwierigkeiten für eine sozialistische Entwicklung Tanzanias.

Eine sehr wichtige Frage, auf die in diesem Buch nicht eingegangen wird, ist die nach dem Entwicklungsstand eines sozialistischen Bewußtseins, wie weit also die Emanzipation der während der deutschen Kolonial- und englischen Mandatszeit systematisch entmündigten Bevölkerung und ihr Gefühl für solidarisches Handeln und Kooperation fortgeschritten ist.

Das Auftreten all dieser wirtschaftlichen, politischen und bewußtseinsmäßigen Schwierigkeiten beim Aufbau einer neuen Gesellschaft beweist jedoch nicht das Scheitern dieses Versuchs. Die Frage, ob bei all diesen zwangsläufigen Schwierigkeiten und Rückschlägen die Lern- und Veränderungsfähigkeit der tanzanischen Gesellschaft groß genug bleibt, um eine Kontinuität der Entwicklung zu erreichen, ist bisher noch nicht entschieden.

Anmerkungen

/1/ Siehe z.B. Tanzania-Praxiserfahrungen aus der Arbeit als Entwicklungshelfer, in: Blätter des Informationszentrums Dritte Welt, Freiburg, Nr. 81, Nov. 1979. - *Der Wert solcher Arbeiten z.B. für die Auseinandersetzung um die Problematik der Entwicklungshilfe soll damit nicht infrage gestellt werden.*

/2/ *Vgl. z.B. die folgenden allgemeinen Darstellungen des tanzanischen Entwicklungsweges:*
V. HUNDSDÖRFER und E. MEUELER, Tanzania oder der Weg zu Ujamaa, in: E. Meueler (Hg.): Unterentwicklung, Arbeitsmaterialien, Reinbeck 1974, S. 9-90.

G. GROHS, Zur Soziologie der Dekolonisation, in: GROHS/TIBI (Hg.): Zur Soziologie der Dekolonisation in Afrika, Frankfurt 1973, S. 123-145.

P. RAIKES, Ujamaa - eine sozialistische Agrarentwicklung?, in Blätter des iz3w Nr. 60 (März 1977), S. 28-35.

W. KÜPER, Ländermonographie - Tanzania, Bonn 1973.

/3/ z.B. P. HEUER; P. SIEBOLDS, Urbanisierung und Wohnungsbau in Tanzania, Berlin 1979 *(hierin auch ein Kapitel über regionale Strategien)*, sowie
P. SIEBOLDS; F. STEINBERG, Tanzania I: Die neue Hauptstadt Dodoma; Tanzania II: Traditionelles Wohnen, in: Stadtbauwelt Nr. 41 (1979).

G. HENNINGS; B. JENSSEN; K. KUNZMANN, Dezentralisierung von Metropolen in Entwicklungsländern - Elemente einer Strategie zur Förderung von Entlastungsorten, in: Dortmunder Beiträge zur Raumplanung, Dortmund 1978, darin: Dar es Salaam/Tanzania.

K. VORLAUFER, Koloniale und nachkoloniale Stadtplanung in Dar es Salaam, Frankfurt 1970.

/4/ z.B. R. HOFMEIER, Der Beitrag des Verkehrswesens zur wirtschaftlichen Entwicklung Tanzanias unter besonderer Berücksichtigung des Straßenverkehrs, München 1970.

/5/ J. LÜHRING, Gegenstand und Bedeutung dezentraler Raumplanung in den Staaten Tropisch Afrikas, dargestellt an Beispielen aus Tanzania und Ghana, in: Die Erde, Jg. 105 (1974).

P. MEYNS, Nationale Unabhängigkeit und ländliche Entwicklung in der 3. Welt. Das Beispiel Tanzania. Berlin 1977 (*Schwerpunkt des Buches ist jedoch nicht der planerische, sondern der politische Aspekt*).

G. BAARS, Restriktionen einer dezentralen Planung in Entwicklungsländern am Beispiel Tanzanias, Diplomarbeit, Dortmund 1976 (unveröffentlicht).

/6/ Zum Beispiel:
A. COULSON (Hg.): African Socialism in Practice, Nottingham 1979.

J. DOHERTY, Urban Places and Third World Development: The Case of Tanzania, in: Antipode Jg. 9 (1977), H. 3, S. 32-42.

M. v. FREYHOLD, Ujamaa Villages in Tanzania - Analysis of a Social Experiment, London 1979.

B. MWANSASU/C. PRATT (Hg.): Towards Socialism in Tanzania, Dar es Salaam 1979.

S.S. MUSHI, Popular Participation and Regional Development Planning - Politics of Deconcentrated Administration, in: Tanzania Notes and Records, Bd. 83 (1978).

D. SLATER, Colonialism and the Spatial Structure of Underdevelopment outlines of an Alternative Approach with special Reference to Tanzania, in: Progress in Planning, Bd. 4, H. 2 (1975), S. 137-161.

L. CLIFFE/J. SAUL (Hg.): Socialism in Tanzania - An Interdisciplinary Reader (2 Bde), Dar es Salaam 1973

/7/ I.G. SHIVJI, Class Struggles in Tanzania, Dar es Salaam 1976.

Tanzania Highway
7/78

Mikumi 7/78

Teil 1
Entwicklungsstrategie und politisches System

Anmerkung der Herausgeber:

Der folgende Beitrag ist ein Auszug aus einer längeren Abhandlung
des Autors mit dem Titel
"Continuity and Change in Tanzania's Economic Policy Since Independence",
die am 24.7.1979 als Forschungspapier am Economic Research Bureau der
Universität Dar es Salaam vorgestellt wurde.
Übersetzung von Einhard Schmidt.

Katabaro Miti

KONTROVERSEN ÜBER TANZANIAS INDUSTRIELLE ENTWICKLUNG

1. 1976 - "Basic Industries Strategy"

Der dritte Fünfjahresplan für Tanzania geht bei der industriellen Entwicklung von Prinzipien aus, wie sie vorher schon von Autoren wie RWEYEMAMU, Clive THOMAS und COULSON vorgeschlagen worden waren. Er sieht den Aufbau sogenannter "Basic Industries" vor und hat eine langfristige Industrialisierungsstrategie für die Jahre 1975 bis 1995 zum Inhalt. Im folgenden Abschnitt wollen wir den dritten Fünfjahresplan im Hinblick auf die Industrialisierungskonzepte untersuchen und mit den Konzepten, die von den genannten Autoren vorgeschlagen worden sind, vergleichen /1/.

Der Plan setzt die Prioritäten folgendermaßen:

1. Die Struktur unseres industriellen Sektors soll so entwickelt und umgeformt werden, daß unseren Grundstoffindustrien ("Basic Industries") Priorität gegeben wird, und daß die Industrien für unsere eigenen Bedürfnisse produzieren. Das Ziel ist, sicherzustellen, daß unsere natürlichen Ressourcen wie Eisenerz, Kohle, Chemikalien usw. als Rohstoffe für die Produktion von Maschinen benutzt werden, um auf diese Weise die Anforderungen unserer eigenen Industrien zu erfüllen. Dabei geht es natürlich vorrangig um die Bedürfnisse des tanzanischen Marktes. Wenn wir auf diese Weise Grundstoffindustrien entwickeln, werden wir eine solide Basis haben, um unterschiedliche Sektoren unserer Wirtschaft zu entwickeln, weil wir die industriellen Vorprodukte im Lande selbst herstellen, wo immer dies möglich ist.

2. Die Produktion von Rohstoffen für unsere Industrien, wie Eisen, Chemikalien, soll gefördert werden.

3. Ausweitung der industriellen Aktivitäten in den Regionen.

4. Aufbau und Ausweitung industrieller Forschung, Beratung und der Entwicklung neuer Technologien.

5. Weiterverarbeitung von Nahrungsmitteln, Weiterverarbeitung von Baumwolle, Produktion von Schuhen, Textilien und verschiedenen Baumaterialien.

6. Erste Vorbereitungen für den Aufbau von Eisenverhüttungsindustrie, von Metallverarbeitung, von Zement-, Glas-, Holzindustrie und chemischer Industrie, von Düngemittel- und Papierindustrie /2/.

Diese Zielsetzungen der "Basic Industries Strategy" spiegeln sich in den Investitionsanteilen, die im dritten Fünfjahresplan für den Zeitraum von 1976 bis 1981 festgelegt wurden, wider:

Es ist auffällig, welche überragende Bedeutung im laufenden Fünfjahresplan der Baumwoll- und Sisalindustrie (27,6 %), der Nahrungs- und Genußmittelindustrie (19,1 %) und der Zement- und Baustoffindustrie (15,6 %) zuerkannt werden. Diese drei Branchen machen zusammen 62,3 % des gesamten industriellen Budgets in den fünf Jahren aus. Auf der anderen Seite ergeben die Investitionen im Bereich der Eisen- und eisenverarbeitenden Industrie und der chemischen Industrie insgesamt nur 16,2 % des Budgets im industriellen Sektor. Trotz der Rhetorik des dritten Fünfjahresplans liegt das Schwergewicht faktisch nicht auf den Grundstoffindustrien, wie es von RWEYEMAMU, THOMAS und COULSON vorgeschlagen worden war, sondern im Gegenteil auf der Verarbeitung von Rohstoffen und der Herstellung von Konsumgütern. Dies ist das Ergebnis eines Aufschwunges in der Verarbeitung von Rohstoffen seit dem Jahre 1974 als Strategie zur industriellen Entwicklung. Auch heute noch gilt eine Hauptsorge der Regierung der Sicherung von Devisenreserven

Tabelle 1
Investitionsanteile verschiedener Industriebranchen im dritten Fünfjahresplan

Industriebranche	Anteil an den Gesamtinvestitionen des industriellen Sektors
1. Eisenschaffende und eisenverarbeitende Industrie	7,6 %
2. Baumwolle, Sisalverarbeitung und verwandte Industrien	27,6 %
3. Chemische Industrie	8,6 %
4. Nahrungs- und Genußmittelindustrie	19,1 %
5. Holz- und Papierindustrie	19,1 %
6. Nicht-Eisenindustrien (Zement- und Baustoffind.)	15,6 %
7. andere Industriebranchen	2,5 %
	100,0 %

Quelle: Dritter Fünfjahresplan 1976-1981, S. 38

(was seinerzeit schon das Übergewicht von landwirtschaftlichen Rohstoffen für den Weltmarkt verursacht hat). Folgerichtig betont auch der dritte Fünfjahresplan, daß Industrien eingerichtet werden sollen, die Waren für den Export ins Ausland produzieren und somit neben der landwirtschaftlichen Exportproduktion eine zweite Quelle für Deviseneinnahmen darstellen.

Dies hat dazu geführt, daß das Schwergewicht auf Baumwolle, der Verarbeitung von Tierhäuten, Sisal- und verwandten Industrien liegt, deren Produktion im wesentlichen auf ausländische Märkte ausgerichtet ist. Hinter der Förderung von Nahrungs- und Genußmittelindustrie, Zement- und Baustoffindustrie steht offensichtlich das Konzept der Importsubstitution. Auch Papier- und Holzindustrie fallen in diese Kategorie.

Es herrscht immer noch die Vorstellung vor, daß der Markt für Schwerindustrien (Basic Industries), wie Eisen und Stahl, sehr klein ist. Deshalb spricht der Plan davon, daß Werkstätten eingerichtet werden sollen, um Ersatzteile und bestimmte Teile von Maschinen herzustellen, als eine Möglichkeit, den Markt für Roheisen und Rohstahl zu erweitern. Im Plan wird angedeutet, daß eisenschaffende und verwandte Industrien auf die Bereitstellung von Zwischenprodukten ausgerichtet sein sollen. Diesen Gesichtspunkt kann man auch aus einer Stellungnahme des Industrieministers zu den zentralen Zielen des industriellen Programms aus dem Jahre 1976 herauslesen. Das zweite Ziel, das sich direkt auf die Eisenindustrien zu beziehen scheint, fordert die Errichtung von metallverarbeitenden Industrien, um einfache Zwischenprodukte herzustellen, deren Produktion im Rahmen unserer technischen Fähigkeiten und unserer Ressourcen möglich ist.
Es herrscht jedoch immer noch die Meinung vor, daß es unökonomisch und unrealistisch wäre, im größeren Maßstab Schwerindustrien aufzubauen, wenn man den geringen technischen Entwicklungsstand und die schmale Ressourcenbasis des Landes in Betracht zieht.

Wir wollen uns nun den Protagonisten einer "Basic Industries Strategy" zuwenden. Die drei oben erwähnten Protagonisten einer "Basic Industries Strategy" nehmen zum Ausgangspunkt ihrer Überlegungen die Theorie der Unterentwicklung. Aus ihrer Interpretation des Wesens von Unterentwicklung ergibt sich auch ihre Strategie. RWEYEMAMU stellte z.B. 1973 fest, daß "ein entscheidender Bestandteil der Unterentwicklung mit folgender Abhängigkeitsbeziehung zu tun hat: Abhängigkeit von den Märkten der industriellen Metropolen (für Exporte) ebenso wie technologische Abhängigkeit und die Abhängigkeit von ausländischen (aus den industriellen Metropolen stammenden) Unternehmern" /3/. Das liegt für ihn an fehlender Symmetrie zwischen der Produktionsstruktur und der Konsumtionsstruktur, und daraus ergibt sich folgerichtig das Fehlen einer Investitionsgüterindustrie, insbesondere von Betrieben, die darauf ausgerichtet sind, die Arbeitsproduktivität des landwirtschaftlichen Sektors zu erhöhen. Seine Lösung sieht folgendermaßen aus:

"Die Produktion sollte auf die Herstellung von Grundstoffen ausgerichtet sein. Dabei werden unter Grundstoffen alle Vorprodukte verstanden, die direkt oder indirekt in der Produktion aller anderen Güter und der Produktionsmittel eingesetzt werden, d.h., sie sind Grundlage für eine selbsttragende Wirtschaft, und sie garantieren die Weiterentwicklung und Ausweitung von in Lohnarbeit hergestellten Produkten. Darin ist sowohl die Produktion von Rohstoffen als auch die Produktion von Investitionsgütern, also Maschinen, um Maschinen zu produzieren, eingeschlossen" /4/.

Er fährt dann in seiner Argumentation fort, daß Tanzania angesichts seiner sehr begrenzten Rohstoffe sich in einem ersten Anlauf zu einer selbsttragenden Wirtschaft auf die Produktion von Eisen- und Stahlprodukten und Chemikalien konzentrieren sollte. Um dies auch wirkungsvoll zu tun, müssen "ungefähr 40 % der Investitionen in diesen Sektor eingesetzt werden, zumindest aber muß der Anteil der Investitionen, der für grundlegende Produktionsmittel bereitgestellt wird, groß genug sein, um die Schwelle zu überschreiten, unterhalb derer keine greifbaren Ergebnisse mehr zu erreichen sind. Solch ein Ansatz würde zu einer qualitativ neuen Situation führen, in der ökonomische Entwicklung zu einem selbsttragenden Prozeß wird".

Es ist außerordentlich fraglich, ob die 7,6 % bzw. 8,6 %, die für die eisenschaffende und eisenverarbeitende Industrie und die chemische Industrie im Budget bereitgestellt werden, ausreichen, um genau diese Schwelle zu überschreiten.

Für Clive THOMAS liegt der Widerspruch, der die Realität der Entwicklung von Unterentwicklung in Staaten der Dritten Welt hervorgebracht hat, im dialektischen Prozeß der Verinnerlichung des sozialen Systems des Kapitalismus. Historisch gesehen, ist diese Dynamik in einer Anzahl materieller Erscheinungsformen zum Ausdruck gekommen. Zunächst einmal kann sie an der überragenden Stellung ausländischen Eigentums an den Produktionsmitteln in den Länder der Dritten Welt abgelesen werden. Dem entsprechen bestimmte Formen von Abhängigkeit, die zunächst den Prozeß aufrechterhalten haben, und die jetzt in verschiedenen Staaten in unterschiedlichem Maße funktional autonom geworden sind. Mit "funktional autonom" meinen wir unabhängig im juristischen Sinne des Eigentums an Produktionsmitteln. Für ihn sind die "Formen wirtschaftlicher Abhängigkeit, die im tanzanischen Wirtschaftsmodell bei funktionaler Autonomie, also unabhängig von der Tatsache ausländischen Eigentums an den Produktionsmitteln, weiterbestehen, die folgenden Bereiche:

1. die starke Bindung an ausländische Technologien;

2. die nicht zu übersehende Rolle, die ausländische Entscheidungsträger in den für die Schaffung von Arbeitsplätzen und Einkommen wichtigen Sektoren spielen;

3. die fortdauernden Kapitalabflüsse, die die Tatsache widerspiegeln, daß Mehrwert, der lokal geschaffen worden ist, an die Eigentümer von Kapital, Technologie und Managementfähigkeiten in den industriellen Metropolen zurücküberwiesen wird" /5/.

THOMAS sagt selbst: "Versucht man, Unterentwicklung dynamisch zu interpretieren und in Form objektiver materieller Erscheinungsformen auszudrücken, so müßte das Maß für strukturelle Abhängig, Unterentwicklung und wirtschaftliche Rückständigkeit vor allem folgende Dimensionen enthalten: Entscheidend ist das Fehlen eines organischen Bindeglieds, das in der einheimischen Wissenschafts- und Technologieentwicklung verwurzelt sein müßte, eines Bindeglieds zwischen dem Verteilungsmuster und dem Wachstum der einheimischen Ressourcenausnutzung auf der einen Seite und dem Verteilungsmuster und dem Wachstum der einheimischen Nachfrage auf

der anderen Seite". In diesem Zusammenhang stellt sich dann das grundlegende Problem einer Strategie der wirtschaftlichen Entwicklung so dar:
1. Man muß herausfinden, wie man das Muster und das Ausmaß der einheimischen Ressourcenausnutzung und die einheimische Nachfrage, wie sie sich entwickelt hat und wie sie sich vermutlich in der nächsten Zeit in ihren groben Zügen weiterentwickeln wird, miteinander in Einklang bringen kann.
2. Man muß herausfinden, wie der Staat die Nachfrage so strukturieren kann, daß sie mehr als bisher mit der Verfügbarkeit einheimischer Ressourcen in Einklang steht. Im Grunde geht es darum, wie man die Bedürfnisse der Gesellschaft mit ihren Nachfragemustern in Einklang bringen kann.

Um diese Übereinstimmung zustande zu bringen, braucht man eine strukturell veränderte und effizientere Landwirtschaft und Industrie. Das heißt, in der Auseinandersetzung des Menschen mit seiner materiellen Umwelt ist zunächst einmal die Ausbreitung von Techniken zur Arbeitsorganisation und zur besseren Ressourcennutzung erforderlich. THOMAS nennt zwei Modelle der Industrialisierung, das russische Modell, das auf der Schwerindustrie basiert in dem Sinne, daß die Ressourcen dafür genutzt werden, Maschinen zu produzieren, mit denen wieder andere Maschinen hergestellt werden. Daraus ergeben sich auch die Grenzen für die Industrialisierung, denn diese bestimmen sich aus dem Mehrwert, der erwirtschaftet wird und für die Industrie zur Verfügung gestellt werden kann, und nicht aus dem Markt für industrielle Produkte. Die zweite Strategie legt das Schwergewicht auf leichte verarbeitende Industrie, im wesentlichen auf die Montage von Konsumgütern, in der Erwartung, daß hierin der Schlüssel liegt, daß sich im Laufe der Zeit auch eine Industrie für Zwischenprodukte und eine Schwerindustrie entwickelt. THOMAS akzeptiert diese Modelle nicht als "Basic Industries Strategy", wobei grundlegend (Basic) heißen soll, daß diese Bereiche das Rückgrat der industriellen Produktion bilden. Die "Basic Industries" sind für ihn Eisen und Stahl, Textilien, Papier, Plastik, Gummi, Glas, Leder, Zement, Holz, Treibstoffe und Industriechemikalien.

Diese Industriebereiche müssen gleichzeitig aufgebaut werden, wenn es darum geht, eine industrielle Basis für das Land zu schaffen. Aber angesichts des hohen Kapitalaufwandes, der erforderlich ist, um diesen Typ von Industrialisierung durchzusetzen, bemerkt Clive THOMAS: "Erfolgreiche Umformung der industriellen Struktur müßte sich zum großen Teil auf die Großzügigkeit anderer industriell entwickelter sozialistischer Staaten verlassen können, insbesondere, weil Devisen, die aus landwirtschaftlicher Produktion erwirtschaftet werden können, der Wirtschaftsstruktur vom Typ Tanzanias nur in unzureichendem Ausmaße zur Verfügung stehen. Die bereits industrialisierten sozialistischen Länder spielen eine Schlüsselrolle dabei, die Abkopplung vom Kapitalismus, die Umformung der Wirtschaftsstruktur und die Reihenfolge der Investitionen zu unterstützen" /6/. Die Liste der grundlegenden Industrien bei Clive THOMAS entspricht etwa derjenigen des dritten Fünfjahresplans. Allerdings liegen unterschiedliche Annahmen zugrunde. Clive THOMAS geht aus von der Existenz eines revolutionären Staates, in dem die Staatsmacht von einem Bündnis von Arbeitern und Bauern ausgeübt wird. Dies ist auch die Bedingung dafür, daß Tanzania großzügige Wirtschaftshilfe vom sozialistischen Block erhalten würde. THOMAS ordnet Tanzania als ein Land ein, daß sich im Übergang zum Sozialismus befindet. In diesem Zusammenhang schreibt er:

"Wir wenden den Begriff (Übergang zum Sozialismus) nur auf solche kleinen unterentwickelten Länder an, in denen eine Revolution angefangen hat, die die Staatsmacht an ein Bündnis von Arbeitern und Bauern überträgt, das letztlich darauf hinausläuft, den Produktionsprozeß unter die Kontrolle und Leitung der Arbeiter und Bauern zu bringen, um das Land vom internationalen Kapitalismus abzukoppeln und um den materiellen Wohlstand der Bevölkerung zu erhöhen. Das sind nämlich die zentralen ökonomischen Fragen, um die es in der Phase des Übergangs zum Sozialismus geht. Kuba und Tanzania sind die beiden besten historischen Beispiele für das, was wir meinen" /7/.

Befindet Tanzania sich auch wirklich in diesem Sinne im Übergang zum Sozialismus? Das ist eine ganz entscheidende Frage, auf die wir später noch zurückkommen werden. Zunächst soll es genügen, einige Kommentare zum dritten Fünfjahresplan und zur langfristigen Industrialisierungsstrategie anzuführen.

2. Die langfristige Industrialisierungsstrategie und die Umwälzung der Volkswirtschaft

Die langfristige Industrialisierungsstrategie für Tanzania, wie sie von Wirtschaftswissenschaftlern der Harvard-Universität ausgearbeitet worden ist, wird als "Basic Industries Strategy" bezeichnet. In den letzten Abschnitten haben wir versucht nachzuweisen, daß diese "Basic Industries Strategy" nicht mit dem in Einklang steht, was ursprünglich von Autoren wie RWEYEMAMU und Clive THOMAS vorgeschlagen worden war. Die Ähnlichkeit in der Wortwahl ist eher irreführend. Wir wollen an dieser Stelle aber nicht darauf hinaus, daß das eine oder andere Modell, also entweder das Modell von RWEYEMAMU/THOMAS oder das Modell, wie es im dritten Fünfjahresplan zum Ausdruck kommt, überlegen oder unterlegen wäre bzw. der tanzanischen Situation eher angemessen wäre. Wir betonen lediglich den Unterschied zwischen den beiden Modellen. Die langfristige Industrialisierungsstrategie des dritten Fünfjahresplanes spiegelt einen etwas unglücklichen Kompromiß unterschiedlicher Industrialisierungsstrategien wider, die alle in Tanzania seit der Unabhängigkeit diskutiert und zum Teil auch ausprobiert worden sind. In dieser Synthese aus unterschiedlichen Konzepten mußte auch der Begriff "Basic Industries" neu definiert werden. Er meint nicht mehr ausschließlich "Industrien, die Güter produzieren, die in der Produktion aller anderen Warengruppen direkt oder indirekt benötigt werden" (RWEYEMAMU). Er meint auch nicht Industrien, die das Rückgrat der gesamten Industrieproduktion bilden (THOMAS). Der Begriff ist so ausgeweitet worden, daß er alle Industrien, die für Grundbedürfnisse der Menschen produzieren, mit umfaßt.

In der Tat sieht die langfristige Industrialisierungsstrategie ein Grundbedürfniskonzept vor, das das Hauptaugenmerk auf die Herstellung von Massenkonsumgütern legt. Dieser Strategie liegt die Importsubstitutionsphilosophie zugrunde - das heißt, die Nachfrage der Konsumenten soll durch Produktion im Lande selbst gedeckt werden. Diese Grundbedürfnis-Industrialisierungsstrategie scheint logisch von der Arusha-Erklärung, die ja den menschlichen Bedürfnissen und der Entwicklung des Menschen großen Stellenwert zuerkannte, abgeleitet zu sein. Der Industrieminister begründet die Grundbedürfnis-Orientierung der Industrie so:

"Die Politik des Sozialismus und des Vertrauens auf die eigene Kraft, wie sie in der Arusha-Erklärung zum Ausdruck gebracht wird, stellt die Bedürfnisse und die Entwicklung des Menschen in den Mittelpunkt. Entwicklung muß darauf abzielen, die grundlegenden Lebensbedürfnisse der Mehrheit der tanzanischen Bevölkerung zu befriedigen. Deshalb muß auch die Industrie als ein wichtiger wirtschaftlicher Sektor das Schwergewicht darauf legen, grundlegende Produkte wie Nahrungsmittel, Wohnungen und Kleidung herzustellen" /8/.

Bestimmte Elemente der "Basic Industries Strategy" im Sinne von RWEYEMAMU sind allerdings in die Strategie des dritten Fünfjahresplanes aufgenommen worden. Dazu gehört die Errichtung von Eisen-, Stahl- und chemischen Industrien; allerdings haben diese nicht erste Priorität. Im übrigen ist die Richtschnur für die Förderung von Industrie immer noch die alte Philosophie, daß man da investiert, wo am schnellsten ein Gewinnzuwachs zu erwarten ist.
Deshalb nennt der dritte Fünfjahresplan als eine der entscheidenden Prioritäten, daß "zunächst solche Projekte aufgebaut werden sollen, die, abgesehen davon, daß sie unserer langfristigen wirtschaftlichen Entwicklung dienen, kurzfristige Überschüsse versprechen; die benutzt werden können, um andere profitträchtige Projekte und Dienstleistungen aufzubauen" /9/.

Folgerichtig besteht mehr Kontinuität zwischen der langfristigen Industrialisierungsstrategie und der Industrieentwicklung in der vorangegangenen Periode. Diese Kontinuität wird auch von RWEYEMAMU unterstützt, der sich augenscheinlich inzwischen vom Anhänger der "Basic Industries Strategy" zum Anhänger einer Grundbedürfnisstrategie entwickelt hat, und der an der Formulierung des Fünfjahresplanes beteiligt war. Seine Unterstützung für Kontinuität ergibt sich aus der Notwendigkeit, die Wirtschaft nicht unnötig durcheinander zu bringen. Aus diesem Verständnis heraus schreibt er:

"Brüche in der wirtschaftlichen Entwicklung des Landes sind wahrscheinlich nur bis zu einer bestimmten Grenze tragbar. Zum Beispiel passen Aktivitäten, wie die Verarbeitung von Cashew-Nüssen und Diamentenschleiferei, nicht in die "Basic Industries Strategy" hinein, sie sind aber wesentlicher Bestandteil der bestehenden Wirtschaftsstruktur. In einer Periode, in der es so schwierig ist, ausländische Devisen zu erwirtschaften, ist es sicher notwendig, einige dieser Aktivitäten fortzuführen oder sogar auszuweiten, obwohl sie langfristig gesehen sicher keinen wichtigen Platz in der industriellen Branchenstruktur des Landes haben werden" /10/.

Wenn wir jede Art von Brüchen und Umorientierungen in der Wirtschaft vermeiden wollen, werden wir am Ende gar nicht mehr in der Lage sein, eine strukturelle Umwälzung der Wirtschaft durchzusetzen. Gewisse Brüche in Kauf zu nehmen, gehört zu den notwendigen Bedingungen einer strukturellen Umformung. Andererseits kommt die nachweisbare Kontinuität in der Industrialisierungsstrategie auch gar nicht so sehr von der Furcht vor Brüchen, sondern ist vielmehr Ergebnis der grundlegenden Konzeption von wirtschaftlicher Entwicklung, wie sie im Lande gültig ist. Man muß an dieser Stelle die Tatsache erwähnen, daß das Schwergewicht des Landes immer noch auf ländlicher Entwicklung und ländlichem Sozialismus liegt. Industrie ist nur ein Anhängsel der Landwirtschaft. Sie stellt Produkte für die Bedürfnisse der Landwirtschaft her und verarbeitet die landwirtschaftlichen Erzeugnisse weiter. Sie ist kein Katalysator für eine allgemeine strukturelle Umwälzung der Wirtschaft, denn diese Rolle wird der Landwirtschaft und der ländlichen Entwicklung zugeschrieben. Diese Bindung industrieller Entwicklung an ländliche Entwicklung geht auch wieder aus der Stellungnahme des Industrieministers hervor:

"Die Entwicklung Tanzanias durch Zusammensiedlung zielt darauf ab, landwirtschaftliche Produktion zu erhöhen und den Lebensstandard der ländlichen Bevölkerung anzuheben. Der Beitrag des industriellen Sektors zu diesem Prozeß der Zusammensiedlung, der ungefähr 94 % der gesamten Bevölkerung erfaßt hat, ist die Herstellung von Konsumgütern, Werkzeugen, Ausrüstungsgegenständen und anderen Erzeugnissen, die erforderlich sind, um das Tempo der Entwicklung in den ländlichen Gebieten zu beschleunigen" /11/.

Zum Abschluß dieses Abschnittes über die Industrialisierung in Tanzania seit der Unabhängigkeit soll noch angemerkt werden, daß die Industrialisierung nie die Aufmerksamkeit erfahren hat, die sie eigentlich verdient. Industrie wird lediglich als eine Einkommensquelle gesehen (die einen bestimmten Beitrag zum Bruttosozialprodukt leistet), nicht aber als Katalysator für strukturelle Umwälzung.

3. Sozialismus oder Nationalismus – die Ära nach der Arusha-Erklärung

Wie kann man die Entwicklungen in Tanzania seit der Arusha-Erklärung einordnen? Stellen die Entwicklungen dieser Periode einen Schritt in Richtung auf Sozialismus dar, wie es die Regierung gerne selbst beschreibt? Oder kann man eher von wirtschaftlichem Nationalismus sprechen, wie ihn NYERERE am Anfang selbst gemeint hatte? Oder ist die bürokratische Führung inzwischen fest an den Schalthebeln der Macht verankert, wie die Analysen von SHIVJI nahelegen? Oder hat sich das System längst auf einen neuen Kompromiß mit dem internationalen Kapitalismus eingelassen?

Wir sind der Überzeugung, daß die Arusha-Erklärung und die danach verfolgten Grundlinien der Politik (Sozialismus und ländliche Entwicklung) in erster Linie Reaktionen auf die Krise der Jahre 1965/66 waren und in diesem Licht interpretiert werden müssen. Die Krise kam im wesentlichen in einem Mangel an investierbarem Kapital zum Ausdruck. Diese ging zurück auf einen Rückgang der Exporterlöse infolge eines erheblichen Preiseinbruchs beim Weltmarktpreis für Sisal, und darauf, daß es nicht gelang, ausländisches Kapital für die Finanzierung des ersten Fünfjahresplanes zu gewinnen. Von daher ist es verständlich, daß Geld und Industrialisierung als die Basis für Entwicklung in der Arusha-Erklärung rundweg verdammt werden. Stattdessen werden Menschen und Boden als die wesentlichen Vehikel für Entwicklung in Tanzania angesehen. Die Betonung der Rolle des Menschen führte zu der sozialistischen (populistischen) Sprache der Erklärung, die Betonung von Boden führte zur Vorliebe für ländliche Entwicklung in den anschließend formulierten Politikgrundsätzen. Sozialismus wurde als Ideologie benutzt, die geeignet war, die Begeisterung der Bevölkerung für Entwicklungsanstrengungen, die als ländliche Entwicklung interpretiert wurden, zu wecken (im Grunde ging es dabei darum, Produktionsmenge und Produktivität der Landwirtschaft zu erhöhen). Im besten Fall brachte Sozialismus die Dominanz des Westens und die Ausbeutung der nationalen Volkswirtschaft durch den Westen zum Ausdruck und ließ den Wunsch nach Veränderung in den Wirtschaftsbeziehungen mit den westlichen Ländern erkennen.

Allerdings sollte man die Ideologie nicht als eine Täuschung und eine Verschleierung der Realität auffassen, sondern als ein Mittel zur Mobilisierung der Massen, um bestimmte Ziele zu erreichen. Die Interpretation von Tanzanias sozialistischer Ideologie hat zu zwei Thesen geführt. Das eine ist die These von den Agenten des Imperialismus. Diese These geht davon aus, daß diejenigen, die an der Macht sind, Kollaborateure des internationalen Kapitalismus sind, und daß die Arusha-Erklärung und die gesamte aus ihr abgeleitete Wirtschaftspolitik dazu dienen sollte, den Interessen des internationalen Kapitals zu dienen. Die zweite These ist die von der Bürokratenbourgeoisie. Diese These geht davon aus, daß die Machthaber darum kämpfen, Mehrwert zu kontrollieren und ihre Position auszubauen - das heißt, die Arusha-Erklärung und die davon abgeleitete Politik waren so entwickelt, daß sie in erster Linie den Interessen der Bürokratenbourgeoisie gerecht werden.

Wenn man berücksichtigt, daß die Arusha-Erklärung eine nationalistische Reaktion auf die Krise von 1965/66 war, die von externen Faktoren herrührte (die Kontrolle des internationalen Kapitalismus über die Preise von Rohstoffen und über Finanzmittel von Investitionen), dann können die ökonomischen Maßnahmen, die ergriffen worden sind, um diese Krise zu bewältigen, wohl schwerlich so aufgefaßt werden, als hätten sie in erster Linie den Interessen des internationalen Kapitals gedient. Im Gegenteil, sie waren diesen antagonistisch entgegengesetzt. Und was die These von der Bürokratenbourgeoisie angeht, so findet man in der Arusha-Erklärung und in den späteren Politikpapieren nichts, was diese These stützen könnte. Das besagt natürlich nicht, daß sehr wohl die Möglichkeit besteht, daß die einmal verabschiedete Politik zu zunächst nicht erwarteten Ergebnissen geführt hat.

Nun bleibt uns nur noch übrig, uns mit der These vom "kleinbürgerlichen Sozialismus" auseinanderzusetzen. Diese These sieht in der Arusha-Deklaration und in der Politik der Folgezeit eine Fortsetzung des antikolonialen Kampfes, verbunden mit populistischen Vorstellungen von Würde und Wohlstand, die direkt Bezug nehmen auf die Stellung und die Rolle einer unterentwickelten Kleinbourgeoisie. Unter dieser Erklärung steckt die Überzeugung, daß der in der Arusha-Erklärung verkündete Sozialismus echt war. Von diesem Ausgangspunkt sind verschiedene Interpretationen abgeleitet worden:

1. Aufgrund der Verankerung der Führung in der Kleinbourgeoisie konnte der in Tanzania propagierte Sozialismus nur kleinbürgerlich und utopisch sein (MAPOLU) /12/.

2. Die Führung hatte keine klare Vorstellung davon, wie der propagierte Sozialismus zu verwirklichen sei. Insbesondere war der Führung die Notwendigkeit von Kadern und einer Avantgarde-Partei nicht bewußt (CLIFFE, SAUL, LUTTRELL) /13/. Diese Interpretation stellt die ideologische Schwäche der sozialistischen Ideologie in Tanzania heraus.

3. Es gab keine kompetente und wirklich überzeugte Führung, die in der Lage gewesen wäre, den Übergang zum Sozialismus durchzuführen (ELLMAN, BOESEN) /14/.

4. Die Bürokratie und die Verwaltungsbeamten haben die ursprünglichen sozialistischen Ziele verzerrt (HYDEN).

Wir selbst haben Zweifel an der Echtheit des in Tanzania propagierten Sozialismus, wenn Sozialismus den Übergang von der kapitalistischen und traditionellen sozio-ökonomischen und politischen Struktur bedeutet. Eine strukturelle Umwälzung dieser Art war in der Arusha-Erklärung und in den folgenden Politikpapieren nicht in Aussicht gestellt worden. Die Krise von 1965/66 zeigte der Führung nur ihre Machtlosigkeit, was die nationale ökonomische Entwicklung angeht, solange sie keine Kontrolle über Finanzierungsquellen hatte, um ihre Pläne zu verwirklichen. Die unmittelbare Reaktion bestand darin, Geld (das unter der monopolistischen Kontrolle von Ausländern stand) als die Basis von wirtschaftlicher Entwicklung abzulehnen, und Menschen und Boden an die Stelle von finanziellen Ressourcen zu setzen. Man geht davon aus, daß durch die harte Arbeit von Menschen auf dem Boden schließlich das Geld erwirtschaftet werden würde, das für Entwicklungszwecke erforderlich ist - so jedenfalls will es die Arusha-Erklärung. Die zweite Reaktion bestand darin, sich um verstärkte nationale Kontrolle des nicht landwirtschaftlichen Sektors zu bemühen. Dies konnte nur unter verstärktem Einsatz der Staatsmacht und letztlich durch Nationalisierungen durchgesetzt werden.

Die Arusha-Erklärung war daher in jeder Hinsicht mehr ein Ausdruck von Nationalismus als von Sozialismus. Aber ist es nicht denkbar, daß sich ein Land vom (ökonomischen) Nationalismus auf Sozialismus zu bewegt? SZENTES hat diese Frage positiv beantwortet und meint, daß in Tanzania genau dieser Prozeß gerade abläuft: Eine Entwicklung von der Verteidigung nationaler Interessen hin zum Sozialismus /15/. SZENTES argumentiert, daß ökonomische Unterentwicklung in Ländern wie Tanzania mit Notwendigkeit zu beschleunigter Entwicklung der Produktivkräfte führt. Dies führt zu staatlicher Intervention in der Wirtschaft, zu Staatskapitalismus. Der Staatskapitalismus, der daraus hervorgeht, ist objektiv antiimperialistisch. Er entwickelt sich aus der nationalistischen Erfahrung und mag anfangs zu einer egalitären demokratischen Politik führen (in diesem Zusammenhang sei auf die starke Betonung von Demokratie und Gleichheit in der Arusha-Erklärung verwiesen). Genau von dieser Vorstellung einer egalitären demokratischen Politik kommt dann auch die Idee des Sozialismus. In diesem Zusammenhang schreibt SZENTES:

"Gewöhnlich entwickelt sich natürlich die Idee eines distributiven Sozialismus, der eine Reihe von Illusionen über selbstlose Opfer der Reichen oder wenigstens über die Möglichkeit indirekter Methoden zur Einkommensumverteilung enthält. Aber weil nun einmal die ökonomischen Aufgaben des Staates im Kampf gegen Unterentwicklung Anstrengungen zur Ausweitung des öffentlichen Sektors nahelegen, und gleichzeitig andere Illusionen durch die Erfahrung beiseite geschoben werden, kann sich die Idee des distributiven Sozialismus leicht mit der Praxis des wissenschaftlichen Sozialismus verbinden (d.h., daß man sich auf Eigentumsbeziehungen konzentriert), auch dann, wenn vorher keine theoretische Klarheit bestand" /16/.

Entspricht diese Einschätzung wirklich dem, was in Tanzania seit der Arusha-Erklärung abgelaufen ist? Die Befunde, die in den vorangegangenen Abschnitten dieser Studie vorgestellt worden sind, lassen es zweifelhaft erscheinen, ob Tanzania sich wirklich in Richtung auf Sozialismus bewegt. Insbesondere im landwirtschaftlichen Sektor zeigt sich eine Rückkehr zur alten Politik der Förderung der fortgeschrittenen Bauern und eben nicht von Gemeinschaftsproduktion. Im industriellen Sektor sieht die Lage nicht viel hoffnungsvoller aus, denn trotz der Ausweitung des öffentlichen Sektors gibt es keine grundlegende Umwälzung.

SZENTES steht nicht allein mit seiner Vorstellung von einer gradlinigen Entwicklung von der Arusha-Erklärung mit ihren nationalistischen Versprechungen hin zum Sozialismus. Die meisten Anhänger der These vom kleinbürgerlichen Sozialismus haben versucht, durch ihre Schriften und ihre Kritik diesen Übergang zu erleichtern. Ihre Vorstellungen hat PRATT gut auf den Begriff gebracht:

"In den ersten Jahren nach 1967, als sie noch der Meinung waren, die Regierungspolitik entscheidend beeinflussen zu können, entwickelten sie einen zusammenhängenden Kanon von Politikempfehlungen. Sie forderten die Führung auf, den öffentlichen Dienst zu verkleinern und eine ideologisch überzeugte Avantgarde zu entwickeln, die in der Lage sein würde, die ständig vorhandenen bürgerlichen Tendenzen innerhalb der Bürokratie unter Kontrolle zu halten. Sie betonten die Notwendigkeit, bei den Massen die Feindschaft gegen den Imperialismus zu erhöhen und die sich gerade herausbildenden Klassenunterschiede sowohl innerhalb der Städte als auch in den ländlichen Gebieten auszunutzen, um das politische Bewußtsein zu erhöhen und auf diese Weise die Unterstützung der Massen für sozialistische Initiativen zu konsolidieren. Die Schriften dieser Autoren waren von dem Optimismus gekennzeichnet, daß es gelingen könnte, revolutionäre Energie zu schaffen, die nicht nur die Unterstützung der Massen für eine wahrhaft sozialistische Führung sicherstellen würde, sondern die auch zu einer entscheidenden Umwälzung des Produktionspotentials des ganzen Landes führen würde" /17/.

PRATT erwähnt allerdings auch, wie diese Autoren immer skeptischer wurden, und zwar genau in dem Maße, in dem das Regime sich nicht auf dem von ihnen vorgeschlagenen Weg bewegte.

Sowohl SZENTES wie auch die Anhänger des kleinbürgerlichen Sozialismus erwarteten, daß bestimmte politische Änderungen stattfinden würden. Denn nur diese Veränderungen hätten den Übergang vom Nationalismus zum Sozialismus sicherstellen können. Die Debatte über politische Veränderungen muß an anderer Stelle geführt werden. Hier reicht der Hinweis aus, daß die Nach-Arusha-Ära einen Aufschwung nationalistischer Anstrengungen erlebte, mit dem Ziel, die Wirtschaft des Landes zu kontrollieren und den landwirtschaftlichen Sektor zu verändern, aber dieser Aufschwung nationalistischer Bestrebungen kann nicht als ein Schritt in Richtung auf Sozialismus verstanden werden. Wenn wir sagen, daß Tanzania sich nicht im Übergang zum Sozialismus befand und befindet, so soll damit nicht die fortschrittliche Dynamik, die in dieser Periode im Lande allenthalben am Werke war, heruntergespielt werden, selbst wenn diese nicht zu einer vollkommenen Umwälzung der Wirtschaft geführt hat. Wie schon angedeutet, lag dies zum Teil an äußeren Einflüssen auf die Wirtschaft und zum anderen Teil an Fehleinschätzungen der inneren Situation durch die Führung des Landes.

Anmerkungen

/ 1/ J. RWEYEMAMU, Underdevelopment and Industrialisation in Tanzania, Nairobi 1973.

C. THOMAS, The Transition to Socialism: Issues of Economic Strategy in Tanzania Type Economies, unveröffentlichtes Arbeitspapier, University of Dar es Salaam, 1972.

A. COULSON, A Simplified Political Economy of Tanzania, unveröffentlichtes Seminarpapier, University of Dar es Salaam, 1973.

/ 2/ GOVERNMENT OF TANZANIA, Third Five Year Plan, Dar es Salaam 1979, S. 37-38.

/ 3/ RWEYEMAMU, a.a.O., S. 17.

/ 4/ RWEYEMAMU, a.a.O., S. 181.

/ 5/ THOMAS, a.a.O., S. 5.

/ 6/ THOMAS, a.a.O., S. 82-83.

/ 7/ THOMAS, a.a.O., S. 3.

/ 8/ C. MSUYA, Tanzania Industrial Development Strategy, Speech to the Dar es Salaam University Economics Association, Dar es Salaam 1976 (unveröffentlichtes Manuskript, S. 3).

/ 9/ GOVERNMENT OF TANZANIA, Third Five Year Plan, a.a.O., S. VI.

/10/ J. RWEYEMAMU, The Formulation of an Industrial Strategy for Tanzania, in: Uhandisi 3, 1976, H. 1, S. 13.

/11/ MSUYA, a.a.O., S. 1.

/12/ H. MAPOLU, The Social and Economic Organization of Ujamaa Villages, M.A. Dissertation, University of Dar es Salaam, 1973.

/13/ L. CLIFFE /J. SAUL (Hg.), Socialism in Tanzania, Bd. 2, Nairobi 1972; J. SAUL, African Socialism in One Country, in: SAUL/ARRINGI (Hg.), Essays on the Political Economy of Africa, New York 1972; W. LUTTRELL, Villagization, Cooperative Production and Rural Cadres: Strategies and Tactics in Tanzanian Socialism Development, Economic Research Bureau, University of Dar es Salaam 1971.

/14/ A. ELLMAN, Development of Ujamaa Policy in Tanzania, in: RURAL DEVELOPMENT RESEARCH COMMITTEE (Hg.), Rural Cooperation in Tanzania, Dar es Salaam 1975;
J. BOESEN u.a., Ujamaa - Socialism from Above, Uppsala 1977.

/15/ T. SZENTES, Status Quo and Socialism, in: SHIVJI (Hg.), The Silent Class Struggle, Dar es Salaam 1973.

/16/ SZENTES, a.a.O., S. 99.

/17/ C. PRATT, Tanzania's Transition to Socialism: Reflections of a Democratic Socialist, in: MWANSASU/PRATT (Hg.), Towards Socialism in Tanzania.

M.F. Dei-Anang, Ghana
(in: "Schwarzer Orpheus. Moderne Dichtung afrikanischer Völker beider Hemisphären." Ausgewählt und übertragen von Janheinz Jahn, München 1964, S. 48f)

Wohin?

Zurück? Zu den Tagen der Trommeln
und festlichen Gesänge im Schatten sonnengeküßter Palmen -
Zurück? Zu den ungebildeten Tagen
da die Mädchen immer keusch waren
und die Burschen schlechte Wege verabscheuten
aus Angst vor alten Göttern -
Zurück?
Zu den dunklen strohgedeckten Hütten
wo Güte herrschte und Trost wohnte -
Zurück zum Aberglauben?
Oder vorwärts?
Vorwärts! Wohin?

In die Slums, wo Mensch auf Mensch gepfercht ist,
wo Armut und Elend ihre Buden aufschlugen
und alles dunkel ist und traurig?
Vorwärts? Wohin?

In die Fabrik,
um harte Stunden zu zermahlen
in unmenschlicher Mühle
in einer einzigen endlosen Schicht?

1
Vom kolonialen zum gegenwärtigen
politischen System:
Historischer Überblick

2
Reform der politischen und Verwaltungs-
struktur durch den
Dezentralisierungsbeschluß (1972)

3
Organisation der Planung in Tanzania:
Die Entwicklung der Raumstruktur
*Problematische Ausgangsbedingungen
für die Planung. Ökonomische Planung.
Räumliche Planung*

Uwe Friedrich, Rita Schnepf, Steven Székely

POLITISCHES SYSTEM UND PLANUNGSORGANISATION

Die Organisation von Politik und planender Verwaltung steckt den Rahmen ab, innerhalb dessen Planung im Interesse nationaler und ländlicher Entwicklung stattfindet. Deshalb sollen in diesem Kapitel Aufbau des politischen Systems (1.) und die Organisation der ökonomischen und räumlichen Planung (3.) beschrieben werden. Die Trennung zwischen ökonomischer und räumlicher Planung geht auf die koloniale Struktur des politischen Systems und damit der Planungsinstitutionen zurück. Auf diese Gegebenheit wird bei der Beschreibung des politischen Systems näher eingegangen.

Neben der Darstellung enthält dieses Kapitel den Versuch einer Einschätzung dieses organisatorischen Rahmens im Hinblick auf die Realisierung der Entwicklungsziele des Landes. Der Frage der Partizipation der ländlichen Bevölkerung an der Planung und Durchführung kommt große Bedeutung zu, da die Beteiligung nicht nur als politisches Ziel, sondern gleichzeitig als Grundbedingung der Entwicklung anzusehen ist. Der Abschnitt über den Dezentralisierungsbeschluß von 1972 (2.) weist darauf hin, daß trotz der nach der Unabhängigkeit vorgenommenen Änderungen die so geschaffenen Strukturen nicht ausreichen, um Eigeninitiative und Selbstverwaltung in dem gewünschten Maß zu ermöglichen.

Die nachfolgende Erläuterung stellt teilweise die subjektive Sichtweise der Autoren dar. Viele der hier wiedergegebenen Interpretationen sind umstritten. Es besteht außerdem grundsätzlich die Schwierigkeit, den Gegensatz zwischen der formalen Kompetenzverteilung und den tatsächlichen Entscheidungsabläufen zu durchschauen und aufzuzeigen.

1. Vom kolonialen zum gegenwärtigen politischen System:
   Historischer Überblick

Das koloniale Erbe Tanganyikas war die im Jahre 1961 von der englischen Verwaltungsmacht hinterlassene Verwaltungsstruktur /1/. Die flächenmäßig große Kolonie Tanganyika wurde zur Verwaltung der weit zerstreuten ländlichen Bevölkerung in neun administrative Provinzen mit insgesamt 57 Distrikten eingeteilt. Die Grenzen der Provinzen richteten sich nach vorwiegend geographischen Merkmalen und Bevölkerungsdichte, wogegen bei den Distrikten die jeweils dominante Völkergruppe zur Grenzziehung der Verwaltungseinheit ausschlaggebend war. Die Trennung der Völkergruppen durch administrative Einheiten soll den Engländern die Verwaltung erleichtert haben. Manche behaupten dagegen, die Grenzziehung sei ziemlich willkürlich erfolgt. Nach und nach wurde eine Zentralregierung nach englischem Beispiel auf Tanganyika übertragen. 1948 waren die Funktionen und Kompetenzen der Verwaltung klar abgegrenzt. Danach sind Verwaltungsabteilungen mit Abteilungsleitern (vorwiegend Engländer) eingerichtet worden. Weiter gab es eine vertikale Gewaltenteilung über diese Abteilungsleiter auf Provinzial- und Distriktebene. Sie hatten zusammen mit den Beauftragten neben Verwaltungsaufgaben gewisse judikative Gewalten.

Die Distrikte in Tanganyika stellten den 'direktesten' Kontakt zwischen den Verwaltungsbeamten und der Bevölkerung dar, zum einen da der größte Teil der Bevölkerung auf dem Land lebte und zum anderen, da auf dieser Ebene neben der Verwaltung gewählte Räte existierten. Diese gab es auf der Provinzialebene nicht. Sie wurden nach der Native Authority Ordinance von 1927 (Verordnung über einheimische Autoritäten) neben der Hierarchie der Zentralregierung eingerichtet. Diese "Autorität" war allerdings eine Einrichtung der Kolonialregierung zur Verwaltung der einheimischen Bevölkerung und hatte nur beschränkten repräsentativen Charakter.

Stammesoberhäupte (=chiefs) wurden als einheimische Zuständige für die ungefähr fünfzig afrikanischen Distrikträte ernannt. Andere wurden informell ausgewählt. Diese ländlichen Räte hatten keine Gerichtsbarkeit über Nicht-Afrikaner. Ihre Macht war von der Zentralregierung im wesentlichen auf Beraterfunktionen festgelegt. Ihnen fehlte die Autonomie über Entscheidungsfindung, die bis 1960 die Nationalversammlung für sich erlangen konnte. Um diese Mängel der Räte zu beheben, wurden mit der Local Government Ordinance of 1954 (Verordnung über die kommunale Selbstverwaltung) Stadträte und ländliche Räte eingerichtet, die im Gegensatz zu denen vom alten Typ völlig repräsentativ (vom Volk) gewählt waren und universale Gerichtsbarkeit sowie die Autonomie der Entscheidungsfindung hatten. Damit wurde der moderne Verwaltungstyp nach englischem Muster in Tanganyika realisiert.

Charakteristisch für Tanganyika nach der Unabhängigkeit war die Rückständigkeit der örtlichen Autoritäten, vor allem im ländlichen Raum. Dieses lag an fehlenden Finanzmitteln und mangelnden Erfahrungen und Qualifikationen der Räte-Mitglieder. Schließlich konnten nur sechs ländliche Räte nach der Local Government Ordinance of 1954 vor der Erlangung der Unabhängigkeit geschaffen werden. Die elf Stadträte hatten bessere Ausgangsbedingungen als die im ländlichen Raum.

Nach der Unabhängigkeit wurden folgende Änderungen vorgenommen:
- die enge Verflechtung der Partei mit der Regierung /2/,
- Trennung von Judikative und Exekutive,
- Reorganisation der ländlichen Räte nach der Local Government Ordinance.

Darüber hinaus wurden die neun Provinzen in Regionen umgewandelt, wobei diese Änderung sich auf die Bezeichnung der ansonsten unveränderten Verwaltungseinheit und deren Unterteilung in Distrikte beschränkte.

Die wichtigsten Änderungen sind in der politischen Führung und deren Funktion erfolgt: die Afrikanisierung der Positionen in der Verwaltung sowie die Ausrichtung der Verwaltungstätigkeit auf Entwicklungsaufgaben.

Regional- (früher Provinzial) und Areal- bzw. Distriktbeauftragte wurden jetzt aus den Reihen der TANU ernannt und hatten alle rechtlichen und administrativen Gewalten (bis auf die judikativen) ihrer Vorgänger. Dabei bleibt die koloniale Verwaltungsstruktur weitgehend erhalten.

Mit der Umwandlung der Native Authority in Distrikträte nach der Local Government Ordinance ist zur Demokratisierung ein großer Beitrag geleistet worden. Von den alten afrikanischen Räten sind die traditionellen Häuptlinge verschwunden und die gewählten Vertreter an ihre Stelle getreten.

Die wesentlichste Veränderung nach der Unabhängigkeit war aber die neue Funktion der Verwaltung, die ländliche Entwicklung voranzutreiben. Im Gegensatz zur Kolonialzeit, als die Verwaltung die Politik der Zentralregierung durchzuführen hatte, konnte sie nun nicht mehr auf die Partizipation der Bevölkerung verzichten. Den neuen Beauftragten auf Regional- und Distriktebene (District and Regional Commissioners) fiel die Aufgabe zu, das alte Verständnis der ländlichen Bevölkerung von Administration zu ändern, um diese aktiv für die Verwirklichung von Entwicklungszielen zu mobilisieren. Die Räte schufen Entwicklungskomitees und förderten die Dorfbewohner bei Selbsthilfe-Projekten.

Die gegenwärtige politische und Verwaltungsstruktur

Ohne weiter auf die Entstehung der gegenwärtigen Struktur einzugehen, wird im folgenden auf die wichtigsten Ebenen, Komitees und Posten und deren Funktionen hingewiesen (zur Verdeutlichung siehe Übersicht 1).

Die bereits erwähnte enge Verknüpfung zwischen Partei und Staat in einem Einparteiensystem /3/ verkompliziert das politische System Tanzanias. Im wesentlichen sind Partei- und Staatsaufbau parallel in drei Hauptebenen angesiedelt /4/. Auf der obersten Ebene ist die Exekutive der Partei und des Staates im Zentralkomitee der CCM beziehungsweise im Kabinett angesiedelt. In beiden ist der Staatspräsident Vorsitzender.

Die zweite Ebene umfaßt die zwanzig Regionen /5/ des Landes. Die wichtigste politische Figur in der Region ist der vom Präsidenten ernannte Regionalbeauftragte (Regional Commissioner). Er ist zugleich Sekretär des Zentralkomitees der CCM auf Regionalebene und Vorsitzender des Regionalentwicklungskomitees, in dem von jedem

Tabelle 1
Regionen und Distrikte in Tanzania (ohne Zanzibar)

Dodoma Region	Coast Region (Pwani)	Mbeya Region	Shinyanga Region
Kondoa	Bagamoyo	Chunya	Bariadi
Mpwapwa	Kisarawe	Mbeya	Maswa
Dodoma	Rufiji	Kyela	Shinyanga
Dodoma urban	Mafia	Rungwe	Kahama
Arusha Region	**Dar es Salaam Region**	Ileje	Shinyanga sub-urban
Monduli	Kinondoni	Mbozi	**West Lake Region**
Arumeru	Ilala	Mbeya sub-urban	**(Ziwa Magharibi)**
Arusha urban	Temeke	**Singida Region**	Karagwe
Kitete	**Lindi Region**	Iramba	Bukoba
Hanang	Kilwa	Singida	Muleba
Mbulu	Lindi	Manyoni	Biharamulo
Kilimanjaro Region	Nachingwea	Singida sub-urban	Ngara
Rombo	Liwale		Bukoba sub-urban
Pare	Lindi sub-urban	**Tabora Region**	**Mwanza Region**
Moshi	**Mtwara Region**	Nzega	Ukerewe
Hai	Mtwara	Igunga	Magu
Moshi sub-urban	Newala	Tabora	Mwanza urban
Tanga Region	Masasi	Urambo	Kwimba
Lushoto	Mtwara sub-urban	Tabora sub-urban	Sengerema
Korogwe	**Ruvuma Region**	**Rukwa-Region**	Geita
Muheza	Tunduru	Mpanda	**Mara Region**
Tanga urban	Songea	Sumbawanga	Tarime
Pangani	Mbinga	Sumbawanga sub-urban	Serengeti
Handeni	Songea sub-urban		Musoma
Morogoro Region	**Iringa-Region**	**Kigoma Region**	Musoma sub-urban
Kilosa	Iringa	Kibondo	
Morogoro	Mufindi	Kasulu	20 Regionen und
Kilombero	Njombe	Kigoma	94 Distrikte
Ulanga/Mahenge	Ludewa	Kigoma sub-urban	
Morogoro sub-urban			

Quelle: The United Republic of Tanzania: 1978 Population Census, Preliminary Report. Bureau of Statistics, Ministry of Finance and Planning, Dar es Salaam, S. 32 f.

Ministerium ein ernannter Fachbeamter zur Wahrung der Interessen der Ministerien auf Regionalebene sitzt. Das Regionalentwicklungskomitee hat Beratungsfunktion und versucht, die Ministerien der Zentralregierung für regionale Entwicklungsprojekte zu gewinnen. Das regionale ländliche Entwicklungskomitee (ein Ausschuß des Regionalentwicklungskomitees) entscheidet über die vom Distrikt empfohlenen Projekte und setzt Prioritäten.
Der seit 1967 bestehende Regionalentwicklungsfond finanziert diese Projekte und entscheidet eigenständig über die Mittelzuteilung.

Auf der dritten Ebene sind die Verwaltungen der 94 Distrikte und der städtischen Gebiete. Obwohl die städtischen Gebiete den Distrikten zugehören, haben diese teilweise getrennt gewählte Räte (Urban Councils). Der Präsident ernennt den Distriktbeauftragten, der zugleich Vorsitzender des Distriktentwicklungskomitees und Sekretär des Zentralkomitees der CCM auf Distriktebene ist. Seit der Dezentralisierung (siehe auch unter 2.) stehen den Beauftragten auf beiden Ebenen Entwicklungsdirektoren und Entwicklungsteams bei. Diese Direktoren ersetzen die ehemaligen Exekutivsekretäre.

Karte 1
Regionen in Tanzania (1978)

Die Geschäfte der örtlichen Regierung nimmt der Distriktrat wahr, der aus 30 bis 40 Mitgliedern besteht. Bis zu zehn können vom Präsidenten ernannt werden. Die restlichen werden örtlich von der Distriktbevölkerung gewählt. Die Arbeit des Distriktrates wird von Komitees erledigt. Das größte Komitee ist das Distriktkomitee für Entwicklung und Planung (District Development & Planning Committee). Vorsitzender dieses Komitees ist der Distriktbeauftragte. Weiter gehören dem Komitee die Fachbeamten der Ministerien auf Distriktebene sowie die Mitglieder des Finanzkomitees und der Vorsitzende des Zentralkomitees der CCM an. Dieses Komitee entscheidet über Entwicklungsprojekte, die dem Distriktrat von den verschiedenen Komitees empfohlen werden und setzt Prioritäten. Auf den niedrigsten Ebenen sind die städtischen und ländlichen Gebiete in Bezirke (Wards), die ländlichen Gebiete in Bezirke, Divisionen und Unter-Divisionen (Divisions and Subdivisions) unterteilt. Jede dieser Stufen hat Exekutivbeamte. Die Partei hat unterhalb der Distriktebene Zweigstellen.

Zuletzt erfolgt eine relativ ausführliche Darstellung der Dorfebene, deren Umfang und Tiefe dem Stellenwert der Dorfebene gegenüber den übergeordneten Regions- und Distriktebenen im Hinblick auf ländliche Entwicklung und Partizipation entsprechen. Dazu kommt noch, daß über den Aufbau der dörflichen Selbstverwaltung relativ wenig veröffentlicht wurde. Die nachfolgende Beschreibung und Einschätzung beruht auf den Beobachtungen der Autoren beim Aufenthalt /6/ in drei Dörfern der Morogoro-Region.

Tragende Elemente der dörflichen Selbstverwaltung sind sowohl das "Village Government" (Dorfregierung) als auch die Institutionen der Partei (CCM) auf der Dorfebene.

Die unterste Ebene im Parteiaufbau bilden die "ten-cell units", eine Siedlungseinheit von 10 Häusern, die als ihren Sprecher und politisch Verantwortlichen den "ten-cell-leader" (Zellenleiter) wählen. Sie sind maßgebliche Ansprechpartner der örtlichen Parteiorganisation, die die Aufgabe hat, sowohl die Zelleneinheiten untereinander als auch die Gesamtorganisation mit den höheren Parteistellen zu koordinieren. Darüber hinaus versammelten sich die Zellenleiter bis 1969 in den Dorfentwicklungskomitees (siehe auch unter 2.), deren wesentliche Funktion darin bestand, den Aufbau der Ujamaa-Dörfer in der Zeit vor dem Villagisation Programme zu organisieren. Ab 1969 bildet das Village Government das geschäftsführende Organ.

Die Hauptaufgabe des Village Government besteht u.a. in der Durchführung und Beaufsichtigung von Landverteilung und Bodennutzung. Zusammensetzung und Funktionen des Village Government sind im "Village Government Act" (1969) festgelegt. Es besteht im wesentlichen aus fünf verschiedenen Komitees, die aber von Dorf zu Dorf verschiedene Bezeichnungen tragen und auch unterschiedliche Aufgaben wahrnehmen. Diese Komitees tagen einmal im Monat.

"Finance and planning committee"
Es hat die Aufgabe, die Finanzplanung wahrzunehmen und die ökonomischen Aktivitäten im Dorf zu organisieren.

"Transport and marketing committee"
Es plant und führt den Transport der Exportprodukte des Dorfes zu den Märkten durch.

"Security and defense committee"
Sein Aufgabenbereich liegt bei allen Angelegenheiten, die die Sicherheit des Dorfes betreffen.

"Education, cultural and social welfare committee"
Dieses Komitee führt die staatlichen Bildungsprogramme auf dem Dorf durch, um eine bessere Bildungsversorgung zu gewährleisten. Es soll sich für den Erhalt der kulturellen Traditionen einsetzen und sich den sozialen Problemen im Dorf widmen.

"Construction and works committee"
Es beaufsichtigt u.a. den Bau von Häusern im Dorf.

Dorfversammlung in Mwarazi/Kibungo

Diesen fünf Komitees sind örtlich noch weitere "sub-committees" (Unterkomitees) zugeordnet:
- zu "construction and works": ein Komitee, das die Standorte für die Hausgrundstücke (plots), Häuser und für die Felder festlegt.
- zu "security and defense": ein Komitee, das Rechtsprobleme bzw. Streitigkeiten zwischen einzelnen Dorfbewohnern regelt.
- zu "finance and planning": ein Komitee, das die dorfeigenen Läden leitet und beaufsichtigt.
- zu "transport and marketing": ein Komitee, das Probleme in der landwirtschaftlichen Produktion des Dorfes behandelt.

Die fünf genannten (Haupt-)Komitees bestehen insgesamt aus 25 Mitgliedern, so daß jedes Komitee fünf Mitglieder hat, die einmal jährlich von der Dorfversammlung, also von allen wahlberechtigten Einwohnern, gewählt werden. Auf dieser Dorfversammlung werden aus der Menge der vorgeschlagenen Kandidaten 23 von 25 Komiteemitgliedern gewählt. Die übrigen zwei Mitglieder des Village Government, der "Village chairman" (Dorfvorsitzende) und der "Village secretary" (Dorfsekretär), werden nicht gewählt, sondern in Absprache mit der Partei eingesetzt: Die örtlichen Parteimitglieder wählen dabei insgesamt fünf Kandidaten für die zwei zu besetzenden Posten, deren Namen dem "District Party Committee" (Distriktsparteikomitee) mitgeteilt werden. Dieses wählt nun drei Kandidaten aus, von denen wiederum zwei durch die Parteimitglieder des Dorfes zum Chairman und Secretary gewählt werden. Der Dorfparteivorsitzende ist also gleichzeitig der Vorsitzende des Village Government, ebenso der Secretary. Aufgrund dieses Wahlverfahrens sind die beiden für fünf Jahre Mitglieder im Village Government, welches jährlich neu gewählt wird. Sie sind die eigentlichen Geschäftsführer des Dorfes und seine Repräsentanten nach außen.

Als Berater des Village Government wird vom Distriktentwicklungskomitee (DDC) ein "Village Manager" (Dorfmanager) eingesetzt. Das ursprüngliche Konzept war, zentral ausgebildete "Village management technicians" (Dorfberater) auf Ward-Ebene, also für mehrere Dörfer einzusetzen. Jedoch konnte dies nicht umgesetzt werden, da zum einen die Ausbildung für das Land zu kostspielig war und zum anderen die Dörfer selbst als Einsatzgebiet dieser Berater zu weit auseinander lagen. Deshalb ging man dazu über, Village Manager mit kürzerer Ausbildung für jedes Dorf einzusetzen.

Die Dorfversammlung kann Kontrollfunktion gegenüber dem Village Government ausüben, indem es seine Entscheidungen aufnimmt und diskutiert. Endgültige Entscheidungen können nur mit Zustimmung der Dorfversammlung getroffen werden. Sie besitzt also ein Vetorecht. In der Dorfversammlung können eigene Wünsche und Planungsabsichten der Dorfbewohner formuliert werden. Da die Dorfversammlung maßgeblich die Zusammensetzung des Village Government bestimmt, kann sie ihm auch das Mißtrauen aussprechen.

Eine kritische Erläuterung und abschließende Einschätzung der Effektivität der Partizipation in den Dörfern können wir nicht leisten. Zum einen waren manche Einblicke aufgrund sprachlicher Barrieren erst gar nicht möglich. Zum anderen kann man die tatsächlichen Machtstrukturen infolge eines kurzen Aufenthaltes und als Außenstehender kaum durchschauen.

Dennoch schien die Beteiligung an der Dorfversammlung rege zu sein. Auch die Beteiligung der Frauen am politischen Entscheidungsprozeß ist zumindest formal gewährleistet. Sie waren dennoch in den Dorfkomitees entweder völlig unterrepräsentiert oder überhaupt nicht beteiligt. Auch während der Dorfversammlung in Mwarazi/Kibungo /7/ fiel auf, daß die Frauen abseits saßen und nicht um das Wort baten, obwohl die Dorfversammlung ansonsten gut besucht war und keine Ängste vor Kritikäußerungen an der Dorfleitung zu bestehen schienen.

Die Bewohner zeigten ein hohes Problembewußtsein und gingen in der regen Diskussion auf studentische Anregungen hinsichtlich der Lösung der vielfältigen Planungsprobleme sehr intensiv ein. Diese Eindrücke dürfen jedoch nicht darüber hinwegtäuschen, daß die Machtstrukturen durch die Zusammensetzung der Dorfkomitees nicht unbeeinflußt bleiben, weil die relativ reicheren Bauern in den Dorfkomitees stärker vertreten sind.

2. Reform der politischen und Verwaltungsstruktur durch den Dezentralisierungsbeschluß (1972)

Schon 1961 hat Nyerere auf den besonderen Stellenwert der dezentralen Ebene (die Dorfebene) bei der Entwicklung Tanzanias hingewiesen: "Während andere Länder versuchen, den Mond zu erreichen, müssen wir versuchen, die Dörfer zu erreichen".
Auch die TANU-Richtlinien von 1971 (Mwongozo) unterstrichen zehn Jahre später die Stellung der Partizipation als Instrument der Entwicklung: "Wenn Entwicklung dem Volk nutzen soll, so muß sich das Volk an der Erwägung, Aufstellung und Durchführung seiner Entwicklungspläne beteiligen" /8/.
Dem Ziel entsprechend sind, wie oben angedeutet, insbesondere das demokratische Einparteiensystem sowie die Verknüpfung zwischen Partei und Staat darauf angelegt worden, die nationale Entwicklung Tanzanias voranzutreiben. Es stellt sich die Frage, inwieweit diese Eigenschaften des politischen Systems sich nicht als Hemmnisse der durch die Eigeninitiative der tanzanischen Bevölkerung getragenen Entwicklung auf dem Lande erweisen. Vorläufer der 1972 beschlossenen Dezentralisation waren das bereits erwähnte Dorfentwicklungskomitee und die Einführung des Regionalentwicklungsfonds.
"Die Dorfentwicklungskomitees waren der wichtigste von der Regierung eingeleitete Schritt zur Verbesserung der Reaktionsfähigkeit auf örtliche Bedürfnisse."/9/
Insoweit ist es unklar, warum im Jahre 1968 die bewährten Dorfentwicklungskomitees gerade durch die Wardentwicklungskomitees abgelöst worden sind. Denn sollte durch die Ablösung dieser Komitees die vermutlich dominierende Parteistruktur zugunsten einer basisnäheren Form abgeschafft werden, so stellt sich die Frage, ob die Verlagerung der bisher den Dorfentwicklungskomitees zugeschriebenen Kompetenzen auf eine übergeordnete Ebene mit dieser Zielsetzung nicht im Widerspruch steht. Der 1967 eingeführte Regionalentwicklungsfond stellt einen der wichtigsten Beiträge zur Verlagerung der Entscheidungswege von der Zentralregierung in die untergeordnete Ebene dar /10/.
Dem Regionalentwicklungsfond werden 1,3 Millionen Tsh. pro Jahr direkt zur Verfügung gestellt für kleine Projekte in den Distrikten, welche im Idealfall selbst von den Dorfbewohnern durch das Dorfentwicklungskomitee (bis 1969) initiiert werden. Gerade in Verbindung mit Ujamaa-Entwicklung zeigt sich der Fond als geeignetes Mittel, die Dezentralisierung voranzutreiben. Presidential Circulars (Rundbriefe des Präsidenten) 1/68 und 1/69 setzen den Schwerpunkt bei der Allokation durch den Fond auf Projekte, die die kollektive Bewirtschaftung und die sozialistische Entwicklung fördern. Inwieweit die Ablösung der Dorfentwicklungskomitees 1969 die Effektivität des Regionalentwicklungsfonds beeinflußt hat, ist uns nicht bekannt.
Der Dezentralisierungsbeschluß steht im Zeichen der Bestrebung, die aus der Kolonialzeit überlieferte Verwaltungsstruktur mit einer basisnäheren politischen und Verwaltungsstruktur zu ersetzen, welche die eigenständige Entwicklung begünstigt bzw. erst ermöglicht. Die wichtigsten Maßnahmen der 1972 eingeleiteten Dezentralisation faßt A.H. Rweyemamu /11/ zusammen und gelangt zur folgenden Einschätzung ihres Erfolgs.
Die wesentlichsten Veränderungen treten in der Organisation der Regional- und Distriktebene ein. Besser qualifizierte Regionalbeauftragte wurden in die Regionen geschickt, denen zusätzlich ernannte Regionaldirektoren beistehen. Diese ersetzen die ehemaligen Exekutivsekretäre. Auf der Distriktebene ersetzen die Distriktentwicklungsdirektoren die ehemaligen Distriktexekutivsekretäre. Weiter hat jeder Direktor ein Entwicklungsteam, welches sich aus einem Planungsbeamten, einem Finanzbeamten und einem Personalbeamten und acht "functional officers" zusammensetzt. Die "functional officers" ersetzen die Vertreter der Ministerien auf Regional- und Distriktebene, obwohl die neuen Positionen in der Regel von denselben Personen besetzt sind. Das Entwicklungsteam soll gewährleisten, daß "functional officers" interdisziplinär arbeiten. Schließlich sollen die "functional officers" vorwiegend in die Distrikte kommen, wo die Entwicklungsarbeit gemacht werden muß, anstatt in den Regionen am Schreibtisch zu sitzen.
Partizipation und die Eigeninitiative der Bevölkerung sollen durch eine Reihe von beratenden Entwicklungskomitees gefördert werden und vor allem durch die Parteiorgane in den Regionen und Distrikten.

Übersicht 1
Das politische System Tanzanias
Verflechtung zwischen Zentralregierung, örtlicher Regierung und Partei

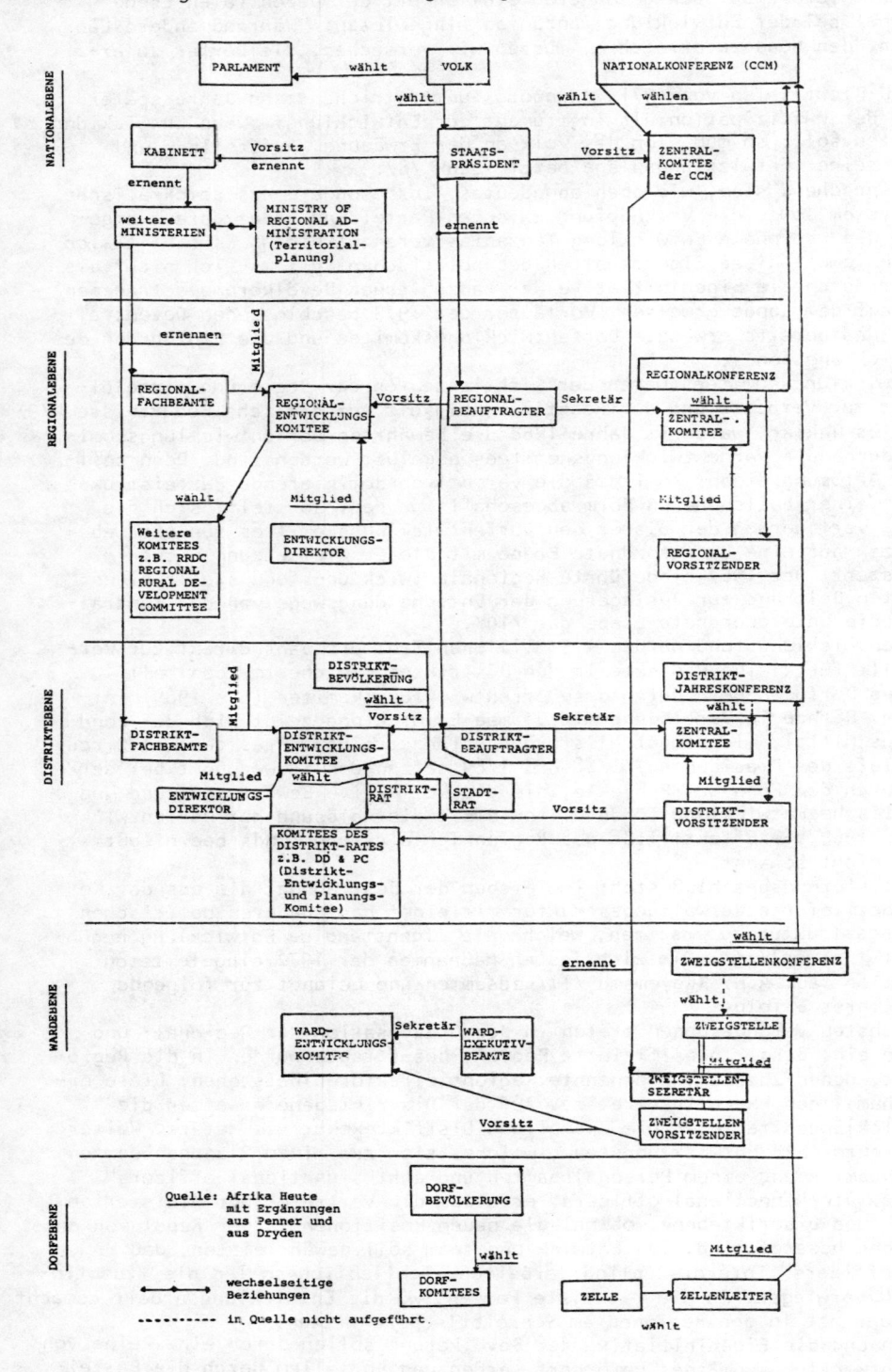

Was die eigenständige Verfügung über Finanzmittel anbelangt, bekommen die Regionen und Distrikte seit der Dezentralisation (1974) 40 % des gesamten jährlichen Investitionshaushaltes, den das Parlament beschließt.
Dabei behält die Zentralregierung die Zielsetzungskompetenz für die nationale Entwicklung. Das Amt des Premierministers ist für die Koordinierung der von den Regionen und Distrikten vorbereiteten und vorgelegten Entwicklungsprogramme zuständig. Obwohl das Amt des Premierministers nicht für die physische Planung zuständig ist, kommt ihm eine Koordinierungsfunktion auch für die räumlichen Pläne zu (siehe Übersicht 2).
Gerade im Zusammenhang mit der Einschätzung des Dezentralisierungsbeschlusses gibt es sehr unterschiedliche Urteile über die Wiedereinführung der Stadträte im Jahre 1978.

Anhand der kurzen Zusammenfassung einiger Dezentralisierungsmaßnahmen wird das Bemühen der tanzanischen Regierung um eine Reform der überlieferten Verwaltungsstruktur ersichtlich. Jedoch scheint das tanzanische Konzept weniger eine Übertragung der Entscheidungsfindung an das Volk zu verwirklichen. Die o.a. Änderungen haben nach Rweyemamus Auffassung sicherlich zu einer effektiveren Abwicklung administrativer Aufgaben mit verbessertem Kontakt zur ländlichen Bevölkerung beigetragen, haben aber die Autonomie der breiten Bevölkerungsteile bei Planungs-und Entscheidungsprozessen nicht unbedingt erhöht. Die Frage tut sich in diesem Zusammenhang auf, inwieweit solche Vorstellungen die Regierung beim Dezentralisierungsbeschluß bewegte. Auf jeden Fall sind für eine derartige Dezentralisation bzw. Partizipation die erforderlichen Institutionen noch nicht geschaffen worden. Die vom Präsidenten ernannten Beauftragten auf Regional-und Distriktsebene haben immer noch enormen Einfluß (bei Entscheidungsfindung) auf die Planung. Diese Vertreter des Präsidenten, d.h. der Zentralregierung, werden oft zwischen Region und Distrikt hin- und hergesetzt. Es gibt daher keine "permanente" Institution auf diesen Ebenen, die langfristig und umfassend die Bedürfnisse der Bevölkerung erfassen kann. Zumindest müßten, um dem Anspruch der direkteren Partizipation genüge zu tun, die Beauftragten vom Volk gewählt werden. "Dezentralisation, welche versucht, dem Volk mehr Macht einzuräumen, bringt die Schaffung von Institutionen politischer, administrativer und juristischer Art mit sich, denen politische Befugnis und Macht vom Zentrum übertragen werden, um diese Institutionen zu befähigen, eine Politik für eine bestimmte Unterteilung der politischen Gemeinschaft zu betreiben."/12/

3. Organisation der Planung
   Die Entwicklung der Raumstruktur: problematische Ausgangsbedingungen für die Planung

Die Entwicklung der Raumstruktur Tanzanias wurde entscheidend durch den von den Kolonialisten eingeführten kapitalistischen Warentausch geprägt. Die alleinige Ausrichtung der wirtschaftlichen Entwicklung des Landes auf die Reproduktionsbedürfnisse der deutschen Kolonialmacht brachte eine disparitäre Entwicklung der Regionen hervor und als besonderen Ausdruck dessen, den Stadt-Land-Gegensatz /13/. Die räumlichen Auswirkungen der Kolonialpolitik, ihrer kapitalistischen Produktionsweise, die Einbindung der Wirtschaft in den Weltmarkt behindern auch heute noch eine eigenständige, alle Teilräume des Landes umfassende gleichmäßige Entwicklung, die sich an den Bedürfnissen der Bevölkerung orientiert, und verdeutlichen sich besonders
- in der Existenz eng begrenzter Zonen kapitalistischer Warenproduktion auf dem Land und in der Stadt, innerhalb eines der traditionellen Wirtschaftsform (Subsistenzwirtschaft) verhafteten Gesamtraumes,
- in der Entstehung von Abwanderungs- und Zuwanderungsgebieten, bedingt durch Maßnahmen der kolonialen Besteuerung und Landenteignung und der dadurch hervorgerufenen Notwendigkeit, die Arbeitskraft in ländlichen Plantagengebieten oder im städtischen Fabriksystem zu verkaufen,
- durch minimale koloniale Reinvestitionen des Mehrwertes in technische und soziale Infrastrukturmaßnahmen, nur im Sinne einer schnellen, ökonomischen Verwertbarkeit dieser unproduktiven Investitionen, begrenzt auf Städte und rohstoffreiche Regionen.

Übersicht 2
Ökonomische Planung in Tanzania
Planungsorganisation des Dritten Fünfjahresplans

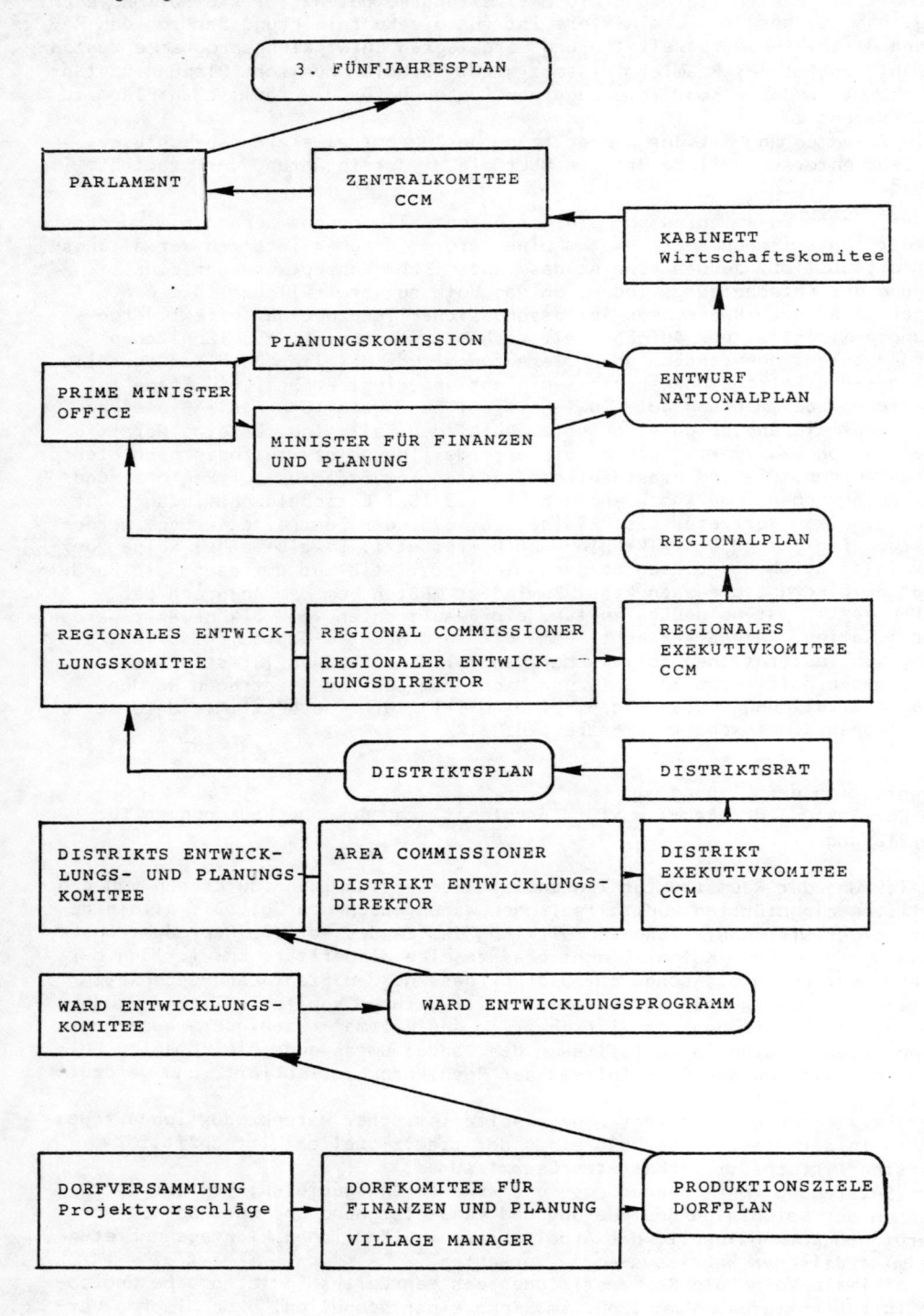

- 3. FÜNFJAHRESPLAN
- PARLAMENT
- ZENTRALKOMITEE CCM
- KABINETT Wirtschaftskomitee
- PLANUNGSKOMISSION
- PRIME MINISTER OFFICE
- MINISTER FÜR FINANZEN UND PLANUNG
- ENTWURF NATIONALPLAN
- REGIONALPLAN
- REGIONALES ENTWICKLUNGSKOMITEE
- REGIONAL COMMISSIONER / REGIONALER ENTWICKLUNGSDIREKTOR
- REGIONALES EXEKUTIVKOMITEE CCM
- DISTRIKTSPLAN
- DISTRIKTSRAT
- DISTRIKTS ENTWICKLUNGS- UND PLANUNGSKOMITEE
- AREA COMMISSIONER / DISTRIKT ENTWICKLUNGSDIREKTOR
- DISTRIKT EXEKUTIVKOMITEE CCM
- WARD ENTWICKLUNGSKOMITEE
- WARD ENTWICKLUNGSPROGRAMM
- DORFVERSAMMLUNG Projektvorschläge
- DORFKOMITEE FÜR FINANZEN UND PLANUNG / VILLAGE MANAGER
- PRODUKTIONSZIELE DORFPLAN

Die heutige Verwaltungsstruktur spiegelt dieses koloniale Erbe wider und ist gleichzeitig Hindernis, regionale Disparitäten aufzuheben.
Das tanzanische Planungssystem trennt die ökonomischen und die räumlichen Planungsprozesse. Damit ist allein durch die Verwaltungsorganisation eine Konkurrenz der Fachressorts oder mangelnde Koordination sämtlicher ökonomischer und räumlicher Belange vorgegeben.
Die ökonomische Planung in Tanzania ist im Gegensatz zur räumlichen, die vom "Ministry of Lands, Housing and Urban Development" (MLHUD) wahrgenommen wird, dem Zuständigkeitsbereich des 'Prime Ministers Office' (PMO) unterstellt. Dabei umfaßt "ökonomische Planung" immer auch die räumlichen Auswirkungen der Instrumente gesamtgesellschaftlicher Planung in Tanzania, der National-, Regional- und örtlichen Pläne.
Die institutionelle Trennung zwischen räumlicher und ökonomischer Planung geht auf die Kolonialzeit zurück: Die Ressorts in den Ministerien, auch im Rahmen der gesamtgesellschaftlichen Entwicklung Tanzanias bestimmende Planungsträger, sind während der Britischen Kolonialperiode eingerichtet worden. Die damit gegebene Konkurrenz der Fachressorts fand ihren Niederschlag in der räumlichen Entwicklung des Landes seit dieser Zeit.
Die Planung räumlicher Strukturen in Tanzania auf nationaler, regionaler, städtischer und dörflicher Ebene, die langfristige Aufhebung regionaler Disparitäten sowie des durch Abhängigkeit und Ausbeutung gekennzeichneten Stadt-Land-Gegensatzes kann nur Hand in Hand mit einem gelenkten Wirtschaftsprozeß erfolgreich sein, der die Entwicklung des ländlichen Raumes priorisiert.

3.1 Ökonomische Planung

Die Zuweisung der staatlichen Haushaltsmittel erfolgt langfristig - regional wie sektoral gegliedert - durch den Fünfjahresplan, kurzfristig - maßnahmeorientiert - durch den Jahreshaushalt und den jährlichen Entwicklungsplan (Volkswirtschaftsplan).
Entsprechend den größeren Lenkungsmöglichkeiten, die durch die staatliche Kontrolle eines Teils der Produktionsmittel entstehen, beschränkt sich ökonomische Planung in Tanzania dabei nicht auf Haushaltspläne sowie Anreiz- und Angebotsplanung. Vielmehr wird in den nationalen Plänen (Fünfjahrespläne) und in den regionalen Plänen (Regionale Integrierte Entwicklungspläne/Regional Integrated Development Plans = RIDEPs) gesamtgesellschaftliche Entwicklungsplanung betrieben, die Mittel nicht nur sektoral, sondern auch regional - also räumlich - zuweist.

Fünfjahresplanung (national)

Der dritte Fünfjahresplan (seit 1976) enthält regionale Programme, die auf Dorf-, Distrikts- und Regionalebene aufgestellt, bevor sie zum Nationalplan sowohl regional als auch sektoral zusammengefaßt wurden. In dieser Vorgehensweise spiegelt sich der Versuch wider, seit dem Dezentralisierungsbeschluß 1972 verstärkt die Bevölkerung und lokale Ebenen an der Planung zu beteiligen: Nicht allein Parteiorgane sind an der Planaufstellung beteiligt, sondern durch die Planungskommission auch Repräsentanten der Bevölkerung.

Die Planungskommission, deren Mitglieder sich aus Ministern, Regional Commissioners (Regionalbeauftragte) und jeweils einem Parlamentarier aus jedem Distrikt zusammensetzen, wurde 1972 gegründet. Sie ist in 17 Ausschüsse unterteilt, die Berater nach eigenem Ermessen hinzuziehen können. So wurden die verschiedenen Sektoren des dritten Fünfjahresplans zuerst in den zuständigen Ausschüssen diskutiert, dann der gesamten Planungskommission vorgelegt, später dem "Economic Committee" (Wirtschaftsausschuß) des Kabinetts und schließlich Parteiorganen und dem Parlament (siehe Übersicht 2) /14/.

Gegenüber dem zweiten Fünfjahresplan kommt es im dritten zwar zu einer kontinuierlichen Fortsetzung der planerischen Oberziele, jedoch werden Methoden und Instrumente weitgehend modifiziert.
Stark in den Vordergrund tritt vor allem die Betonung des produktiven Sektors. Der wirtschaftlichen Entwicklung als Bedingung zur Verbesserung der Lebensbedingungen der Bevölkerung gilt das Hauptaugenmerk dieses Plans. 42 % des Entwick-

lungsbudgets sollen in produktive Projekte investiert werden, 28 % in "ökonomische Infrastruktur" und 30 % in "soziale Infrastruktur inklusive nationale Sicherheit".

Ziele der räumlichen Planung bleiben:
- Ausgleich regionaler und intraregionaler Disparitäten,
- Abbau des Stadt-Land-Gegensatzes,
- Dorfentwicklung,
- Entwicklung des Binnenmarktes.

Die im zweiten Fünfjahresplan angestrebte verwaltungsmäßige Dezentralisierung und die Verbesserung der Partizipationsmöglichkeiten der Bevölkerung wird nicht explizit erwähnt und kann mit dem dritten Fünfjahresplan als abgeschlossen angesehen werden.

Das neu aufgenommene Ziel "Entwicklung des Binnenmarktes" weist bereits auf die größere Bedeutung der wirtschaftlichen Entwicklung hin. Der Ausgleich regionaler und intraregionaler Disparitäten sowie des Stadt-Land-Gegensatzes soll gewährleistet werden durch eine gleichmäßige infrastrukturelle Versorgung mit Bildungs- und Gesundheitseinrichtungen sowie Wasser.

Daneben kommt der Wirtschaftsförderung eine besondere Rolle zu, in der eine Stärkung des ländlichen Raumes dadurch gewährleistet werden soll, daß spezielle Programme zum Aufbau von Kleinindustrien in den Dörfern und von mittleren Industrien in den Distriktstädten erstellt werden.

Dem Scheitern der im zweiten Fünfjahresplan eingesetzten Wachstumspolstrategie wird im dritten Fünfjahresplan Rechnung getragen.

Es hatte sich gezeigt, daß die Dezentralisierungsversuche mit Hilfe von Wachstumspolen nicht in der Lage waren, das Wachstum der Primatstadt Dar es Salaam zu verlangsamen. Stattdessen unterstützten die gezielten Investitionen nur die Entwicklung der rasch wachsenden Regionszentren des wohlhabenden Nordens (Moshi, Arusha, Tanga, Mwanza). Während industrielle Investitionen nun nach einem neuen Konzept der industriellen Wachstumszonen räumlich verteilt werden, soll die gezielte Förderung durch Infrastruktureinrichtungen auf sämtliche Regionshauptstädte ausgedehnt werden.

Die unzureichende Abstimmung zwischen räumlicher und ökonomischer Planung wird durch die im dritten Fünfjahresplan gegebene Aufteilung des Landes in sechs industrielle Wachstumszonen deutlich, die der Gliederung in regionsübergreifende Planungszonen (Gliederung durch den MLHUD) widerspricht (siehe Karte 2 und 3):

Karte 2
Industrielle Wachstumszonen in Tanzania (Dritter Fünfjahresplan)

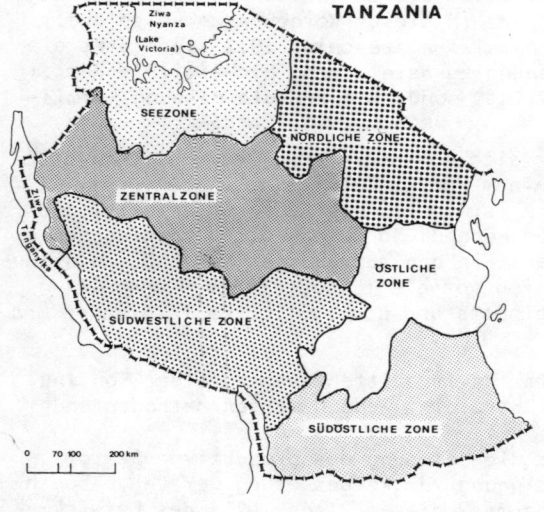

1. Östliche Zone: Dar es Salaam, Coast, Morogoro

2. Nördliche Zone: Tanga, Kilimanjaro, Arusha

3. Seezone: Mara, Mwanza, Shinyanga, West Lake

4. Zentral-Zone: Dodoma, Singida, Tabora, Kigoma

5. Südost-Zone: Mtwara, Ruvuma, Lindi

6. Südwest-Zone: Iringa, Mbeya, Rukwa

Nach dieser Einteilung sollen die Seezone, die Zentral-Zone, die Südost- und Südwest-Zone Priorität beim Aufbau ökonomischer Infrastruktur (Straßen, Wasser, Elektrizität) erhalten.

Zusammenfassend ist festzustellen, daß dieser erste fünfjährige Entwicklungsplan unter der Dezentralisierungsvorgabe - der dritte Fünfjahresplan - zum großen Teil rein ökonomischen Charakter hat. Räumliche Bezüge und vor allem die räumlichen Auswirkungen der Maßnahmen fehlen in großem Maße, was offensichtlich an der fehlenden Beteiligung "räumlicher" Planer an der Plandiskussion auf allen Ebenen liegt. Nachdem nun in jeder Region ein "Physical Planning Office" eingerichtet wurde, ist für die Erstellung des vierten Fünfjahresplans vorgesehen, daß auf regionaler Ebene räumliche Planer mit ökonomischen Planern eng zusammenarbeiten.

Regionalplanung

Auf der Regionalebene werden durch das "Prime Ministers Office" (Amt des Premierministers), das generell für die ökonomische Planung in Dorf, Distrikt und Region zuständig ist, "Regional Integrated Development Plans" (RIDEPs) erstellt. In Zukunft soll diese Aufgabe den Regionen selbst übertragen werden. Die RIDEPs enthalten Vorschläge für die Lokalisierung ökonomischer, sozialer und infrastruktureller Projekte. Diese Lokalisierung in vorwiegend ländlichen Gebieten wird nicht durch die räumliche regionale Planung bestimmt. Diese Pläne sind daher als ökonomische Entwicklungspläne mit geringen räumlichen Aussagen zu bezeichnen. Sie sind in der Tat generell ökonomischer Natur. Im einzelnen unterscheiden sich die Pläne jedoch sehr, da ihre überwiegende Mehrheit wegen des Mangels an Fachkräften in Tanzania von europäischen Entwicklungsorganisationen (staatliche und private) erstellt wurden. So wurde der Tanga RIDEP von der Gesellschaft für Technische Zusammenarbeit (GTZ) in der BRD, der Morogoro RIDEP von einer niederländischen Organisation gefertigt, das heißt, es werden europäische Experten mit der Planaufstellung beschäftigt, die die Situation oft nicht gut genug kennen und zur Anwendung von Methoden zur räumlichen Verteilung ökonomischer Ressourcen neigen, die für kapitalistische Staaten in Europa und Nordamerika entwickelt worden sind.

Im einzigen in Tanzania selbst erstellten Plan (durch BRALUP /15/ und Geography Dept. der University of Dar es Salaam), dem Plan für die Rukwa-Region, haben räumliche Aussagen einen im Vergleich sehr viel höheren Stellenwert. Berege kritisiert die Regional Integrated Development Plans aus der Sicht des räumlichen Planers und kommt zu dem Ergebnis, daß in zukünftigen RIDEPs ökonomische und räumliche Planung sehr viel stärker koordiniert werden müssen, was derzeit auf keiner Planungsebene der Fall ist. Berege deckt bei einzelnen RIDEPs u.a. folgende Mängel auf /16/:

- Die RIDEPs beziehen sich im Gegensatz zu räumlichen Regionalplänen ausschließlich auf die jeweilige politisch-administrativ abgegrenzte Region, ohne Bezug zu möglichen Verflechtungsräumen.
- Einigen RIDEPs fehlen Finanzierungsplan und Kostenkalkulation.
- Einige RIDEPs enthalten kein differenziertes geplantes Verkehrsnetz für die jeweilige Region (ein Gegenbeispiel bildet hier der Rukwa-RIDEP /17/).
- Die Lokalisierung ökonomischer und sozialer Infrastrukturprojekte geschieht sehr "unausgewogen", was zur Konzentration von Projekten und Aktivitäten in bestimmten Gebieten, zu einem eklatanten Mangel in anderen Gebieten der Region führt /18/.

Ursache ist das Fehlen räumlicher Planer im interdisziplinären Planungsteam. Berege nennt die Zusammensetzung der "Regional Physical Planning Teams" als mögliche Alternative. (Raumplaner, Stadtplaner, Agrar-Ökonomen, Ökonomen, Entwicklungsplaner, Soziologen, Verkehrsplaner, Umweltwissenschaftler, Demographen)/19/. Sie bietet die Möglichkeit, die Konkurrenz der Fachressorts auf der Regionalebene aufzuheben.

Die aufgezeigten Unterschiede und Mängel in den einzelnen Plänen sind sicher auch auf die zum Teil sehr technokratische Abwicklung der Planerstellung durch die europäischen Entwicklungsorganisationen zurückzuführen. Ein weiterer Mangel besteht darin, daß in den ökonomischen Regionalplänen die Verflechtungsbeziehungen

zwischen Stadt und Land kaum gefaßt und verarbeitet werden können, weil die Planung für den städtischen Raum aus den ökonomischen Regionalplänen ausgeklammert ist.
Diese (Urban Development Management) verblieb auch nach Wiedereinführung der Stadträte (Urban Councils) auf nationaler Ebene beim "Prime Ministers Office". (Commissioner für Urban Development, unterstützt von einem Finanzbeamten, einem ökonomischen Planer und einem Verwaltungsbeamten).
Zusammenfassend ist festzustellen, daß die regionale Entwicklungsplanung in Tanzania unter einem Hauptübel leidet:
Die drei Formen der Regionalplanung
- ökonomische Fünfjahresplanung und jährliche Volkswirtschaftsplanung durch das "Prime Ministers Office",
- räumliche Regionalplanung durch das Ministry of Land, Housing and Urban Development (MLHUD) - Zonalpläne,
- langfristige Regionalplanung - RIDEPs - durch staatliche und private Agenturen (Consultants)

bleiben unkoordiniert innerhalb derselben Region [20]. Die Rahmensetzung der nationalen ökonomischen Planung hat dabei beschränkte Auswirkungen aufgrund der ihr zuwiderlaufenden privaten ökonomischen Entscheidungen.

Dorfplanung

Durch die Dezentralisierungsmaßnahmen wurde die politische Stellung der Dörfer verstärkt. Seit 1975 sollen die Dörfer Pläne aufstellen, die als landwirtschaftliche Produktions- und Arbeitspläne zu bezeichnen sind und geschätzte Ertragszahlen, materielle und finanzielle Erfordernisse für Produktionsinputs sowie Vorschläge zu gemeinschaftlich organisierten Dorfprojekten beinhalten sollen. Mit Genehmigung der Ward, District und Regional Planning Committees erhalten die Dörfer dann finanzielle und beratende Unterstützung.

Zur weiteren Unterstützung der Planungsbemühungen und Verbesserung der Planungsfähigkeiten der Bevölkerung werden staatlich ausgebildete und finanzierte Village Management Technicians und Village Managers in die Dörfer geschickt. Es ist jedoch beabsichtigt, daß zukünftig zumindest die Village Managers von den Dörfern angestellt und finanziert werden.
"Ein modellhafter Ansatz der ökonomischen Planung auf der Dorfebene strebt einen jährlichen Planungsprozeß an, in den auch langfristige Projektvorhaben einbezogen werden können ...

Logische Schritte zum Aufbau eines ökonomischen Dorfplanes sind:
- Formulierung der Zielsetzungen im sozialen und produktiven Bereich für das nachfolgende Jahr,
- Aufstellung der vorhandenen Ressourcen (Land, Arbeit, Kapital)
- Ausarbeitung von Vorschlägen zu Organisation und Verfahren des Ressourceneinsatzes,
- Ausarbeitung einer Arbeitsorganisation,
- Überprüfung und Buchhaltung der Planerfüllung " [21].

In der Praxis allerdings bestehen die meisten jährlichen Dorfpläne aus einer Liste der von den Dorfbewohnern gewünschten Projekte.
Zusammenfassend ist festzustellen, daß ökonomische Dorfpläne wenigstens teilweise im Verantwortungsbereich des Dorfes aufgestellt werden, während Bebauungspläne/räumliche Dorfpläne von Regionalbehörden oder den District Land Offices (beide dem MLHUD unterstellt) erarbeitet werden [22].

3.2 Räumliche Planung

Das "Ministry of Lands, Housing and Urban Development" (MLHUD - Ministerium für Regional-und Stadtentwicklung und Wohnungswesen) ist für die räumliche Planung auf allen Ebenen verantwortlich. 1977 wurden im Zuge der Dezentralisierungsbestrebungen "Regional Planning Offices" (regionale Planungsbüros) auf regionaler Ebene eingerichtet, die aufgrund ihrer ungenügenden Ausrüstung und personellen Besetzung den ihnen zugedachten Planungsaufwand der Stadtentwicklungsplanung und Dorfplanung nur schwer leisten können.

Bisher existieren - unserer Kenntnis nach - folgende räumliche Pläne in T
- 2 Zonalpläne (regionsübergreifende Pläne):
    Uhuru Corridor Regional Plan
    Lake zone Regional Physical Plan
- 1 Regionalplan: Dodoma Capital Region Impact Plan
- 1 Regionalplan: Rufiji Basin Physical Plan
- ca. 10 Masterpläne für die Regionshauptstädte: Dar es Salaam, Dodoma, Arusha, Moshi, Mwanza, Mbeya, Tanga, Tabora, Morogoro
- einige mittelfristige Flächennutzungspläne für Stadtzentren (Interim Land Use Plans), Squatter Improvement Plans, Urban Renewal Plans
- ca. 500 Lay-out Pläne für registrierte Dörfer.

Immer noch werden die meisten Pläne von ausländischen Experten (Consulting Büros) im Rahmen der Entwicklungshilfe erstellt, die dadurch bedingt grundsätzlich typische Schwächen aufweisen:

- Der kurze Aufenthalt der Planungsexperten "vor Ort" sowie Sprachbarrieren behindern die richtige Interpretation der Probleme und Planungsbedingungen.
- Experten tendieren zur Anwendung von Planungstheorien, -methoden und -maßnahmen, die sich in Industrieländern bewährt haben (oder auch nicht) und schenken den lokalen Gegebenheiten materieller als auch ideologischer Art zu geringe Aufmerksamkeit.
- Ein frühzeitiges Verlassen des Landes nach abgeschlossenem Planvorbereitungsstadium überläßt die Überwachung und Schwierigkeiten der Umsetzung anderen, die mit dem eingeschlagenen Kurs und den logischen Schritten nicht genügend vertraut sind.

Karte 3
Planungszonen in Tanzania

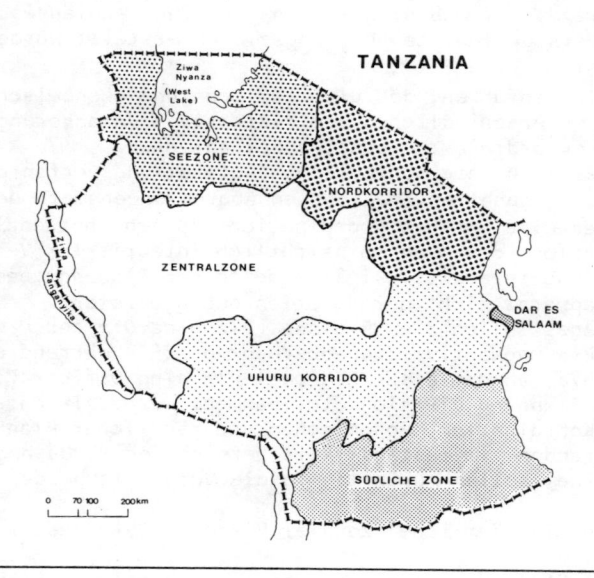

Die Verankerung der räumlichen Regionalplanung im tanzanischen Planungssystem

Regionalpläne (RIDEPs) sind bisher, wie schon beschrieben, vorwiegend ökonomischer Natur und liegen im Zuständigkeitsbereich des "Prime Ministers Office". Unverständlich bleibt die bisherige Regelung des Verantwortungsbereichs für die Regionalplanung, denn das MLHUD erarbeitet seit ungefähr 1974 zentral sogenannte "Regional Physical Plans" (räumliche Regionalpläne, Zonalpläne), die regionsübergreifend versuchen, räumliche und ökonomische Entwicklungsvorstellungen zu integrieren. Die Aufstellung dieser räumlichen Regionalpläne war eben durch die Resultate mangelnder Beteiligung von räumlichen Planern bei der Erstellung einzelner RIDEPs unbedingt notwendig geworden. Bisher existieren der "Uhuru Corridor Regional Plan" im Süden des Landes, entlang der Eisenbahnlinie Dar es Salaam-Sambia und der "Lake Zone Regional Physical Plan" rund um den Viktoria See. Dazu wurde das Land aufgrund naturräumlicher, ökonomischer und sozialer Bedingungen in sechs Planungszonen eingeteilt (siehe auch Karte 3) /23/.

Diese Einteilung stimmt jedoch nicht mit den im dritten Fünfjahresplan ausgewiesenen sechs industriellen Wachstumszonen (Eastern Zone, Northern Zone, Lake Zone, Central Zone, Southeast Zone, Southwest Zone) überein (siehe auch Karte 2) und deutet wiederum auf Koordinationsprobleme mit der ökonomischen Planung hin. Andererseits besagt der dritte Fünfjahresplan auch, daß die "Town Planning Division" des MLHUD an der Aufstellung von "Regional Physical Plans" arbeitet (gemeint sind wohl die Zonalpläne), die eine Basis für die Aufstellung von umfassenden "Regional Economic Plans" darstellen sollen. Ob damit die RIDEPs gemeint sein könnten, bleibt unklar. Danach sind 10 Regionen an diesem räumlichen Planungsvorhaben beteiligt, und es wird angenommen, daß bis 1981 für jede dieser Regionen ein räumlicher Plan besteht /24/. Geht man davon aus, daß der "Uhuru Corridor Regional Plan" und der "Lake Zone Regional Physical Plan" dieses 1976 proklamierte Planungsvorhaben darstellen, so sind tatsächlich 10 Regionen dadurch abgedeckt.

Neben diesen räumlichen Zonalplänen bestehen bereits andere räumliche Regionalpläne wie der "Capital Region Impact Plan", der nur die Region Dodoma umfaßt und im Zusammenhang mit der Planung der neuen Hauptstadt Dodoma die Stadt-Umland-Verflechtungen untersucht und bestimmten Dörfern zentralörtliche Funktionen zuordnet. Das Eingebundensein in einen Zonalplan ist unklar, beziehungsweise besteht noch nicht. Eine wiederum andere Art der Regionsabgrenzung nimmt der "Rufiji Basin Physical Plan" vor, der sich an der naturräumlichen Einheit eines Flußtales orientiert und damit aus den bisher genannten Zuordnungsschemata herausfällt. Es liegt zum großen Teil daran, daß dieser Plan von einer ausländischen Organisation mit inhaltlich anders gewichteten Planungszielen erstellt wurde und auch schon älteren Datums ist.

Zusammenfassend läßt sich anführen, daß die räumliche und ökonomische Regionalplanung aufgrund ihrer unterschiedlichen administrativen Verankerung zu wenig integriert werden und unkoordiniert nebeneinander ablaufen.
Konkret drückt sich dieses in unterschiedlichen Aufstellungsverfahren, Beteiligungsprozessen, Zielen und Inhalten, regionalen Abgrenzungsmethoden etc. aus.
Tanzanische Planer sehen eine bessere Koordination als sehr notwendig an und fertigten bereits Organisationsvorschläge hinsichtlich integrierter Verfahrensabläufe und Zusammenstellung interdisziplinär arbeitender Planungsteams an, denen jedoch der Verwaltungsapparat nicht gerade offen gegenübersteht.
Nach Vorstellungen Bereges sollen die "Regional Planning Officers" die Koordination aller regionaler Planungsaktivitäten übernehmen /25/. Während eines Seminars in Tanga, im Oktober 1978, an dem alle "Regional Planning Officers", Vertreter des MLHUD sowie der "Urban Planning Division" teilnahmen, wurde ein Katalog von Vorschlägen zur besseren Koordination ökonomischer und räumlicher Planung erstellt:
1. Die bereits existierenden, im Zuständigkeitsbereich des MLHUD angefertigten Regionalpläne (Zonalpläne) sollen zukünftig in die Vorbereitung der RIDEP-Erstellung einfließen.
2. Das MLHUD soll weiterhin räumliche (zonale) Pläne für die restlichen Landesgebiete erstellen.
3. Im "Prime Minister's Office" soll eine zentral und kontinuierlich arbeitende interdisziplinäre Arbeitsgruppe eingerichtet werden, die spezifische Aufgaben und Ziele der RIDEP-Vorbereitung wahrnimmt,
- zur Aufstellung von integrierten Plänen, die räumliche, soziale und ökonomische Aspekte der Entwicklung verbinden,
- zur Beratung der Regionen bei Methoden und Techniken der Planaufstellung und -durchführung,
- zur Weiterbildung von Planern,
- zur Schaffung einer für integrierte Planung notwendigen Datenbasis,
- zur Koordination und Integration sämtlicher von Ministerien und parastaatlichen Organisationen bereits erstellten Pläne. /26/

Das Dilemma der Stadtplanung: Planung ohne Umsetzung

Für die Aufstellung von "Masterplans" (Stadtentwicklungs-/Flächennutzungsplan) sind seit der Dezentralisierung der "Urban Planning Division" des MLHUD die "Regional Planning Offices" oder auch "Regional Town Planning Offices" in den Regionshauptstädten verantwortlich.

Verständlicherweise schlecht ausgerüstet und ungenügend mit Fachpersonal besetzt, gemessen an den erforderlichen Planungsaufgaben, können sie jedoch bestenfalls eine Kontrolle der Stadtentwicklung leisten. Teilweise konnten trotz der schlechten Ausgangsbedingungen mittelfristige Flächennutzungspläne als Zwischen- oder Übergangslösung für einige Stadtkerne entwickelt, und in einem Fall konnte sogar ein umfassender Masterplan für Iringa aufgestellt werden, nachdem alle anderen bestehenden Masterpläne fast ausschließlich von ausländischen Experten erarbeitet wurden. "Masterplanning" demonstriert deshalb größtenteils die Planung ohne Umsetzung. Die Pläne sind entweder zu teuer in ihrer Verwirklichung oder können von den lokalen Behörden nicht immer akzeptiert werden, weil ihnen westlich kapitalistische Theorien und Methoden zugrundeliegen.

Spektakuläres Beispiel dafür war der erste Masterplan für Dar es Salaam (der zweite verbesserte Masterplan garantiert eher eine Umsetzbarkeit) und ist mittlerweile auch der Dodoma Masterplan /27/. Den Umsetzungsproblemen stehen die städtischen Wachstumsraten von durchschnittlich 11,6 %/Jahr /28/ und damit verbundenen Schwierigkeiten in der Versorgung mit sozialen Infrastruktureinrichtungen, Wasser, Wohnungen, gegenüber, sowie Abwasser- und Abfallbeseitigungsprobleme, Squattering (ungeplante Siedlungen), Verkehrsprobleme und die spezifisch städtische Armut, verursacht durch die hohe Arbeitslosigkeit im formalen Sektor und ungeregeltem Einkommen aus dem informellen Sektor. Diesem Dilemma der Stadtplanung ist kaum noch effektiv zu begegnen, solange sozioökonomische Programme und finanzielle Mittel fehlen bzw. der Bevölkerungszustrom nicht gestoppt werden kann.

Aus der Wiedereinführung der "Urban Councils" (Stadträte) läßt sich einerseits der Wille zur Rehabilitierung der städtischen Zentren ablesen, andererseits sehen einige Planer darin eine Absage an die Prioritätensetzung der Entwicklung des ländlichen Raumes verankert.

"Entsprechend den Leitlinien des Dritten Fünfjahresplanes wird die städtische Verwaltung wieder mit ihrer Arbeit beginnen, wie vor der Dezentralisierungsphase. Es werden Stadträte mit unterschiedlichen Verwaltungsaufgaben eingerichtet, die gesetzmäßig verankerte, größere Machtbefugnisse zur Planung und Durchsetzung aller, die städtische Entwicklung betreffenden Programme, erhalten werden" /29/.

Die Verantwortung für die Aufstellung von Lay-out-Plans (Bebauungspläne), Squatter Improvement Plans (Erhaltungs- und Ausstattungspläne für ehemals illegale Siedlungen) und Urban Renewal Plans (Sanierungspläne) liegt nur in Städten mit einem "Urban Council" (Stadtrat) im Aufgabenbereich der Stadt selbst.

Der administrative Aufwand der Dorfplanung

Von den "Regional Town Planning Offices" werden momentan die wenigen räumlichen Dorfpläne erstellt, denn auf Distriktsebene, in den "Distrikt Land Offices", die eigentlich für die Dorfplanung zuständig sind, finden sich kaum Planungskapazitäten, sondern bestenfalls einzelne Vermessungsingenieure /30/. Es werden nur "Lay-out Plans" (Bebauungspläne mit Gestaltungskonzept) erarbeitet, während der Zuständigkeitsbereich für "Land Use Plans" (landwirtschaftliche Landnutzungs-

37

pläne) noch ungeklärt ist. Die inhaltlich unsinnige Trennung zwischen ökonomischer und räumlicher Planung besteht auch auf Dorfebene. Die ökonomische Planung liegt im Verantwortungsbereich des Dorfes selbst, während die räumliche Planung auf Distriktsebene angesiedelt ist. Generell herrscht ein Mangel an inter- und intrasektoraler Koordination und Integration der dörflichen Entwicklungsmaßnahmen, wobei der administrativ unterschiedlich geregelte Verantwortungsbereich für ökonomische und räumliche Dorfplanung hinderlich ist, dem "Self Reliance"-Prinzip (Vertrauen auf die eigene Kraft) und der Autonomie der Dörfer widerspricht /31/. 1979 existierten 7870 Dörfer (Daily News 2.5.79), registriert nach dem "Villages and Ujamaa Villages Act" (Gesetz über formellen Status der Ujamaa Dörfer), jedoch erst ca. 500 Lay-out Pläne.

Die "Regional Planning Offices" sind ohnehin schon überlastet und können den ungeheuren Planungs- und Verwaltungsaufwand der Dorfplanung sowie die notwendigen Transportmöglichkeiten zum Besuch der Dörfer nicht gewährleisten. Gemessen an europäischen Planungsstandards existierte zu wenig Karten- und Datenmaterial, keine eindeutig festgelegten Siedlungshierarchien.

Einerseits verhindert also der Verwaltungsaufwand - jeder Dorfplan muß vom MLHUD genehmigt werden - und der Mangel an Fachkräften die Planung räumlicher Strukturen im ländlichen Raum überhaupt oder läßt die Dorfplanung zu einem äußerst langwierigen Prozeß werden. Andererseits verhindern jedoch auch die auferlegten Mindeststandards von räumlichen Plänen die Möglichkeit der Planung durch die Dorfbewohner selbst.

Die Konsequenz ist also, daß es so bald nicht zu einer ausreichenden Planung der Dörfer kommen kann, woraus sich eine Rechtsunsicherheit für die Dorfbewohner ergibt, sich zu etablieren, feste Häuser zu bauen, Arbeitskraft und Geld sowohl in räumliche als auch ökonomische Verbesserungen zu investieren. Die Ausdehnung der Dörfer bleibt weiterhin unbegrenzt oder unklar, die Verteilung und Nutzung der Felder und anderer Flächen bleibt uneffektiv, ungerecht und problematisch für die Standortfestlegungen von Infrastrukturleistungen sowie dysfunktional für eine ökologisch angepaßte sozialistische Landwirtschaft /32/.

Anmerkungen

/1/ Vgl. DRYDEN, S.: Local Administration in Tanzania. Nairobi 1968. *Unsere Abhandlung der politischen und Verwaltungsstruktur stützt sich auf dieses Werk. - Der Staat Tanzania entstand erst 1964 durch den Zusammenschluß Tanganyikas und Zanzibars. Unsere Aussagen beziehen sich auf das Festland, das ehemalige Tanganyika.*

/2/ *Vor und zur Zeit der Unabhängigkeit war die Partei weitaus effektiver organisiert als die staatliche Verwaltung. Es galt nach der Unabhängigkeit, diese Parteiorganisation zur Verwirklichung der Selbstverwaltung und der Entwicklungsziele einzusetzen. Daher besteht weiterhin zwischen der CCM und dem Staat eine enge Verknüpfung.*
Die 1954 gegründete Tanganyikan African National Union (TANU) wurde im Jahre 1977 durch die revolutionäre Einheitspartei (CCM=Chama Cha Mapinduzi) abgelöst.

/3/ *Infolge einer Verfassungsänderung (i.d.F. 10.7.1965) wurde Tanganyika auf legalem Wege zum Einparteienstaat. Aus verschiedenen Gründen hat das Zentralkomitee der TANU die Einrichtung eines demokratischen Einparteiensystems für die nationale Entwicklung als vorteilhaft angesehen.*
(Vgl. MSEKE, P.: The Decision to Establish a Democratic One-Party State in Tanzania: A Case Study, in: TAAMULI - A Political Science Forum, Volume 5, December 1975, No. 2)
Unter demokratischer Einheitspartei wird hier eine Partei verstanden, innerhalb derer mehrere Kandidaten um die Mandate ringen.

/4/ Siehe Übersicht 1 am Ende des Abschnittes.

/5/ *Die zur Kolonialzeit bestehende Verwaltungsgliederung in neun Regionen wurde nach der Unabhängigkeit aufgehoben. Die dann bestehende Gliederung in siebzehn Regionen wurde 1972 mit der Neueinteilung in zwanzig Regionen verändert.*

/6/ *Im Rahmen eines Studienprojektes* (vgl. Projektgruppe F 33 79/80: Dorfplanung in einem Entwicklungsland am Beispiel Tanzania) *an der Abteilung Raumplanung, Universität Dortmund, haben elf Studenten und zwei Assistenten der Abteilung Raumplanung zusammen mit Studenten und Assistenten des ARDHI-Institutes, Dar es Salaam, im August 1979 Feldarbeit in den Dörfern Kibwaya, Kinole-Tandai und Mwarazi-Kibungo in der Region Morogoro durchgeführt.*

/7/ Vgl. Projektgruppe F 33 79/80: Dorfplanung in einem Entwicklungsland am Beispiel Tanzania. Universität Dortmund, Abteilung Raumplanung, 1980, S. 190 f.

/8/ FINUCANE, J.R.: Rural Development and Bureaucracy in Tanzania: The Case of Mwanza Region. Uppsala: The Scandinavian Institute of African Studies, 1974, S. 18
"If development is to benefit the people, the people must participate in considering, planning and implementing their development plans."

/9/ ebenda, S. 83.
"The Village Development Committees were the most important (step) taken by government to improve responsiveness to local demands."

/10/ Vgl. COLLINS, P.: The Working of Tanzanias Rural Development Fund. A Problem in Decentralisation. In: Planning in Tanzania, Background to Decentralisation. Editors: A.H. RWEYEMAMU and B.U. MWANSASU, Nairobi: East African Literature Bureau, 1974.

/11/ RWEYEMAMU, A.H.: Some Reflections on Decentralisation in Tanzania. In: Planning in Tanzania, Background to Decentralisation. Editors: A.H. RWEYEMAMU and B.U. MWANSASU, Nairobi: East African Literature Bureau, 1974, S: 121-131.

/12/ ebenda, S. 127.

"Decentralisation which seeks to give more power to the people involves the creation of authorities of a political, administrative and legal character to which political authority and power are transferred from the centre to enable those authorities to make public policy for a particular sub-division of a political community."

/13/ Vgl. HEUER/SIEBOLD/STEINBERG: Urbanisierung und Wohnungsbau in Tanzania, Berlin 1979, S. 18 ff.

/14/ Vgl. MALIMA, A. KIGHOMA: Planning for Self-Reliance. Tanzania's Third Five Year Development Plan. In: Maji Maji 7/1978, S. 33 ff.

/15/ BRALUP: Bureau of Resource Assessment and Land Use Planning.

/16/ BEREGE, E.H. (Head of Regional Physical Planning Section, Urban Planning Division): Critique to Regional Integrated Development Plans (RIDEPs) from Physical Planning Point of View. In: Regional Physical Planning in Tanzania as a basis for Economic Planning.
A paper presented at the Symposium on "Planning of Human Settlements and Development", ARDHI-Institute, Dar es Salaam 16th-19th May, 1979.

/17/ Vgl. hierzu McCALL, M.: Verkehrsplanung für den ländlichen Raum ("Can Regional Transport Planning Bring About Regional Development?"), Kap.

/18/ BEREGE, E.H., a.a.O.

/19/ ebenda.

/20/ MAJANI, B.B.K. (Head of Master Planning, Urban Planning Division), KAMULALI, T.W.P. (Regional Town Planner, Iringa); The Planning of Human Settlements, Kap. 4.0.
A paper presented at the Symposium on "Planning of Human Settlements and Development", ARDHI-Institute, Dar es Salaam 16th-19th May, 1979.

/21/ SKUTCH, M.: Village Self Planning for Tanzania. A Paper presented at the Symposium on "Planning of Human Settlements and Development", ARDHI-Institute, Dar es Salaam 16th-19th May, 1979, S. 9.

/22/ ebenda.

/23/ Vgl. MAJANI, B.B.K.; KAMULALI, T.W.P.: a.a.O.

/24/ United Republic of Tanzania: Third Five Year Development Plan for Economic and Social Development 1976-81, First Volume, S. 74.

/25/ Vgl. BEREGE, E.H.: a.a.O.

/26/ ebenda.

/27/ Vgl. dazu auch: HEUER/SIEBOLD/STEINBERG: Urbanisierung und Wohnungsbau in Tanzania, Berlin 1979.
VORLÄUFER, K.: Koloniale und nachkoloniale Stadtplanung in Dar es Salaam, Frankfurt/Main 1970.
SIEBOLD, P./STEINBERG, F.: Tanzania I: Die neue Hauptstadt Dodoma. In: Bauwelt 1979, Heft 41.
MAY jr., R.: Provisions for Cultural Preservation and Development in African Urban Planning: A Case Study of Dodoma, Tanzania. In: Ekistics 288, May/June 1981.

/28/ Vgl. National Population Census 1978, Dar es Salaam, Tanzania.

/29/ United Republic of Tanzania: Third Five Year Development Plan for Economic and Social Development 1976-81, First Volume, S. 74.

/30/ Vgl. Projektgruppe F 33 79/80: a.a.O., S. 63.

/31/ Vgl. SKUTCH, M., a.a.O., S. 6-12.

/32/ Vgl. SCHÜLER, U.: Planning for Agricultural Development and the Lay-Out Planning for Villages and Ujamaa Villages.
A paper presented at the Symposium on "Planning of Human Settlements and Development", ARDHI-Institute, Dar es Salaam 16th-19th May, 1979.

Teil 2
Planung im ländlichen Raum

*Rita Schnepf,
Pangani im Oktober 1979*

Was es bringt, über den Kraterrand zu schauen!

Es war einmal ein kleiner Elefant, der mit seinen Müttern und Vätern, Schwestern und Brüdern im Ngorongoro Krater in Tanzania lebte. Die Elefanten waren fast alle im Krater geboren, jedoch die Großmutter, eine alte erfahrene Elefantenfrau, war schon weit herumgekommen und wußte eine Menge Geschichten zu erzählen. Sie stammte aus der fruchtbaren Gegend um den Kilimanjaro, der bei den Afrikanern Kibo genannt wird, mußte aber noch als Elefantenbaby vor den deutschen Großwildjägern und den vielen Wilderern aus ihrer Heimat flüchten. Viele Elefanten machten sich damals auf den Weg, um ihre kostbaren Elfenbeinzähne zu retten. Auf der Flucht kam die Großmutter durch die Serengeti, wo die Tiere schon damals sicherer leben konnten, und schließlich in den Ngorongoro Krater, auf dessen Grund alles vorhanden war, was ein Elefant so braucht.

Sie konnte sich aber auch noch in ihrem Alter sehr genau an den Kibo erinnern, denn Elefanten haben ein außerordentlich gutes Gedächtnis, und es hatte sie schon oft großes Heimweh geplagt.
Nun, der kleine Elefant war ein begeisterter Zuhörer ihrer Geschichten und Jugendabenteuer, und in ihm wuchs ständig der Wunsch, auch einmal über die Kraterwände zu schauen, den Kibo mit seinem Nebengipfel Mwawentsi zu erblicken.
Im Krater selbst kannte er sich natürlich gut aus und wußte viele Verstecke, um sich vor den Landrovern mit den neugierigen Touristen mit den schwarzen Dingern vor den Augen zurückzuziehen.
Was jedoch draußen vor sich ging, ahnte er höchstens durch die Erzählungen seiner Großmutter.

Schließlich konnte er das Fernweh nicht mehr länger ertragen und machte sich eines Nachts heimlich auf zum Kraterrand, dessen Weg er gut kannte. Dort wartete er voller Aufregung auf den Sonnenaufgang, denn bei dem steilen Aufstieg mußte er natürlich sehen, wohin er trat.
Mit einiger Mühe schaffte er es dann auch, hochzukommen und wunderte sich über die kühle frische Luft. Vom Kilimanjaro war jedoch nichts zu sehen. Elefanten sehen nun auch nicht besonders gut, ein Fernglas hatte er auch nicht zum Rüssel, riechen konnte man ihn auch nicht, also mußte er schon ein Stück näher an ihn herankommen. Ohne lange zu überlegen, schlug er die nordwestliche Richtung ein und merkte sich den Weg genau. Glücklicherweise kam er auf diesem Pfad direkt durch die Serengeti und schloß viele neue Freundschaften dort. Man konnte ihm aber auch nichts Näheres über den Kilimanjaro trompeten.
Manchmal überlegte er sich schon, aufzugeben, wanderte jedoch immer weiter, und etwas ungeduldig kam er schließlich nach langer Reise zu dem Ort Musoma und stand plötzlich vor einer riesigen Wasserfläche, die nirgends endete, so angestrengt er auch suchte.
Seine Freude über das Neuentdeckte ließen ihn einen Moment lang den Kibo vergessen, und er nahm vergnügt ein Bad im Viktoria See. Ständig bespritzte er sich mit Wasser, wunderte sich jedoch die ganze Zeit über das entfernte Getöse und Knallen, welches ab und zu auch einmal näher zu kommen schien. Es wurde ihm bald etwas mulmig im Bauch, und er verzog sich in Richtung Norden.
Wieder nach ein paar Tagen stand er auf einmal vor einem weiß-rot gestreift lackierten Holzbalken, der ihm den Weg versperrte. Er wollte gerade galant zum Angriff ansetzen, als ein tanzanischer Grenzbeamter freundlich lächelnd auf ihn zukam. Der Mensch war ihm irgendwie sehr sympathisch, und er verlor

sein gesundes Mißtrauen. Auch der Mann hatte keine Angst und erzählte ihm nun eine lange Geschichte, daß er sich an der Grenze zu Kenia befände und daß in der Nähe die Frontlinie des Krieges gegen Uganda verliefe und auch warum; der Mann erklärte ihm geduldig die Prinzipien des tanzanischen Sozialismus und die Bedeutung des Tourismus für die wirtschaftliche Entwicklung des Landes. Der kleine Elefant sah ganz plötzlich ein, daß es das Beste sei, zurück zum Krater zu gehen, damit so viel wie einigermaßen erträglich, Touristen sich ihn und seine Lebensgefährten und auch die anderen Tiere anschauen könnten. Er war von seiner Wichtigkeit sehr beeindruckt und vergaß fast den Kibo.
Aber nun fiel es ihm nicht mehr schwer, seine Idee aufzugeben, denn er wollte in Zukunft viel darüber nachdenken, welche Rolle die Tiere für die Entwicklung des Landes spielen könnten und es mit den anderen besprechen.

Mit Leichtigkeit und nach langem Wandern kam er wohlbehalten aber ziemlich abgemagert in den Krater zurück, wo er besonders freundlich aufgenommen wurde. Er war nun ein Elefant mit Erfahrung. Nachdem er sich ein wenig erholt hatte, begann er mit einer Vortragsrundreise durch den Krater, rief überall Versammlungen ein, wo er mit den Tieren besprach, was er erfahren hatte und was sie zukünftig tun könnten. Sie beschlossen, ihre natürliche Lebensweise so weit wie möglich beizubehalten und zu verteidigen.
Der kleine Elefant, der bald schon ganz schön groß wurde, blieb in Zukunft für die politische Bildung im Krater zuständig.

Einleitung

1
Allgemeine Grundlagen

1.1
Tanzanias Politik der Dorfplanung

1.2
Ziele und Inhalte ökonomischer und räumlicher Planung und deren mangelnde Integration

1.3
Methodische Unterschiede zwischen ökonomischer und räumlicher Planung
Lay out Planning (Bebauungs- und Gestaltungsplanung). Land use Planning (Landnutzungsplanung). Ökonomische Planung. Verbindungsmöglichkeiten zwischen den Planungsbereichen. Teillösungen

1.4
Administrative Verankerung der Dorfplanung

1.5
Fehlende Verankerung der räumlichen Planung auf Dorfebene

2
Die Erfahrungen zweier Dörfer mit der Dorfplanung
Die Beispiele Merera und Mbingu

3
Eigenständige Planung durch die Dorfbevölkerung

*Anmerkung der Herausgeber:
Der Aufsatz hat im englischen Original den Titel: "Village Self Planning for Tanzania".
Übersetzung von Martin Orth und Marita Schnepf*

Margaret Skutsch

INSTITUTIONALISIERTE DORFPLANUNG IN TANZANIA UND MÖGLICHKEITEN DER EIGENSTÄNDIGEN PLANUNG DURCH DIE DORFBEVÖLKERUNG /1/

Dieser Bericht soll eine Einführung in die Möglichkeiten einer eigenständigen Dorfplanung im Verantwortungsbereich des Dorfes darstellen, d.h. die Möglichkeiten der Aufstellung auch von räumlichen Dorfplänen durch die Dorfbevölkerung.

Momentan werden die Dorfpläne auf der Planungsebene der Distriktverwaltung von Beamten des Ministeriums für Wohnungswesen, Stadt- und Regionalentwicklung (MLHUD), der Planungsabteilungen des Premierministeramtes (PMO) sowie des Landwirtschaftsministeriums erarbeitet.
Die Fallstudie der beiden Dörfer basiert auf Feldaufenthalten im April/Juni 1977.

Über einen Zeitraum von jeweils drei bis vier Wochen wurden zwei Dörfer im Kilombero Distrikt (Morogoro-Region), Merera und Mbingu, von Studenten des 1. Studienjahres des "Department of Urban and Rural Planning" (Abteilung Stadt- und Landesplanung) des ARDHI-Institute, unter Betreuung eines(r) Projektleiters(in) und von vier Assistenten, untersucht.
Die "Tazara Railway Authority" verweigerte uns trotz der oben erwähnten Genehmigungen und Empfehlungsschreiben der "District, Regional Offices" die Forschungsgenehmigung für ein drittes Dorf im Kilombero Distrikt: Kitete.
Das Beispiel zweier Dörfer kann selbstverständlich nicht als wissenschaftliche Grundlage zur Überprüfung und Beweisführung von Hypothesen für alle Dörfer Tanzanias angesehen werden. Die eigentliche Absicht der Fallstudie besteht vielmehr darin, einige Einblicke in die heutige Situation der konkreten Dorfplanungsarbeit sowie deren Verbesserungs- und Veränderungsmöglichkeiten zu geben.

Teil 1 beschäftigt sich mit der Darstellung der Dorfplanung und der Begründung für Dorfplanung im Verantwortungsbereich der Dorfbevölkerung.
Teil 2 gibt die Erfahrungen zweier Dörfer mit der Dorfplanung wieder.
Teil 3 setzt sich mit der Überwindung von Restriktionen gegen eine eigenständige Planung auseinander.

Teil 1

1. Tanzanias Politik der Dorfplanung

Dem Dorf kommt in Tanzanias Entwicklungsstrategie eine zentrale Bedeutung zu.
Bis zu der Umsiedlungskampagne im Jahre 1974/75, bekannt als "villagisation", lebte die ländliche Bevölkerung stark verstreut und wurde deshalb in Dörfer mit 150-800 Familien zusammengesiedelt. Heute lebt nahezu die gesamte ländliche Bevölkerung in solchen Dörfern.
Konkrete Ziele dieser umfassenden Kampagne waren hauptsächlich die Schaffung einer besseren Zugänglichkeit für landwirtschaftliche Neuerungen, die Anhebung des Bildungsstandards durch den Besuch der Grundschule sowie die Schaffung einer Ausgangsbasis, um zukünftige Versorgungsmaßnahmen, besonders die Wasserversorgung, zu ermöglichen. Auch ideologische Konzepte, die die Dorfgemeinschaft als Basis des tanzanischen Sozialismus sehen, spielten bei der Umsiedlungsmaßnahme eine große Rolle. Aber bisher haben sich erst wenige Dörfer zur kollektiven Produktionsweise entschlossen.
Weiterhin wurde die politische Stellung der Dörfer durch die Dezentralisierungsmaßnahmen verstärkt. Seit 1975 sollen die Dörfer "Pläne" aufstellen. Diese Pläne sind als landwirtschaftliche Produktions- oder Arbeitspläne zu bezeichnen und beinhalten die geschätzten Ertragszahlen des kommenden Jahres, die materiellen und finanziellen Erfordernisse für Produktionsinputs sowie Vorschläge für gemein-

schaftlich zu organisierende Dorfprojekte. Mit Genehmigung der "Ward, District, Regional Planning Committees" erhalten die Dörfer dann finanzielle und beratende Unterstützung.
Das "Villages and Ujamaa Villages" Gesetz von 1975 unterscheidet zwei Dorftypen, einmal die "registered villages", die ein kooperatives Zusammenleben der Dorfbevölkerung zugrunde legen, und die "ujamaa villages", die sich durch einen höheren wirtschaftlichen Entwicklungsstand und Anstrengungen in kollektiven Produktionsweisen auszeichnen. Mit diesem Gesetz wurde sowohl registrierten als auch "ujamaa"-Dörfern ein gewisses Maß an Autonomie gegeben, um Schritte zur Selbsthilfe von der Basis aus selbst in die Hand nehmen zu können, wie z.B. ökonomische Planung, Einrichtung eines Dorfentwicklungsfonds, Kreditaufnahme bei Banken oder Entwicklungsinstitutionen.

Im Zuge der Umsiedlungskampagne war es ursprünglich beabsichtigt, jedes Dorf räumlich zu planen, um geeignete Dorfstandorte und die rationale Anordnung von Häusern zu zentralen Versorgungseinrichtungen von vornherein zu gewährleisten.
Jedoch führten der Mangel an Planern und Transportschwierigkeiten dazu, daß bisher erst sehr wenige räumliche Pläne für Dörfer existieren. Was die Bemühungen um die ökonomische Entwicklungsplanung der Dörfer angeht, werden staatlich ausgebildete und finanzierte "Village Management Technicians" (Daily News 11.76) und "Village Manager" (Daily News 10.2.78) zur Unterstützung der Planungsbemühungen in die Dörfer geschickt. Dementsprechend sollen auch Dorfbuchhalter ausgebildet werden. Es ist beabsichtigt, daß zukünftig zumindest die "Village Manager" von den Dörfern angestellt und finanziert werden. Demgegenüber wurde die räumliche Planung stark vernachlässigt, deren Notwendigkeit jedoch offensichtlich ist (siehe auch Nyereres Vorschlag, alle ungeeignet plazierten Ansiedlungen neu zu planen, Daily News, 14.10.1975). Die Aufgabe räumlicher Planung ist jedoch im Gegensatz zur ökonomischen Planung im Zuständigkeitsbereich der Distriktsverwaltung angesiedelt.

2. Ziele und Inhalte ökonomischer und räumlicher Planung und deren mangelnde Integration

Obwohl generell Einigkeit darüber besteht, daß Dörfer geplant werden sollten, gehen die Meinungen verschiedener Expertengruppen über das, was unter einem Dorfplan zu verstehen ist, stark auseinander. Stadtplaner betonen die räumliche An- und Zuordnung von Straßen, Häusern und Gemeinschaftseinrichtungen nach bestimmten Standards und fertigen einen Plan an, der Grundstücke für private und öffentliche Nutzungen ausweist, die dann von Vermessungsingenieuren per Grundstückgrenzen auf dem Boden abgesteckt werden.
Geographen, Umweltplaner und landwirtschaftliche Experten verstehen den Dorfplan eher als eine Landnutzungskarte des gesamten Dorfgebietes. Bodenkundliche, topographische Analysen sowie die Berücksichtigung von Entfernungen zum Dorfzentrum sind elementare Grundlagen dafür.
Ökonomen wiederum nehmen eine Art Organisationsvorschlag der Produktionsaktivitäten des Dorfes vor. Produktionsziele, notwendige Produktionsmittel (Arbeitskräfte, Bodenressourcen, Kapital, Düngemittel, Saatgut etc.) und Selbsthilfeprojekte werden dabei aufgeführt, bis hin zu detaillierten Aussagen zur Arbeitsorganisation und der möglichen Verwendung des Mehrproduktes.
Das, was die Dorfbewohner selbst unter einem Dorfplan verstehen, ist schwer zu verallgemeinern. Die meisten Leute wohnen zum ersten Male in einem großen Dorf zusammen, und die nunmehr neue Größenordnung der Entscheidungsfindung und Kontrolle, die traditionell für eine kleine Gruppe funktioniert hat, bringt einige Schwierigkeiten, weil sie über die seit Generationen angesammelten Erfahrungen der Dorfältesten hinausgeht. Die Notwendigkeit der Planung entsteht lediglich aus den Veränderungen des Verhältnisses Mensch zu seiner Umwelt.
Der Dorfbewohner wird aus seinen früheren mehr oder weniger harmonischen Lebenszusammenhängen herausgerissen und in eine wachsende monetäre Wirtschaft mit steigender Produktion und Intensität der Landnutzung einbezogen, was auch eine Zusammensiedlung notwendig machte.
Diese Veränderungen passieren in einem kurzen Zeitraum und nicht als natürlicher Entwicklungs- und Lernprozeß aus eigenen Erfahrungen. Es ist nicht mehr möglich,

sich auf alte Bräuche und Traditionen zu verlassen, weil sie allein keine funktionierende Regelung der Lebensgrundlagen mehr gewährleisten können.

Es ist daher notwendig, neue Möglichkeiten von Hausanordnungen sowie die Entscheidungsfindung darüber zu suchen, denn die Standortplanung muß gut vorbereitet sein, weil eine größere Anzahl von Leuten zusammenlebt,und die Lebensdauer der Häuser steigt.

Weiterhin müssen diese räumlichen Anordnungen den Anforderungen einer wachsenden Gemeinschaft mit zunehmendem Motorisierungsgrad und besserer Infrastrukturausstattung gerecht werden. Die alten Regeln über die Standortwahl des Hauses werden ungültig mit steigendem Grad der Produktion und wachsendem Surplus.
Es wird notwendig zu planen, wo landwirtschaftliche Produkte angebaut werden, und wie die Landverteilung vorgenommen werden soll; denn die nunmehr festen Dörfer bedingen landwirtschaftliche Nutzflächen, deren langfristige Fruchtbarkeit gesichert sein muß. Die zukünftige Sicherung der Feuerholzversorgung (z.B. Aufforstung) und der Weidegebiete spielen dabei auch eine Rolle. Mit besseren Vermarktungsmöglichkeiten können neue Anbauprodukte profitabel werden, und mit wachsendem Informationsgrad und verstärkter Progaganda für den Anbau bestimmter Produkte im nationalen Interesse wird auch ein häufiger Wechsel der Anbauprodukte verbunden sein.
Es wird notwendig werden, neue Arbeitsorganisationsformen einzuführen, weil das alte System der Familienarbeit zusammenbricht. Das Dorf soll Produktions- und Vermarktungsgenossenschaften bilden, eine konkrete Ausprägung des Ujamaa Sozialismus.
Diese Entwicklungsstrategie ist zwar noch weit von ihrem Ziel entfernt, aber Partei- und Regierungsapparat legen sehr viel Gewicht auf die angestrebten Produktionsorganisationsänderungen, vielleicht, weil damit die größten Hoffnungen auf tatsächliche Produktionssteigerungen verbunden werden.
Das, was die tanzanische Landbevölkerung momentan unter einem Plan versteht, ist mehr mit dem Wunsch nach staatlichen Versorgungseinrichtungen verbunden, besonders nach einer hygienischen Wasserversorgung, Schulen und Krankenstationen. Ein Dorfplan, der von der Dorfbevölkerung aufgestellt wird, ist daher eine Liste von gewünschten Einrichtungen - eine neue Brücke, ein neues Klassenzimmer oder zwei, ein Traktor und vielleicht einen Landwirtschaftsberater (Bwana shamba).
Auf die Ursachen dieses Bewußtseins wird im Zusammenhang mit der administrativen Verankerung der Dorfplanung noch näher eingegangen werden. An dieser Stelle genügt die Anmerkung, daß das Konzept eines Planes, in geschriebener Form und gültig für das gesamte Dorfgebiet, neu ist. Der "Einkaufslistenansatz" ist nämlich die Antwort auf Anforderungen des Planungs- und Verwaltungssystems an die Dorfbewohner. Das heißt jedoch keineswegs, daß die Dorfbewohner die Notwendigkeit oben angegebener Planungsansätze nicht sehen würden, noch, daß sie nicht fähig wären, solche Pläne selbst zu produzieren.

3. Methodische Unterschiede zwischen ökonomischer und räumlicher Planung

Im vorigen Abschnitt wurden die drei Variationen von Planungsverständnis stark karikiert dargestellt. Solche Vereinfachungen sind aufgrund der gegenseitigen Unabhängigkeit dieser Planungsprozesse und der Beschäftigung mit unterschiedlichen Fachdisziplinen leicht möglich: ökonomische Pläne werden von Wirtschaftswissenschaftlern erstellt, Landnutzungspläne von Landwirtschaftsexperten und Bebauungs- und Gestaltungspläne von Stadtplanern. Unser Ausbildungssystem trennt diese Planungsbereiche, obwohl sie logischerweise verbunden sein müßten. Es ist z.B. unsinnig, landwirtschaftliche Produktionsziele aufzustellen, ohne vorher die notwendigen Ressourcen auf ihr lokales Vorhandensein hin zu untersuchen und ihre Verwendung zu planen. Weiterhin ist es unsinnig, einen "Layout Plan" (Bebauungs- und Gestaltungsplan) für das Dorf anzufertigen, ohne zuvor das wirtschaftliche Potential des Dorfes einzuschätzen, um daraus wiederum die tragfähige Bevölkerungszahl ableiten zu können.
Planer, die mit einem der drei Aufgabenfelder beschäftigt sind, müssen wohl oder übel notwendige, jedoch oftmals ungenaue Annahmen für den anderen Planungsbereich zugrundelegen.

Welche entscheidenden Etappen der verschiedenen Planungsprozesse können zueinander in Beziehung gesetzt werden? Es gibt viele Ansatzpunkte, aber um sie identifizieren zu können, ist es besser, sich zunächst die Hauptschritte eines jeden Planungsbereiches genauer anzusehen.

"Lay-out-Planning" (Bebauungs- und Gestaltungsplan)
Sie verfolgt folgende Ziele:
- Reservierung von Flächen für zukünftige Projekte und nicht-landwirtschaftliche Nutzungen;
- Reduzierung der fußläufigen Entfernungen durch Planung des Straßen- und Wegenetzes;
- Verbesserung der Gesundheit der Dorfbewohner durch die Einrichtung und Sicherung bestimmter sanitärer Bedingungen;
- Schutz der natürlichen Umwelt vor Erosion durch bestimmte Haus- und Straßenanordnungen;
- Ermutigung zur Kooperativenbildung durch das Zusammensiedeln der Bewohner im Sinne des Ten Cell Unit Konzepts (Siedlungseinheit von 10 Häusern, die um einen freien Platz als Kommunikationsraum gruppiert sind);
- Förderung des Bewußtseins für Gleichheit durch die Anordnung der Hausgrundstücke (Plots) gleicher Größe (1/4 oder 1 acre);
- Vermittlung des Gefühls der Gewißheit über die Beständigkeit der Landnutzungsmöglichkeiten, so daß die Bereitschaft entsteht, feste Häuser zu bauen;
- Verbesserung der räumlichen Erscheinung des Dorfes und damit die Steigerung des Bewußtseins und des Stolzes für die gemeinsame Siedlung.

Die Zielsetzungen erfordern folgende Planungsschritte:
- Überblick der räumlichen (physischen) Gegebenheiten, Standortwahl des Dorfes (in der Regel um eine bereits existierende Siedlung), Bestimmung bebaubarer Gebiete, Erhaltung bestehender Strukturen;
- Untersuchung über die Flächenanforderungen, wieviele Hausgrundstücke (Plots) momentan und zukünftig gebraucht werden, welche Versorgungseinrichtungen zukünftig realisiert werden sowie deren Zuordnung zu den Wohngebieten;
- Anfertigung einer Karte mit Vorschlägen im Sinne eines allgemeinen Flächennutzungskonzeptes, mit vorzugsweise mehreren Alternativen, so daß eine Auswahlmöglichkeit durch die Dorfbevölkerung besteht;
- Übertragung der festgestellten Grundstücksgrenzen (Vermessung).

Man beachte, daß letztlich die Konstruktionsweise der Häuser und der Versorgungseinrichtungen generell außerhalb des Zuständigkeitsbereichs eines "lay-out-plan" liegt.
Dieser Planungsprozeß beinhaltet gewöhnlich die Aufstellung einer Basiskarte mit der Kartierung der physisch-räumlichen Daten sowie eine sozio-ökonomische Untersuchung der Haushalte durch Befragung und ein Gespräch mit der Dorfleitung. Der "lay-out-plan" hat eine lange Geltungsdauer und muß nur unter gegebenenfalls veränderten Planungsvoraussetzungen geändert und fortgeschrieben werden.

"Land Use Planning" (Landnutzungsplanung)
Zweck dieser Planung ist,
- Vorsorge zu treffen, daß genügend Land für die verschiedenen Nutzungen zur Verfügung steht, insbesondere Weideflächen und Feuerholzreserven, und sich diese nicht mit denen der Kultivierung stören;
- eine Hilfestellung zu geben, daß das Land seiner bestmöglichen produktiven Nutzung zukommt und
- die Degradierung der Böden zu vermeiden.

Planungsschritte sind:
- die Untersuchung des physischen Potentials der Böden und deren Klassifizierung nach kleinteiligen Nutzungseignungen für bestimmte Produkte und deren Bedingungen (z.B. Düngemittel);
- die Einschätzung der Anforderungen an die Bodenressourcen, unter Berücksichtigung der momentan und zukünftig zur Verfügung stehenden Arbeitskräfte;
- die Aufstellung einer Karte, als Zusammenstellung aller Festlegungen über die momentane und zukünftige Art der Kultivierung; jedes besondere Problem, wie die Gefahr der Erosion oder der Bodenknappheit müssen betont werden.

Was die Praxis der Landnutzungsplanung angeht, existieren so gut wie keine Pläne für die Dörfer. Die bestehenden wurden fast ausschließlich von staatlichen Gesellschaften mit besonderem Interesse an einem bestimmten Exportprodukt (z.B. Tabak) ausgearbeitet.

Eine Überarbeitung von Landnutzungsplänen ist nur gegebenenfalls notwendig, da Ausdehnungsgebiete ohnehin von Anfang an berücksichtigt werden müssen, und die Möglichkeit eines jährlichen Wechsels von Anbauprodukten sowieso durch das Rotationssystem gegeben ist. Landnutzungspläne können sich also relativ leicht veränderten Rahmenbedingungen anpassen.

Ökonomische Planung

Mit der ökonomischen Planung auf Dorfebene wird ein jährlicher Planungsprozeß angestrebt, in den auch langfristige Projektvorhaben einbezogen werden können. Eine Absicht ist die Rationalisierung der Produktion. Logische Schritte zum Aufbau eines ökonomischen Dorfplanes sind:
- Formulierung der Zielsetzungen im sozialen und produktiven Bereich für das nachfolgende Jahr;
- Aufstellung der vorhandenen Ressourcen (Land, Arbeit, Kapital), die dafür investiert werden müssen;
- Ausarbeitung von Vorschlägen zur Organisation und Verfahren des Ressourceneinsatzes (z.B. Konkretisierung der Dorfziele in Einzelziele für jeden Bauern oder eine Produktionsgemeinschaft);
- Ausarbeitung einer Arbeitsorganisation, z.B. Wechsel von kollektiver Arbeit und Traktoreneinsatz, Stundenpläne für landwirtschaftliche und nicht-landwirtschaftliche Aktivitäten, Strafgebühren für mangelnde Beteiligung/Pflichtendelegierung;
- Überprüfung und Buchhaltung der Planerfüllung, um den Mißbrauch von finanziellen Mitteln zu vermeiden und die Kreditwürdigkeit zu sichern.

Diese Art ökonomischer Planung auf Dorfebene beinhaltet modellhafte Vorstellungen, wie sie in das Ausbildungsprogramm der "Village Management Technicians" /2/ und des "Economic Research Bureau" einbezogen werden und in vereinfachter Form in den Dörfern umgesetzt werden /3/.
Es wurde bereits erwähnt, daß in der Praxis die meisten jährlichen Pläne lediglich aus einer Liste der von den Dorfbewohnern gewünschten Projekte bestehen. Trotzdem werde ich weiterhin den modellhaften Ansatz der ökonomischen Planung verwenden, denn es geht um die überfachlichen Verbesserungen in der Qualität der Dorfplanung.

Verbindungsmöglichkeiten zwischen den Planungsbereichen

Im folgenden sollen die Punkte dargestellt werden, die für eine logische Verbindung der drei Planungsbereiche interessant sind.
Der Reihenfolge kommt keine Bedeutung zu:
1. Entscheidungen über notwendige Versorgungseinrichtungen und Installierung technischer Infrastruktur, die im Verfahren der Bebauungsplanung getroffen werden müssen, sollten im jährlichen ökonomischen Planungsprozeß bezüglich Finanzierung und Erstellung in Selbsthilfe überdacht werden.
2. Die ausgewiesene Tragfähigkeit der Böden innerhalb des Dorfgebietes sollte die Auswahl der Wohnstandorte bestimmen und die Größe der Hausgrundstücke beeinflussen (z.B. fruchtbare landwirtschaftliche Flächen meiden).
3. Das Bebauungsplankonzept wiederum darf erst in Kenntnis der für produktive Zwecke reservierten Flächen und der fußläufigen Entfernungen zu den Feldern aufgestellt werden.
4. Zwischen Zielsetzungen der ökonomischen und der Landnutzungsplanung gibt es eine zweiseitige Verbindung. Die Fruchtbarkeit der Böden bestimmt die Erträge; die Quantität der Bodenressourcen, die für den jeweiligen Anbau notwendig ist, wird jedoch auch von den Produktionszielen bestimmt, in Form von landwirtschaftlichen Flächen, die pro Person bewirtschaftet werden können. Die einsetzbare Arbeitskraft wird also die Ausweisung von Flächen für eine bestimmte landwirtschaftliche Nutzung beeinflussen.

Geographisches Institut
der Universität Kiel
23 Kiel, Olshausenstraße

5. Die Wahl einer bestimmten Flächennutzung und ihre Bewirtschaftungsweise bestimmt die erforderlichen Produktionsinputs, wie Menge und Qualität des Saatgutes, der Düngemittel, der Maschinenverwendung usw.
6. Die spezifische Bewirtschaftungsweise muß bei der Arbeitsorganisation und den Zeitplänen bedacht werden.
7. Auf jedes schwerwiegende Problem, welches in der landwirtschaftlichen Bewirtschaftung und im Landnutzungsplan genannt wird, soll durch Projektvorhaben in der ökonomischen Planung reagiert werden; z.B. können Mittel für die Aufforstung notwendig werden, oder eine abzusehende Bodenknappheit kann zu alternativen Beschäftigungs- und Produktionsfeldern in der Kleinindustrie oder im Dienstleistungsbereich führen.

Höchst wahrscheinlich läßt eine genauere Untersuchung der Planungsprozesse noch mehrere logische Verbindungspunkte offensichtlich werden.
Es bleibt nun die Frage, wie man diese drei Planungsbereiche sinnvoller integrieren kann.

Teillösungen

Was die methodologischen Unterschiede der Planungsbereiche angeht, ist zu erwähnen, daß es bereits einige Versuche technischer Art gab, diese zu überbrücken. Als Beispiel dafür sei die Arbeit der "Overseas Development Group" der Universität von East Anglia zu nennen /4/.
Während der Vorbereitungen zum "Iringa Region Rural Integrated Plan" wurde eine Technik entwickelt, das landwirtschaftliche Potential oder die Tragfähigkeit (carrying capacity) eines Dorfes relativ genau einzuschätzen, indem mittels eines (systematischen) Algorithmus die maximal (nicht optimal) versorgbare Bevölkerungszahl eines Dorfes geschätzt wurde. Diese Information wurde direkt in den Bebauungsplanprozeß (Anzahl von Hausgrundstücken) umgesetzt. Damit sind schon teilweise die Verbindungspunkte 2 und 7 erfüllt worden.
Wenn zu einem bestimmten Zweck ein neues Dorf gegründet wurde, beispielsweise von einer staatlichen Gesellschaft, die für den Anbau und die Vermarktung bestimmter Exportprodukte zuständig ist, fand bei einem Planungsprozeß an zentraler Stelle auch ein gewisses Maß der Integration der Planungsbereiche statt. Der Erfolg dieser Versuche liegt in der Zentralisation der Planung auf einer Ebene begründet. Damit ist nun die administrative Organisation der Planung angesprochen, worauf im folgenden näher eingegangen werden soll.

4. Administrative Verankerung der Dorfplanung

Im letzten Punkt wurde auf die methodologischen und technischen Unterschiede zwischen den Planungsbereichen eingegangen und darin ein Erklärungsansatz für die mangelnde Integration angesehen. Die Koordinationsprobleme lassen sich jedoch viel besser mit den zersplitterten Verantwortungsbereichen der Planungsorganisation in der tanzanischen Verwaltungshierarchie erklären. Die Dezentralisierung der Ministerien und die Verlagerung der Verantwortlichkeiten auf untere Planungsebenen sollte Planungseffektivität und Beteiligung der betroffenen Bevölkerung verbessern. Offiziell gibt es einen zweigleisigen Prozeß zur Aufstellung von Dorfplänen (Gegenstromprinzip): Die Pläne werden von den zuständigen Dorfkomitees erstellt, anschließend zur Genehmigung an eine Kette von Distrikts- und Regionalen Entwicklungsgremien weitergeleitet, um schließlich wieder zur Plandurchführung in die Dörfer zu gelangen. Übersicht I stellt die Beteiligten dieser Komitees auf allen Planungsebenen dar /5/.
Die Absicht dieses "Kettenkommunikationssystems" liegt in der Aufnahme der Dorfpläne in den nationalen jährlichen Haushaltsplanungsprozeß. Deshalb ist diese Art von Plänen (die weitergeleitet werden) durch die sofortige Finanzierbarkeit der Planungsvorschläge charakterisiert, wie z.B. Vorschläge für Molkerei- oder Schweinehaltungsprojekte, Wasserversorgungssysteme, neue Klassenzimmer etc., alles Vorschläge, die eine nationale Unterstützung erfordern. Manchmal beinhalten diese Dorfpläne auch Schätzungen über die landwirtschaftlichen Erträge des nachfolgenden Jahres, speziell, wenn der Plan finanzielle Unterstützung für landwirtschaftliche Produktionserfordernisse verlangt.

Übersicht 1

1. District Management Team

Vorsitz: (Chairman): District Development Director
Mitglieder: ministerielle Vertreter aller Fachressorts auf Distriktsebene.
Seine Funktion besteht in der genauen Untersuchung von Distriktsplänen, bevor sie dem "District Development and Planning Committee" vorgelegt werden.

2. District Development and Planning Committee

Vorsitz: Area Commissioner
Sekretär: District Development Director
Mitglieder: Chama Cha Mapinduzi (CCM) Distriktvorsitzender, im Distrikt wohnhafte Parlamentsmitglieder, 25 % der gewählten Distriktsvertreter oder mindestens 10 Distriktsvertreter, functional officers und Assistenten.

3. District Development Council

Vorsitz: CCM Distriktsvorsitzender
Sekretär: District Development Director
Mitglieder: Area Commissioner, gewählte Wardvertreter, Parlamentsmitglieder, Town Director, functional officers und Assistenten.

4. Regional Management Team

(entsprechend dem District Management Team, nur alles auf regionaler Ebene)

5. Regional Development and Planning Committee

Vorsitz: Regional Commissioner
Sekretär: Regional Development Director
Mitglieder: CCM Regionsvorsitzender, CCM Distriktsvorsitzende, Area Commissioners, District Development Directors, Parlamentsmitglieder, regional functional officers und Assistenten, höchstens 4 vom Premierminister benannte Personen.

6. Regional Development Council

Vorsitz: CCM Regionsvorsitzender
Sekretär: Regional Development Director
Mitglieder: Regional Commissioner, Parlamentsmitglieder, 4 vom Premierminister benannte Personen, District Development Directors, Area Commissioners, regional functional officers und Assistenten.

Landnutzungspläne und Bebauungspläne im oben beschriebenen Sinne unterliegen nicht diesem Prozeß.
Seit es für registrierte Dörfer bindend geworden ist, an dieser Kettenkommunikation teilzunehmen, überrascht es auch nicht, daß sich der Inhalt eines ökonomischen Dorfplanes eben zu einer "Liste von Projekten, die euer Dorf sich wünscht" gewandelt hat. Planungsansätze, die auf einem umfassenderen Planungsverständnis beruhen, besonders Landnutzungs- und Bebauungsplanung, werden nicht verlangt und deshalb in ihrer Aufstellung generell vernachlässigt. Trotz Dezentralisierung ist die Planung also sehr einseitig und unangemessen geblieben.
In gewissem Umfang hat die Dezentralisierung zwar eine Beteiligung der Dorfbewohner an ökonomischer Planung gebracht, letztere läuft aber oftmals zu ungenau und unbegründet ab. Die Ausbildung und Arbeit der "Village Management Technicians" und "Village Managers" tragen auf jeden Fall zur Verbesserung der Planungsfähigkeiten der Dorfbevölkerung bei und führen hoffentlich zukünftig dazu, daß die ökonomischen Planungsinhalte gründlicher überdacht aufgestellt werden als bisher.

Es ist schon ein großer Schritt vorwärts, daß die Dörfer einen Platz im Entscheidungsablauf eingenommen haben. Der Lernprozeß, wie damit umzugehen ist, um den größten Nutzen aus dieser Autonomie zu ziehen, braucht selbstverständlich seine Zeit.
Aber welches sind die Gründe dafür, daß Landnutzungs- und Bebauungspläne in diesen dezentralisierten Entscheidungsablauf nicht einbezogen sind?
Um diese Frage beantworten zu können, müßte man sich genauer mit der sektoralen Organisation der Ministerien auf regionaler sowie Distriktsebene auseinandersetzen. Mit der Dezentralisierung wurden für fast jedes Ministerium "function officers" etabliert, um eine bessere Koordination der projektbeteiligten Ministerien, auf lokaler Ebene, zu erreichen.
Es gibt z.B. "Ujamaa Offices" und "Co-operative Offices", die die "Village Management Technicians" auf Ward Ebene kontrollieren und die genau wie die "Land Planning Units" (Distrikt) dem PMO unterstehen.
Bwana Shambas (Landwirtschaftsberater) werden auch durch das PMO finanziert, arbeiten jedoch mehr unter Führung des KILIMO (Ministerium für Landwirtschaft), aus welchem sie einst hervorgegangen sind.
Die meisten Ministerien haben solche Vertreter auf der Distriktsebene. Die Idee, in den Dörfern arbeitende Beamte des MLHUD oder des Ministeriums für Wasserwirtschaft (MAJI) zu finanzieren, ist unsinnig. Aber gerade die Tatsache, daß diese beiden Fachressorts und besonders das MLHUD, welches für die Aufstellung von Bebauungsplänen zuständig ist, keine direkte Verbindung zu den Dörfern haben (was die Entscheidungsabläufe angeht), führt dazu, daß ein Widerspruch zwischen Planenden und Planungsbetroffenen besteht, worauf im nächsten Punkt noch näher eingegangen werden soll.

Zusammenfassend läßt sich sagen, daß ökonomische Dorfpläne wenigstens teilweise im Verantwortungsbereich des Dorfes aufgestellt werden, während Bebauungspläne von regionaler Seite oder den "District Land Offices" erarbeitet werden. Landnutzungspläne hingegen sind noch nicht genau institutionalisiert und werden gegebenenfalls vom "Regional Agricultural Office" oder den "Land Planning Units" aufgestellt. Bisher existieren jedoch erst wenige Landnutzungspläne. Die angeblich zu großen technischen Schwierigkeiten und die angeblich notwendigen Fähigkeiten, die zur Aufstellung von räumlichen Dorfplänen erforderlich sind, werden als Argumente gegen eine eigenständige Planung der Dorfbevölkerung, für die Beibehaltung der "Planung von oben" aufgeführt.

5. Fehlende Verankerung der räumlichen Planung im Verantwortungsbereich des Dorfes

Was die ökonomische Planung betrifft, so begann mit der Dezentralisierung zumindest die Ermutigung zur eigenständigen Dorfplanung, während die räumliche Planung nicht von den Dorfbewohnern vorgenommen wird, auch wenn sie gegebenenfalls daran beteiligt werden können. Dieses wird durch den technischen Charakter der Planung oder mit notwendigen, fehlenden Fähigkeiten seitens der Dorfbevölkerung gerechtfertigt. Die Form der "Planung von oben" widerspricht jedoch der Dezentralisierungsidee und langfristig auch der Effektivität von Planung.
Das Dorf als selbstorganisierte Produktionseinheit und Entscheidungsträger an sich, wie es im "Villages and Ujamaa Villages" Gesetz festgeschrieben ist, sowie die räumliche Planung als Aspekt der Gesamtplanung eines Dorfes widersprechen dieser Planungsform. Es besteht im Prinzip keine Rechtfertigung dafür, die Verantwortlichkeit auf einer höheren Verwaltungsebene zu belassen. Der Arbeitsaufwand wird im Gegenteil geringer, und die räumlichen Pläne werden vielleicht besser begründet, sofern sie von den Dörfern selbst aufgestellt werden.
Das Wissen um die dörflichen Bodenressourcen stützt sich auf die Erfahrungen der Dorfbewohner, genauso ihr Wissen um das, was tatsächlich benötigt wird unter Berücksichtigung der gegebenen Möglichkeiten (z.B. das Gefühl für erforderliche Hausgrundstücke) und muß nicht von außen an sie herangetragen werden. Deshalb kann ein Distriktsplaner nur in "zweiter Hand" arbeiten. Auch wenn er über einige Kenntnisse der lokalen Bedingungen verfügt sowie mit staatlichen Richtlinien ausgerüstet ist, kann seine Arbeit, was die Untersuchung der dörflichen Struk-

turen angeht, sehr aufwendig und trotzdem nicht exakt sein. Es kann natürlich behauptet werden, daß z.B. eine wissenschaftliche bodenkundliche Untersuchung nur im Labor vorgenommen werden kann, welches jenseits der Möglichkeiten der Dorfbewohner selbst liegt. Dagegen kann eben auch argumentiert werden, daß die Bodenqualität und -typen innerhalb der Dorfgrenzen, ihre beste Nutzbarkeit und Verwendung, allgemeines Wissensgut eines bestehenden Dorfes ist (neue Dörfer auf gerade gerodeten Flächen sind davon auszuschließen). Während Informationen über neues Saatgut, bessere landwirtschaftliche Bewirtschaftungs- und Managementmethoden von außerhalb des Erfahrungsbereiches eines Dorfes über die Landwirtschaftsberater als Neuigkeiten aufgenommen werden, bringen detaillierte Bodenuntersuchungen im Bereich eines älteren Dorfes wahrscheinlich keine Überraschungen für die Dorfbewohner. Seit Generationen wurde praktisch schon immer eine eigenständige dörfliche Landnutzungsplanung, ohne Karten, ohne besonders gekennzeichnete Grenzen, ohne Bodenanalysen vorgenommen, und zwar durch das System der traditionellen Landverteilung durch die Dorfältesten.
In Gegenden mit einigermaßen stabilen landwirtschaftlichen Bewirtschaftungssystemen findet man selten heruntergewirtschaftete Bodenressourcen aufgrund einer schlechten Landnutzungsplanung.
Man sollte jedoch sorgfältig unterscheiden zwischen
- alten, etablierten Dörfern mit stabilen landwirtschaftlichen Bewirtschaftungssystemen,
- neuen Dörfern mit kaum oder wenig Erfahrungen über vorhandene Bodenressourcen und
- Dörfern, die durch Zusammensiedlung plötzlich entsprechend einer höheren Bevölkerungszahl, die Landnutzungsintensität steigern oder die Bewirtschaftungsmethoden ändern müssen.

In den letzteren Fällen kann der Erfahrungshorizont der Bewohner der neuen Situation nicht mehr angemessen sein. Für die Planung dieser Dörfer besteht eine Rechtfertigung, diese durch technisch qualifiziertes Personal zusammen mit den Dorfbewohnern vornehmen zu lassen.
Das Bebauungssystem der meisten traditionellen Dörfer entspricht keinem bestimmten Ordnungsprinzip; es läßt nicht genügend Raum für Straßen und ist generell stark gestreut. Es reflektiert die Bedürfnisse der Dorfwirtschaft, so wie sie einmal waren, ohne Versorgungseinrichtungen und mit begrenzter individueller (Familienwirtschaft) Produktion.
Der neuen dörflichen Lebensform, mit besseren Versorgungsangeboten, steigender, vielleicht kollektiver Produktion, sind die alten Bebauungsstrukturen und Anordnungen der Häuser nicht mehr angepaßt. Aber es ist falsch, anzunehmen, daß sich die Dorfbewohner über die Notwendigkeit eines besseren Bebauungssystems nicht bewußt wären, oder daß sie sich nicht vorstellen könnten, wie so etwas aussehen müßte. In den beiden Fallstudien des 2. Teils sind die Dorfbewohner sogar soweit gegangen, entsprechend eines selbst entwickelten neuen Bebauungsprinzips die neuen Grundstücksgrenzen auf dem Boden zu markieren.

Die Frage der räumlichen Planung und der Rolle des Planers kann auch unter Klassengesichtspunkten betrachtet werden. Wie auch immer die politische und ideologische Überzeugung eines Distriktbeamten aussehen mag, Planer sind Bestandteil einer anderen privilegierteren Klasse, einer bürokratischen Elite, im Unterschied zu den Dorfbewohnern.
Sofern das dörfliche Selbstbestimmungsrecht verwirklicht werden soll (wie es in fast allen Äußerungen Nyereres erwähnt wird), dann kann die Aufhebung der Abhängigkeit des Dorfes von der Regierung und besonders von der Planerstellung auf Distriktsebene gar keine Frage mehr sein.
Für die Mehrzahl der Dörfer sprechen im Prinzip alle Gründe für die eigenständige räumliche Planung. Was herauszufinden bleibt, ist, auf welchem Wege man ihnen am besten behilflich sein kann.

Thesen

Die beiden zuvor herausgearbeiteten Widersprüche sind:
1. daß methodisch-organisatorische Unterschiede in der Vorgehensweise ökonomischer Planung, Landnutzungs- und Bebauungsplanung existieren, die überwunden werden müssen, um die Dorfplanung effektiver zu organisieren;

2. daß die Landnutzungs- und Bebauungsplanung, die momentan von außenstehenden
   Experten vorgenommen wird, im Prinzip genauso zum Aufgabenbereich des Dorfes
   gehören sollte, wie die ökonomische Planung. Alle Aufgaben der Dorfplanung
   sollen eigenständig von den Dörfern erfüllt werden.

Die Verantwortlichkeit des Dorfes für alle Planungsbereiche wird die Integration
bisher getrennter Fachressorts erleichtern, so daß widersprüchliche Planungsaussagen von vornherein verhindert werden können. Weiterhin wird dadurch die Eigenständigkeit, Gemeinschaftsinn und Arbeitsmotivation der Dorfbevölkerung gefördert.

Das heißt jedoch nicht, daß damit die Dorfplaner, so wie wir sie hier am ARDHI-Institute ausbilden, überflüssig werden. Es gibt genügend Aufgabenbereiche, die
eine übergeordnete Sichtweise erforderlich machen. Die Standortfrage eines Dorfes zum Beispiel kann nur im Überblick aller im Distrikt existierender Dörfer
und vorhandener Landressourcen gelöst werden. Auch die räumliche Planung innerhalb der Dorfgrenzen solcher neuer Dörfer mit Bevölkerungsgruppen aus anderen
Landesteilen muß wahrscheinlich von Distriktsebene initiiert und vorbereitet werden. Die Situation in diesen Dörfern unterscheidet sich ganz erheblich von traditionellen Dorfstrukturen (mit Erfahrungen um die besonderen Probleme und Ressourcen des Gebiets).

Planer wie andere "Professionelle" tendieren zu einer eher abwehrenden Haltung,
wenn es darum geht, "Unqualifizierten" (Dorfbewohner) ihre Arbeit zu überlassen.

Ich hoffe, daß Planer, die diesen Artikel lesen, zu einer etwas differenzierteren
Position gelangen.

Gerade, wenn man bedenkt, daß die Aufgabe der räumlichen Planung aller Dörfer
Tanzanias von den zur Verfügung stehenden professionellen Planungskapazitäten
nicht zu bewerkstelligen ist, und daß es eine Menge notwendiger Planungsaufgaben
gibt, die einen hohen Ausbildungsgrad erfordern, sollten die Planer ihre Haltung
gegenüber der Dorfplanung baldigst aufgeben. Ihre Aufmerksamkeit müßte sich vielmehr auf die Frage konzentrieren, wie den Dörfern bei ihrer neuen Aufgabe zu helfen ist.

Wenn wir zuerst einmal das Prinzip akzeptiert haben, beginnt die schwierige und
interessante Debatte über das W I E !

Teil 2

Die Erfahrungen zweier Dörfer mit der Dorfplanung

Zwecks Untersuchungen über Dorfplanung wurden zwei Dörfer im Kilombero Distrikt/ Morogoro Region ausgewählt, einmal, weil sie noch nicht vom Distriktplanungsbüro (District Land Office) geplant worden waren und andererseits, weil sie mit der Eisenbahn und zu Fuß erreichbar waren, denn es standen keine Fahrzeuge für die Untersuchungen zur Verfügung.
Ansonsten wiesen die Dörfer keine Besonderheiten auf, vor allem wurden sie nicht etwa ausgesucht, weil bekannt gewesen wäre, daß eigene Planungsaktivitäten in diesen Dörfern bestehen. Erst bei der Feldarbeit kam dies zutage. Unglücklicherweise wurde die Arbeit nur in zwei Dörfern - Merera und Mbingu - zu Ende geführt, in Kitete mußte die Forschungsgruppe die Arbeit einstellen, weil es Schwierigkeiten mit der Eisenbahnverwaltung gab.

Karte 1
Lage der beiden untersuchten Dörfer im Kilombero Distrikt

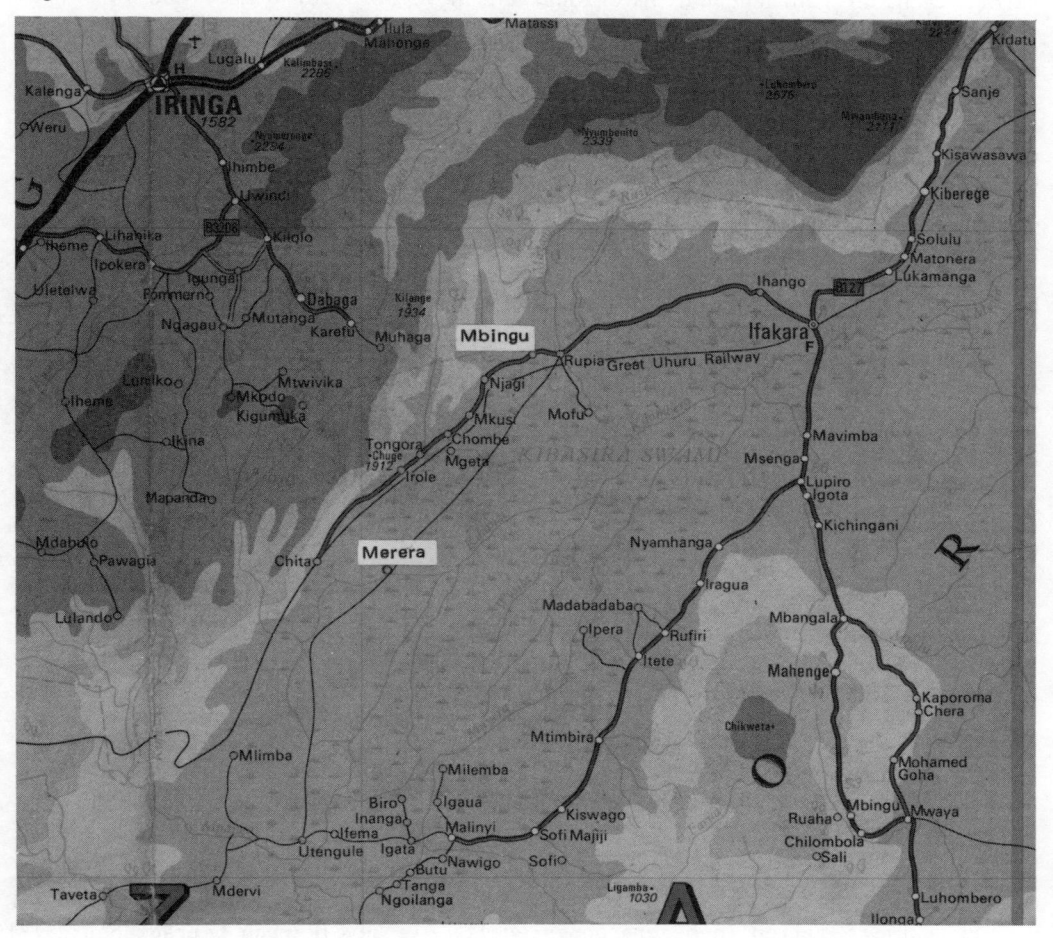

In diesem Teil des Berichts werden nun die Dörfer und ihre Erfahrungen mit der Dorfplanung beschrieben. Ob diese Dörfer typisch für alle tanzanischen Dörfer sind, kann nicht beurteilt werden. Ihre Initiative, räumliche Pläne selbst zu erstellen, ist trotzdem höchst interessant und beweist einen Grad von Engagement der Dörfer, welches offizielle Planer oft unberührt läßt.

1. Das Dorf Merera

Lage und regionaler Kontext

Das Dorf Merera liegt im Kilombero Distrikt, Region Morogoro, Ward Chita. Es liegt 12 Kilometer östlich von dem Dorf Chita. Chita liegt an einer Distriktstraße, 80 Kilometer südwestlich von Ifakara (Distrikthauptstadt). Chita ist außerdem Bahnstation an der TAZARA-Eisenbahnlinie (Tanzania-Zambia-Railway) /6/. Auf der Karte 1 sind zwei Dörfer mit dem Namen Merera vermerkt. Dies ist nicht richtig, es gibt und gab schon immer nur ein Dorf dieses Namens. Merera hat eine Schule und eine Missionsstation und liegt zwei Kilometer nordöstlich des anderen nicht existierenden Dorfes.
Dieser Fehler ist viele Male auf Karten kleineren Maßstabs übertragen worden, unter anderem auch auf die Karten, die vom regionalen Planungsteam bei der Erstellung des "Rural Integrated Development Plan" für die Region Morogoro benutzt wurden.
(Die ländlichen Regionen wurden vor wenigen Jahren von Kanadiern durch Luftbildaufnahmen vermessen. Kleinteilige Aussagen dieser Vermessung im Maßstab 1 : 50 000 sind deshalb oft unzuverlässig).
Merera kann per Fahrzeug nur im Oktober und November über die Straße in Chita erreicht werden, zu anderen Jahreszeiten ist es direkt nur zu Fuß erreichbar. Es liegt daran, daß die Straße den Kihansi-Fluß durchquert, der die meiste Zeit des Jahres zu viel Wasser führt, um durchfahren werden zu können. Zum Höhepunkt der Regenzeit ist der Wasserstand im Überschwemmungsgebiet so hoch, daß Kanus benutzt werden müssen. Über das Flußbett selbst führt eine Brücke, die einigermaßen gut instand gehalten ist.
Das Dorfgebiet liegt am niedrigeren und weniger gut erreichbaren Ende des Kilombero-Flußsystems. Die Überschwemmungsebene bestimmt Szenerie und Wirtschaft. Sie wird als extrem fruchtbar angesehen und hat ein hohes landwirtschaftliches Potential, vorausgesetzt, daß die Überschwemmungen reguliert werden könnten. In dieser Beziehung hat sich jedoch bisher wenig getan. Die Niederschläge sind hoch (1400 mm) und regelmäßig.
Der Bau der TAZARA hat einen merklichen Einfluß auf die Dorfbewohner hinterlassen, weil Ifakara, die nächst größere Stadt mit 25 000 Einwohnern, jetzt auch während der Regenzeit erreicht werden kann. Der Anteil der Passagiere aus der Umgegend ist dementsprechend hoch.
Obwohl das Dorf während der Umsiedlungskampagne vergrößert wurde, scheint das Bevölkerungswachstum nicht so hoch, wie im Nordosten des Kilombero-Tals.

Dorfgeschichte und Bevölkerungsstruktur

Soweit die Erinnerungen zurückreichen, gab es schon immer eine Siedlung in Merera. 1945, während der englischen Kolonialzeit, wurden alle Dorfbewohner (1150) wegen einer durch Fliegen verursachten Krankheit, die der heimisch gewordenen Hydrocepholus-Krankheit (Wasserkopf) ähnlich ist, ausgesiedelt. Seit 1950 scheint die Gefahr jedoch gebannt, und die Dorfbewohner kehrten allmählich zurück, um Cassava (Maniok) und Baumwolle anzubauen.
1952 wurde der Jumbe (traditionelles Dorfoberhaupt) offiziell autorisiert, Merera zu regieren.
1953 wurde als Jahr mit einer ungewöhnlich reichlichen Cassava-Ernte vermerkt.

Die Einwohner sind heute aus unterschiedlichen Völkern zusammengesetzt. Ursprünglich handelte es sich um Pogoro und Hehe, aber es gab inzwischen eine große Anzahl von Mischehen.
Durch die Zuwanderung einiger Leute aus dem westlichen Teil des Tales (z.B. aus Mtimbira) entstand ein gewisses Bevölkerungswachstum, und vor kurzem haben sich einige Sukuma-Familien in Merera angesiedelt. Die Bevölkerung beträgt heute 1319 Personen (die Bevölkerungsstruktur läßt sich aus Tabelle 1 entnehmen) in 262 Haushalten.
Die meisten Dorfbewohner sind römisch-katholischer Konfession, trotzdem gibt es auch einige Pagans (Naturreligion). Die Wachstumsrate ist sehr gering. Das natürliche Wachstum liegt unter dem Landesdurchschnitt von 3 %, möglicherweise, weil die Männer einen großen Teil des Jahres zum Fischfang unterwegs sind.

Die Abwanderung verhindert wohl auch eine Erhöhung der lokalen Bevölkerungszahl. Trotzdem ist es möglich, daß durch die momentane Zuwanderung neuer Familien das Dorf bis 1987 um 100 Familien wachsen wird.
Die Zusammensiedlungskampagne hat die Bewohner des Gebietes zwar näher zusammengebracht, aber mit geringem Einfluß auf Merera, welches als kleine und enge "Insel" über die Überschwemmungsebene hinausragt, im Gegensatz zu den Dörfern am Westufer des Tales.
Die Bevölkerung Mereras hat schon immer aus verschiedenen Notwendigkeiten heraus eng zusammengelebt.

Tabelle 1
Bevölkerungsstruktur in Merera 1977

Männer	Frauen	Kinder	alte Menschen	Gesamt	Haushalte	durchschnittl. Personenzahl pro Haushalt
252	297	691	49	1319	262	5

Dorfwirtschaft

Natürliche Ressourcen:

Merera ist, wie gesagt, vergleichbar mit einer kleinen Insel in einer Überschwemmungsebene, deren Böden extrem fruchtbar sind und vor allem zur Reiskultivierung geeignet sind. Auf dem Hügel des Dorfes herrscht ein anderer Bodentyp vor, der als Standort von Hausgrundstücken und zum Gemüse- und Früchteanbau genutzt wird. Die wasserabweisenden Eigenschaften dieser Bodenart sind recht gut.
Ein dritter Teil des Dorfgebietes kann als steil abschüssiges, erodiertes Gelände mit grobkörnigen Böden und geringerer Fruchtbarkeit charakterisiert werden. Schließlich gibt es noch felsige Gebiete, meist mit Bäumen bestanden, die jedoch landwirtschaftlich nicht nutzbar sind.
An den Flußufern, sowohl entlang des alten als auch des neuen Flußbettes des Kihansi, der vor einigen Jahren umgeleitet wurde, finden sich besonders schwere Lehmböden, die für die Landwirtschaft unbrauchbar sind.
Fisch ist die zweite Hauptressource des Dorfes. Größere Fischvorkommen finden sich im Kihansi- und im Kilombero-Fluß. Außerdem gibt es ein wenig Wild (Büffel, Impala-Antilopen usw.). Holz wird zum Feuern und zum Hausbau benötigt. In der Überschwemmungsebene selbst gibt es keine Bäume, aber hinter dem Dorf, wo sich die Hügel bis zu 1000 Fuß erheben, gibt es umfassende Wälder. Zwei etwas erhöhte Areale in der Überschwemmungsebene, die früher als Begräbnisstätte dienten, werden aufgrund spiritueller Bedeutung nicht bewirtschaftet, jedoch das Sammeln von Feuerholz ist dort erlaubt. Momentan sieht es nicht so aus, als ob Feuerholzknappheit bestünde.
Neben Holz sind traditionell Lehm und Flechtwerk die lokalen Baumaterialien. Durch Mischung von rotem und schwarzem Flußlehm kann aber auch gutes Material für die Ziegelproduktion hergestellt werden. Das Dorf hat mit der Ziegelproduktion unter Anleitung der Missionsstation begonnen, bis jetzt sind die Ziegel jedoch nur für die Missionsstation, die Schule und die Lehrerhäuser verwendet worden. Aber sobald die Dorfbewohner sicher sind, daß die Hausgrundstücke definitiv festgelegt sind, werden sie ihre Häuser auch aus Ziegeln bauen.
Wasser steht das ganze Jahr über am Kihansi-Fluß zur Verfügung. Es ist zweifelhaft, ob der Vorschlag, den Fluß sechs Kilometer stromaufwärts zu stauen, um mittels eines Erddammes die Überschwemmungen zu kontrollieren, jemals ausgeführt werden wird.

Hauptbeschäftigungsfelder:

Die Hauptbeschäftigungen sind Reiskultivierung und Fischfang, die meisten Männer betreiben beides. Reis wird im November bis Dezember gepflanzt und im Mai geerntet. Die Kultivierung wird in einigen Fällen mit dem Traktor vorgenommen, da die Mission einen Traktor besitzt, der gemietet werden kann.

Generell wird als Bewirtschaftungsweise das Rotationsprinzip angewandt: Nachdem die Felder drei Jahre bewirtschaftet werden, liegen sie drei Jahre brach. Momentan wird das Land im Osten des Dorfes bestellt, vor zwei Jahren war es das Land im Norden. Die Landwirtschaft wird noch individuell betrieben, und jede Familie kultiviert etwa fünf Hektar mit Reis.

Seit 1971 werden sechs Hektar mit Reis und ein Hektar mit Orangen gemeinschaftlich bewirtschaftet. Die Erträge dieser Felder sanken ständig, und nach der Dürre von 1976 wurde das Projekt schließlich beendet. Faulheit wird als der Grund angesehen, zumal es die Leute zu bevorzugen scheinen, in ihrer freien Zeit zu reisen, seitdem die Eisenbahn dies möglich macht. Zusätzlich zu den Reisfeldern in der Überschwemmungsebene kultiviert jede Familie Gemüse, manchmal Sesam (Ölfrüchte) und Cachewnüsse sowie Obst und anderes auf ihrem Hausgrundstück. Sesam und Erbsen werden manchmal zusammen mit dem überschüssigen Reis an die National Milling Corporation verkauft /7/.

Ernährungsfrage:

Vor kurzem mangelte es im Dorf an Lebensmitteln. Als Ursache dafür wird von den Dorfbewohnern der Unverstand eines Teils der Bauern genannt, die zuviel Reis der Familie verkaufen, um zu Bargeld zu kommen. Auch durch Bierbrauen wird ein ansehnlicher Teil der Ernte verbraucht.
Die Fischerei wird von kleinen Gruppen von Männern betrieben, die mit ihren Kanus für einige Monate aus dem Dorf verschwinden. Der Fisch wird geräuchert und getrocknet. Er wird in Ifakara an Händler verkauft. Doch seitdem es in Mbeya eine staatliche Aufkaufstelle für Fisch gibt, ziehen es viele Fischer vor, den Fisch mit dem Zug nach Mbeya zu transportieren statt in das schlechter zu erreichende Ifakara, obwohl die Preise in Mbeya wahrscheinlich niedriger sind. Es ist offensichtlich, daß die Fischerei weitaus stärker in die Geldwirtschaft integriert ist, als der Reisanbau. Ein großer Teil der Geldes wird von den Männern in Ifakara verkonsumiert.
Bis vor kurzer Zeit gab es kein Vieh im Dorf, weil die Gegend immer noch Tse-Tse Fliegen verseucht ist. 1977 sind jedoch vier Sukuma-Familien mit etwa 400 Stück Vieh angekommen und haben sich am äußeren westlichen Ende des Dorfes angesiedelt.

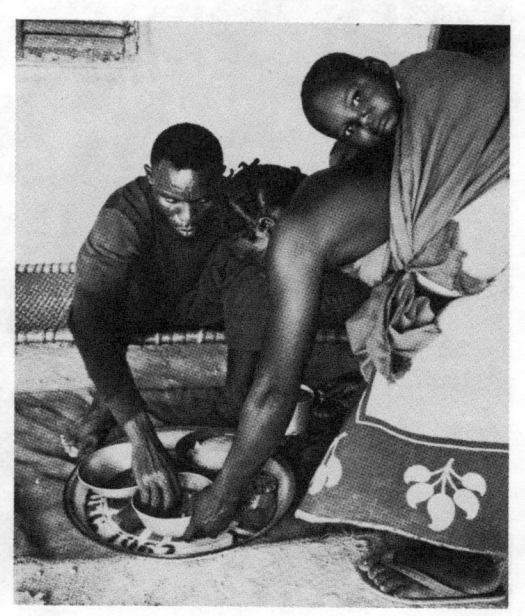

Nahrungsmittelzubereitung

Weitere Familien mit bis zu 4 000 Stück Vieh werden bald erwartet. Vermutlich werden Fleisch und Milch von den Sukuma an die Dorfbevölkerung verkauft werden, weil andere lokale Märkte nicht erreichbar sind. Der gegenseitige Austausch dieser beiden Ökonomien ist jedoch bisher in keinster Weise geklärt. Es sind schon Zugeständnisse gemacht worden, den Sukuma die Kultivierung von Millet (Hirse), ihrem traditionellen Nahrungsmittel, zu gestatten. Bis jetzt war Millet eine Tabupflanze im Dorf.
Die Sukuma planen weiterhin Baumwolle anzubauen. Die Regierung hat mehrere Jahre lang hart aber erfolglos daran gearbeitet, die Dorfbewohner davon zu überzeugen, Baumwolle anzubauen. Der Plan ist hauptsächlich gescheitert, weil Fischen attraktiver und profitabler ist.
Die Bierbrauerei ist eine wichtige Beschäftigung für Frauen. Drei Dorfbewohnerinnen haben Lizenzen zum Bierverkauf, wodurch sie einen großen Teil des dörflichen Surplusses akkumulieren.
Es gibt einen Dorfladen, der privat geführt wird und eine Familie ernährt. Es gibt keine Familien, die vom Handwerk oder von der Beschäftigung in der Industrie leben.

Hausbau und Bebauungssystem

Die offiziellen Grenzen des Dorfes, die während der Kolonialzeit festgelegt wurden, sind sehr weiträumig gezogen. Dabei ist das Land mehr oder weniger gleich verteilt zwischen Chita und Merera. Außer Chita gibt es kein Dorf, welches direkt an Merera grenzt.
Der Teil des Dorfes mit Wohnhäusern liegt um einen Hügel herum, auf dessen Spitze die Missionsstation liegt. Die Häuser am Hang stehen zusammengedrängt, weil es nur begrenzt überschwemmungssicheres Land gibt.
Eine Straße zieht sich von der Missionsstation bis Chita und durchquert dabei ein kleines Nebendorf Idunda. Es liegt einen Kilometer westlich vom Hauptdorf und besteht aus 15 Familien. Zwischen Idunda und Merera senkt sich die Straße bis auf

Frauen beim Reisstampfen

Überschwemmungsniveau und während der feuchtesten Jahreszeit liegen Teile der Straße unter Wasser. Innerhalb des Dorfes winden sich die Straßen an den Hängen hinab. Diese Straßen wurden in den 50er und frühen 60er Jahren von der Missionsstation angelegt.
Die meisten der Häuser liegen hübsch in einem von Mangobäumen beschatteten Streifen, der die Überschwemmungsebene säumt. Wasser gibt es hier aus offenliegenden, nicht ausgebauten Quellen. Die Gemeinschaftseinrichtungen des Dorfes, wie die Schule und die Krankenstation, wurden ebenfalls von der Missionsstation geplant und liegen als Erkennungsmerkmale an den Hängen des Hügels.
Das Parteibüro und die Geschäfte liegen ebenfalls in diesem Areal.
Um den Hauptteil des Dorfes zieht sich ein ca. sechs Fuß tiefer Graben, der von den Dorfbewohnern unter Anleitung der Missionsstation gegraben wurde, um Wildschweine zu fangen bzw. die Anbauprodukte in den Gärten zu schützen.
Die Häuser sind aus lokal erreichbaren Materialien hergestellt, einige aus Bambus, der Rest aus Holz, Flechtwerk, Lehm und Gras. In den Reisfeldern stehen auch kleine Häuser, von denen aus vor der Ernte die Pflanzen vor wilden Tieren und Dieben bewacht werden.

Versorgungs- und Verkehrseinrichtungen

Das Wasser zur Versorgung der Haushalte wird direkt aus dem Kihansi-Fluß genommen oder aus einer der fünf unausgebauten offenliegenden Wasserstellen. Die Missionsstation hat eine an eine Leitung angeschlossene Quelle und eine Dieselpumpe, um das Wasser zur Missionsstation und zur Krankenstation hinaufzupumpen.
Fäkalien werden in Sickergruben aufgefangen. Ansonsten gibt es entlang der Hauptstraßen oberirdische Abwassergräben, die von den Schulkindern ausgehoben werden.
Die Dorfstraßen sind irden, aber in gutem Zustand. Das Hauptproblem ist die Überschwemmung der Straße nach Chita. Das einzige Fahrzeug des Dorfes, der Landrover der Missionsstation, kann nur in der Trockenzeit benutzt werden. Eine Busverbindung nach Chita gibt es nicht und die Lastkraftwagen der National Milling Corporation besuchen Merera, wenn es trocken genug ist, um dann das gelagerte Getreide aufzukaufen.
Der Transport mit Kanus über den Fluß nach Ifakara ist möglich. Das Dorf hat eine kleine Anlegestelle, aber es fehlt ein stabiler Bootssteg. Die Missionsstation in Ifakara schickt manchmal ein Motorboot nach Merera.
Elektrizitätsversorgung und Telefonleitungen existieren in Merera nicht.

Öffentliche Einrichtungen

Die Grundschule hat sechs Lehrer und unterrichtet bis Klasse 7. Sie wurde in den 50er Jahren von der Missionsstation gebaut und 1968 nationalisiert. Viele der Gebäude sind in Selbsthilfe entstanden. Es sind sechs Klassenräume vorhanden, so daß Klasse 6 und 7 nur jedes zweite Jahr gelehrt werden können. Die Schule besuchen momentan insgesamt 272 Kinder. 147 weitere Kinder konnten aus Platzmangel nicht angenommen werden.
Eine TAPA-Schule (Landwirtschaftsschule) wurde vor einigen Jahren eröffnet, wurde aber wieder wegen finanzieller Schwierigkeiten geschlossen.
Die Grundschule hat ein Feld, auf dem Baumwolle, Sim Sim (Ölfrucht) und Mais angebaut werden, außerdem beteiligte sie sich am gemeinschaftlichen Orangenanbau im letzten Jahr. Insgesamt nahm die Schule letztes Jahr daraus über 2000.- Tsh (ein tanzanischer Shilling entspricht ca. 0,25 DM im Jahr 1979) ein.

In der Missionskrankenstation und Klinik arbeitet eine Schwester, die Betten für sechs stationär zu behandelnde Patienten zur Verfügung stellen kann. In der Krankenstation werden relativ wenig Kinder geboren, weil es viele Frauen vorziehen, in dem großen Krankenhaus in Ifakara zu entbinden.
Es gibt kein Postamt in Merera, Briefe kann man über das Postfach der Missionsstation in Ifakara erhalten.
Das Dorf hat keine Mühle und kein Lagerhaus. Öffentliche Versammlungen werden in der Schule durchgeführt.
Ein Fußballfeld für die Schüler und die Erwachsenen befindet sich nahe um Flußufer.

Es gibt zwei Dorfläden, wovon einer privat betrieben wird. Die Versorgung mit den meisten Dingen ist unzuverlässig, seitdem die Belieferung durch die "Regional Trading Corporation" (Handelsgesellschaft) in Ifakara übernommen wurde, die oft selbst an Warenknappheit leidet. Außerdem ist es schwierig, Güter nach Merera zu transportieren. Sie müssen entweder mit dem Kanu geliefert werden oder mit dem Zug bis Chita und dann als Kopflast nach Merera getragen werden. Es gibt drei offizielle Bierschänken (Pombe-shops).

Planung in Merera

Bebauungs- und Gestaltungsplan

Die Struktur des Dorfes ist weitgehend bestimmt durch die Arbeit der Missionsstation in den 50er Jahren, die damals das heute existierende radiale Straßennetz festlegte. Es gibt keine Pläne darüber in der Missionsstation, und es muß angenommen werden, daß die Straßen ohne formalen, gezeichneten Plan angelegt wurden, nur mit Kenntnissen der Angestellten der Missionsstation.
Die Dorfbewohner sind sich bewußt, daß sie einen Bebauungsplan brauchen, so daß sie mit dem Bau haltbarer Häuser beginnen können. Zusammen mit dem Wardsekretär hatte der Dorfrat Anfang 1976 einen Plan ausgearbeitet, auf der Grundlage des Baus einer neuen Straße um den Hügel herum, parallel zur alten Straße, um die existierenden Radialstraßen miteinander zu verbinden.
Eine Grundstücksgröße von 30 mal 60 Metern war festgelegt worden, unter Berücksichtigung der momentanen Landnutzung und der Verfügbarkeit von Land. Ein fünf Meter breiter Fußweg sollte zwischen jedem Grundstück liegen. Die Gesamtzahl der Grundstücke blieb unbekannt, obwohl viele ihre Grundstücke bereits mit Holzpflöcken markierten. Man ging davon aus, daß zusätzliche Grundstücke im offenen Land am Rande des Dorfes vermessen werden würde. Zeichnungen waren nicht angefertigt worden, eine Grundkarte wurde nicht benutzt, sondern die Straßenführung einfach im Gelände mit Holzpflöcken festgelegt. Auch die Grundstücke wurden auf diese Weise mittels langer Seile beiderseits der Straße abgesteckt. Gebiete für verschiedene öffentliche Einrichtungen waren ebenso freigehalten worden.

Karte 2 versucht den Dorfplan so gut wie möglich darzustellen, sofern er rekonstruiert werden konnte durch Diskussionen und Rundgängen durch das Dorf unter Führung der Dorfleitung. Obwohl der Plan "implementiert" wurde (z.B. durch Abstecken der Flächen), wollte noch niemand mit dem Hausbau beginnen, weil der Plan

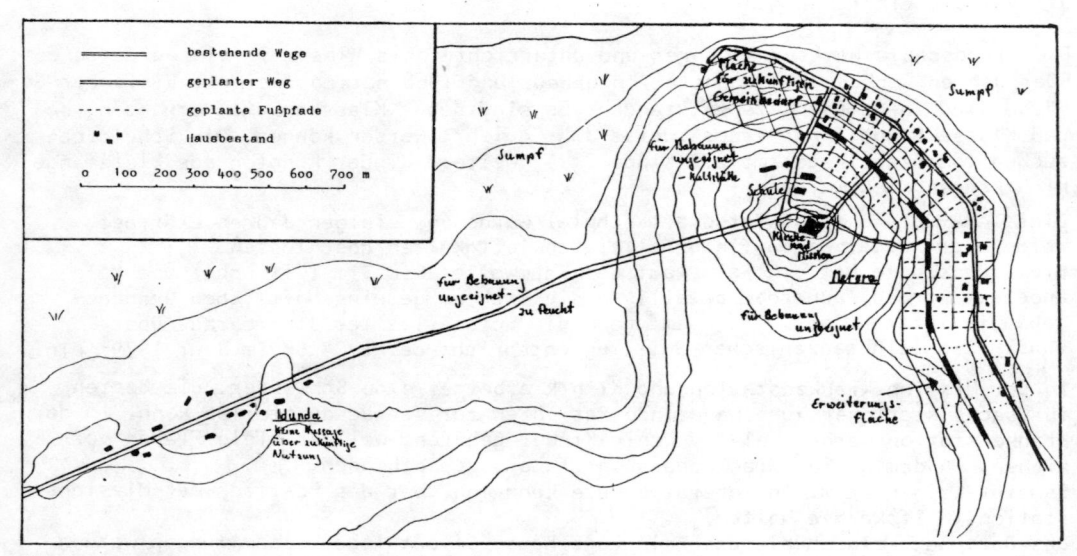

Karte 2
Der Plan der Dorfbewohner für Merera
Die markierten Grundstücke sind bereits vermessen und in Besitz genommen

noch nicht vom District Land Office genehmigt war. Dem District Land Office war die Existenz dieses selbstgemachten Dorfplanes zwar bekannt, anscheinend wußte jedoch niemand über dessen Inhalte Bescheid, augenscheinlich, weil er weder in geschriebener noch gezeichneter Form vorlag und weil diese Verwaltungseinheit nicht genügend Arbeitskräfte zur Verfügung hatte, um dem Dorf einen Besuch abzustatten und den Plan vor Ort zu prüfen. Ohne eine solche Prüfung kam das District Land Office jedoch zu der Meinung, daß dieser Plan kein richtiger Plan sei und nicht akzeptabel wäre. Das Dorf drängte weiterhin auf Bewilligung, deshalb wurde die Ankunft unserer Studentengruppe vom ARDHI-Institute vom District Land Office sehr begrüßt. Wir waren jedoch nicht von letzterem darüber informiert worden, daß das Dorf einen eigenen Plan erstellt hatte, wahrscheinlich wurde das als unwichtig angesehen. Die Bedeutung erkannte man erst später. Die unvermeidbare Schlußfolgerung ist, daß das District Land Office die Arbeit der Dorfbewohner zwar nicht ernst nahm, aber durch sie unter Druck stand und deshalb die Verpflichtung fühlte, Planer zum Erstellen eines Dorfplanes zu entsenden.

Karte 3 ist ein Plan für Merera, der von Studenten des ARDHI Institute unter Anleitung von Lehrkräften unabhängig erstellt wurde. Es ist ein Plan, der von einigen der best ausgebildetsten Spezialisten in Dorfplanung gezeichnet und aufgestellt wurde und repräsentiert den bestmöglichen Standard von Planung, den ein Dorf in Tanzania sich erhoffen kann (die meisten offiziellen Dorfpläne sind viel weniger gut als dieser, und spiegeln wesentlich weniger technische Fachkenntnisse wider). Damit sind wir in der Lage, einen direkten Vergleich vorzunehmen zwischen dem Bebauungsplan der Dorfbewohner und einem professionellen Plan. Dieser Vergleich verdeutlicht, welche Fehler im Plan der Dorfbewohner stecken. Tatsächlich ist der erste Eindruck, daß die beiden Pläne insgesamt nicht so sehr unterschiedlich sind.

Vereinfachend kann man sagen, daß der Plan der Dorfbewohner Mängel aufweist,
a) weil er Platz verschwendet mit vielen unnötigen Fußwegen zwischen den Grundstücken. In der Praxis werden solche Fußwege nur den angrenzenden Grundstücken einverleibt werden;
b) weil er zu wenig öffentliche Plätze ausweist, die als nötig angesehen werden müssen;
c) weil er keine Aussagen macht, wie später ein Wasserleitungsnetz eingeführt werden könnte. Der Plan schließt diese Einführung aber auch nicht aus;

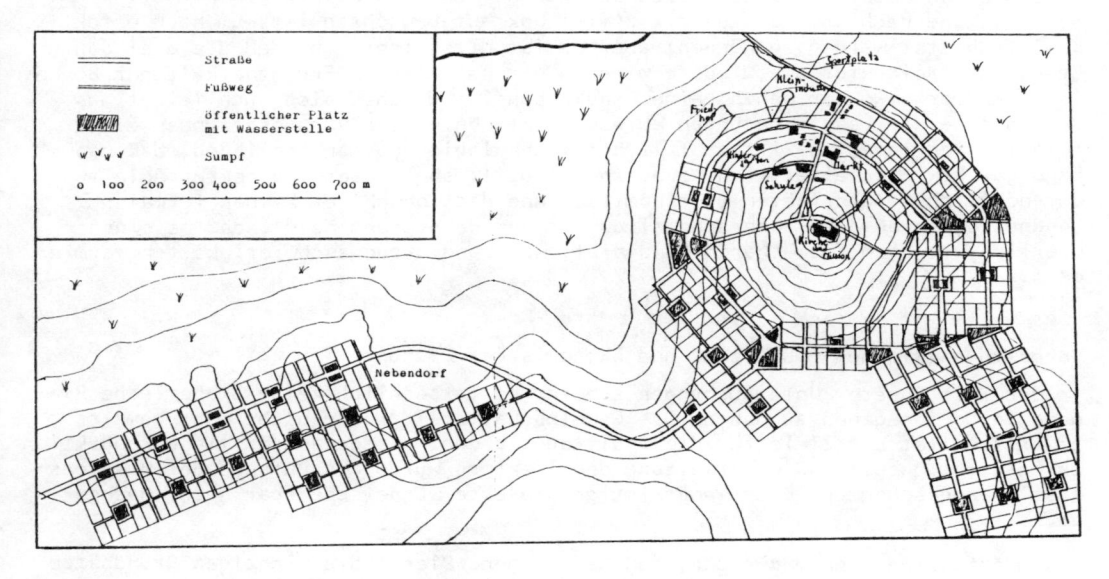

Karte 3
Entwurf der Planerstudenten für Merera

d) weil kein Versuch gemacht wird, die zukünftige Größe des Dorfes festzulegen durch die Ausweisung von Grundstücken und die Reservierung von Flächen für sich vergrößernde Einrichtungen. Stattdessen läßt man die Möglichkeit offen, daß sich das Dorf nach den Seiten hin ausdehnen kann;
e) weil keine klare Entscheidung getroffen wurde über die Zukunft des Nebendorfes Idunda. Scheinbar wollten die Bewohner von Idunda lieber dort wohnen bleiben, während die Dorfbewohner aber annahmen, daß der Plan nicht genehmigt würde, falls Idunda weiterhin abseits läge.

In einer Reihe von Punkten besteht der Dorfplan jedoch die Prüfung:
a) Das Straßensystem folgt den natürlichen Konturen und verringert die Erosionsgefahr, Instandhaltungs- und Herstellungsaufwand.
b) Die Gestaltung und Anordnung von Flächennutzungen paßt sich gut in die natürliche Umgebung ein, ein Punkt, in dem viele von den District Land Offices erstellten Dorfpläne versagen, die einfach ein starres Schachbrettmuster vorschlagen, wobei Relief und topographische Gegebenheiten zu wenig berücksichtigt werden.
c) Jetzige und zukünftige Infrastruktureinrichtungen sind angemessen.
d) Die Zerstörung existierender Dorfstrukturen, wie Straßen, ist so gering wie möglich gehalten worden.

Scheinbar ist der größte Fehler des Plans nicht in den technischen Aspekten zu suchen, sondern darin, daß er niemals zu Papier gebracht wurde. Deshalb konnte er auch nicht offiziell genehmigt werden. Ohne feste Aufzeichnung stellt er aber auch keine Grundlage für zukünftige Besiedelung und mögliche Landstreitigkeiten dar.

Landnutzungsplan

Das Dorf hatte bisher keinen Nutzungsplan und auch nicht dessen Notwendigkeit verspürt. Die Landverteilung für landwirtschaftliche Flächen erfolgt durch ein Dorfkomitee, der Tradition folgend, daß die Dorfältesten diese Entscheidungen treffen. Offenkundig sichtbare Bodendegradation oder Erosion gibt es nicht. Das Rotationsprinzip (= Jahre Anbau / 3 Jahre Brache) wurde durch dieses Dorfkomitee eingeführt, indem festgelegt wurde, daß alle individuell wirtschaftenden Bauern alle drei Jahre ein anderes Gebiet bewirtschaften. Als Hauptgrund wird genannt, daß das Land nach drei Jahren mit zuviel Unkraut bewachsen ist, um noch effektiv bewirtschaftet werden zu können; aber es ist offensichtlich, daß die drei Jahre Brache hilfreich für die Wiedergewinnung der natürlichen Fruchtbarkeit der Böden ist. Die Dorfbewohner sehen keine Landknappheit, welches sich auch leicht aus der Analyse der Landforderungen ablesen läßt. Unter den Voraussetzungen einer relativ niedrigen landwirtschaftlichen Technologie muß man schließen, daß das Land gut bewirtschaftet wird, zwar individuell, aber unter indirekter Anleitung der dörflichen Autoritäten (Dorfkomitee) und das, obwohl es keinen formalen Landnutzungsplan gibt. Wahrscheinlich ist der Hauptgrund dafür, daß es einen Überfluß an gutem fruchtbaren Land gibt, was Landnutzungsschwierigkeiten vermindert.

Verhältnis zwischen räumlicher und ökonomischer Planung

In der Zeit unserer Untersuchungen scheint es tatsächlich keine ökonomische Planung in Dorf gegeben zu haben. Das Gemeinschaftsfeld wurde nicht mehr gemeinsam bewirtschaftet und Ziele für die individuelle oder die gesamtdörfliche Produktion waren nicht gesetzt. Die Verwaltung des Traktors wurde als Aufgabe der Missionsstation angesehen und über langfristige Projekte wurde scheinbar nicht nachgedacht.

Zusammenfassend kann man sagen, daß Merera ohne Planer die wichtigen Grundsätze für einen Bebauungsplan erarbeitet hat und ohne Landnutzungsplan bedeutende Bewirtschaftungstechniken eingeführt hat.

2. Das Dorf Mbingu

Lage und regionaler Kontext

Das Dorf Mbingu liegt im Kilombero Distrikt, Region Morogoro, ca. 40 Kilometer vom Distriktzentrum Ifakara entfernt.
Am Rande der Flußebene des Kilombero-Flusses und auf den Hügeln vor dem Kilombero Scarp (Höhenzug), der die Flußniederung vom Nordwesten abtrennt, befindet es sich gerade im Grenzgebiet eines saisonal recht feuchten und teilweise überfluteten Gebietes. Die natürliche Vegetation besteht zum größten Teil aus Elefantengras und Ried sowie Wald auf den höheren Lagen. Direkt hinter dem Dorf erhebt sich der stark bewaldete Steilhang, der auch als Waldschutzgebiet ausgewiesen ist.

Das ursprüngliche Dorf zog sich vormals entlang der saisonal zu befahrenden Distriktstraße, die das Gebiet mit Ifakara verbindet. Seit dem Bau der "Great Uhuru Railway" (Tanzania-Zambia Railway) hat das Dorf während der "Operation Sogeza" einen neuen Standort, etwa 4 Kilometer südwestlich, rund um den Bahnhof Mbingu gefunden und sich dort zusammengesiedelt.
Die Eisenbahn hat die Bedeutung des Haupttransportweges übernommen, weshalb die Straße in einen immer unpassierbareren Zustand verfällt.

Das Gebiet ist durch einen durchschnittlichen jährlichen Niederschlag von mehr als 1200 mm begünstigt, zudem die Niederschlagsmenge im Vergleich zu sonstigen tanzanischen Bedingungen als ungewöhnlich verläßlich zu bezeichnen ist. Nur ein Jahr von zehn Jahren weist eine niedrigere Niederschlagsmenge auf.
Die Höhenlage von ca. 300 Metern bedingt über das Jahr gleichbleibende hohe Temperaturen, die auch im Laufe des Tages nur wenig variieren.

Das Kilombero-Tal ist seit mindestens 25 Jahren als ein sehr fruchtbares Gebiet bekannt, jedoch hat sich seit der Kolonialzeit wenig verändert.

Dorfgeschichte und Bevölkerungsstruktur

Während der deutschen Kolonialherrschaft wurde Mbingu von Angehörigen des Wandamba-Volkes, welches ursprünglich in Songea lebte, gegründet, wahrscheinlich nach einem kriegerischen Konflikt mit dem Hehe-Volk.
Man erinnert sich noch heute an eine Anzahl von Hungersnöten vor dem Ersten Weltkrieg.
Die momentanen Dorfgrenzen umfassen ein Gebiet von ca. 40 mal 30 km. In den 50er und 60er Jahren wurden einige feste Gebäude (Schule, Krankenstation) von der katholischen Mission in Mofu gebaut. Mofu ist das nächstliegende Dorf und zugleich Pfarrbezirkszentrum.

In den frühen 70er Jahren wurde die Uhuru-Railway (TAZARA) gebaut, wodurch für einige Dorfbewohner Arbeitsplätze entstanden.
1974 entschied sich das Dorf, dichter zum Mbingu-Bahnhof zu siedeln, teilweise vielleicht auch als Reaktion auf den Parteiaufruf, die TAZARA zu schützen.
Die Dorfbewohner sehen die Umsiedlung als Kompromißlösung bezüglich des Dorfstandortes an, um Bewohner des alten Dorfes Mbingu sowie Hehe-Leute von älteren Siedlungen weiter südlich (z.B. Njagi) einzubeziehen. Es scheint ein gewisses Mißtrauen zwischen Hehe und anderen Völkern vorzuherrschen, denn sie siedeln an verschiedenen Enden des neuen Dorfes.

Die genaue Bevölkerungszahl kann von den Dorfautoritäten nicht angegeben werden, die Zahl der Haushalte (Kaya) beträgt jedoch 334 und scheint durch Zuwanderung zu wachsen. Die Dorfautoritäten waren nicht in der Lage, die Wachstumsrate oder die wahrscheinliche zukünftige Bevölkerungszahl zu schätzen. Jedenfalls bestehen Unsicherheiten bei der Aufstellung solcher Prognosen. Eine Unsicherheit liegt in der nicht genau abschätzbaren Anziehungskraft des "Cuban Sugar Scheme" (kubanisches Zuckerprojekt). Diese riesige Plantage mit einer Fabrik wird wahrscheinlich 3000 vollbeschäftigte Arbeitskräfte und viele Saisonarbeiter einstellen können. Dadurch werden sehr viele Arbeitsplatzsuchende angezogen werden, die sich dann in den drei kleineren Randdörfern - Mbingu, Mofu und Ruipa - ansiedeln werden. Man fürchtet sich vor der Invasion von Zuwanderern und der erwarteten Landübertragung. Die Sugar Development Corporation hat bezüglich ihrer Pläne noch keine näheren Kontakte mit dem Dorfvorstand aufgenommen.

Die Mehrheit der Dorfbewohner ist römisch-katholischer Konfession, und die Arbeit des lokalen Missionsnetzes hat in diesem Gebiet großen Einfluß. Dennoch gibt es weder eine Kirche noch einen Friedhof im Dorf. Es leben auch einige Moslems sowie eine Anzahl älterer Pagananhänger (Naturrelegion) in Mbingu. Die Dorfführer glauben, daß noch sehr viel Zauberei und traditionelle Riten in dem Dorf praktiziert werden.

Dorfwirtschaft

Hauptbeschäftigungsfelder:

Die Landwirtschaft spielt in der Dorfwirtschaft momentan die größte Rolle, mit Reis als Hauptanbauprodukt. Mais wird in geringerem Maße angebaut, genauso wie Bohnen (mbaazi), Cassava, Erbsen (choroko), Kartoffeln und anderes Gemüse. In geringem Umfang werden Baumwolle und Sesam als Verkaufsprodukte (cash crops) angebaut.
Reisüberschüsse werden entweder offiziell der National Milling Corporation oder auf inoffiziellen lokalen Kanälen verkauft. Es gibt überhaupt keine Viehbestände im Dorf und auch nur wenig Hühnerhaltung.
Die Größe der landwirtschaftlichen Nutzflächen rangiert zwischen 0,5 ha und 15 oder 20 ha mit einem Durchschnitt von 3 ha/Haushalt.
Die Maximalfläche, die von einem Erwachsenen mit Traktor bewirtschaftet werden kann, beträgt ca. 5 ha. Haushalte mit mehr als 10 ha sind gewöhnlich polygame Gemeinschaften. 1,5 ha werden als Überlebensminimum angegeben. Die landwirtschaftlichen Nutzflächen scheinen sich in gutem Zustand zu befinden.
Reis wird im November gepflanzt, im Januar von Unkraut gesäubert, und im Mai beginnt die Ernte. Nur Mais wird zweimal im Jahr angebaut. Es wird weder Dünger verwandt, noch Bodenschutzmaßnahmen auf den Böden der flachen Flußebene vorgenommen, die natürlich in jeder Regenzeit vom Schlamm des Kilombero-Flusses aufgefüllt wird.

Traditionell übernehmen Frauen den
Hauptteil der Handarbeit
bei der Landbewirtschaftung.

Ein Traktor ist im Dorfbesitz und zwei weitere können von Privatbesitzern im Dorf ausgeliehen werden. Fast sämtliche Nutzflächen südlich der Eisenbahnlinie sind per Traktor gepflügt und werden als "block farm" /8/ geführt. Sonst wird nirgendwo eine gemeinschaftliche Produktionsweise praktiziert. Säen, Unkrautjäten und Ernten sind Handarbeiten. Die Reisfelder werden drei oder vier Jahre genutzt, um anschließend drei bis vier Jahre brachzuliegen.
Die Ursache dafür ist keineswegs in der Abnahme der Bodenfruchtbarkeit zu suchen, sondern in der wachsenden Arbeitsbelastung durch Unkrautjäten.
Die Erträge werden traditionell in Form von Bündeln (bundels) gezählt, aber nach Angaben des Landwirtschaftsberaters (Bwana Shamba) werden durchschnittlich 13 "debes" pro Acre erzielt, mit 18 debes in einem guten und neun debes in einem trockenen Jahr (umgerechnet ungefähr 480 kg/ha; 648 kg/ha; 324 kg/ha), welches überraschenderweise relativ geringe Erträge darstellen im Vergleich zu der natürlichen Fruchtbarkeit des Bodens. Andere Bauern gaben 40 debes/Acre (1500 kg/ha) als Erträge eines guten Jahres an. Alle Bauern sind als Kleinbauern zu bezeichnen. Es leben bisher noch keine landlosen Arbeitskräfte in dem Dorf.
Aber 15 Familien erhalten ein zusätzliches Einkommen über Löhne, Gehälter oder anderes nichtlandwirtschaftliches Einkommen. Diese sind: Lehrer 2, Schneider 1, Wildhüter 1, Bwana Shamba 1, Förster 1, Bahnhofspersonal 8, Fundi 1. Zusätzlich gibt es drei teilzeitbeschäftigte Holzfäller und vier Ladenhalter. Also sind 95 % der Dorfbewohner direkt von der Landwirtschaft abhängig und 5 % stehen in staatlichen Diensten.
Gelegentlich gibt es Hilfsarbeiterjobs beim Eisenbahnbau oder zur Überwachung von Zuckerrohrfeldern des Zuckerrohrprojektes. Es bestehen keine Möglichkeiten zur saisonalen Lohnarbeit in dem Gebiet.
Die Geschäfte sind klein und zumeist spärlich ausgestattet, mit Ausnahme des Bahnhofsladens, wo Kerosin, Seife, Bier, Limonaden, Zucker, Tee und manchmal auch Kaffee erhältlich sind.

Der Personenzug hält viermal pro Woche in Mbingu auf dem Wege nach Mbeya und viermal in der Woche auf dem Rückweg nach Dar es Salaam. Dadurch ist den Dorfbewohnern eine Verkaufsgelegenheit aller möglichen Lebensmittel geboten, hauptsächlich Zuckerrohr (ein Shilling/Stück) und Bananen. Außerdem bietet der Bahnhof damit jede Menge Unterhaltung, er ist jedes Mal überfüllt, wenn ein Zug ankommt.

Natürliche Ressourcen:

Die Böden des Dorfgebietes sind laut Aussagen der Dorfbewohner durchweg gleich, unterschieden wird jedoch in Anbauflächen guter Qualität in der Flußebene, die mit dem Traktor bewirtschaftet werden können, und Anbauflächen schlechterer Qualität, in höheren Lagen, die zudem mit Bäumen und Büschen bedeckt, schwierig zu säubern und mit dem Traktor zu befahren sind. Deshalb wird das Land der Ebene bevorzugt, dessen Böden hervorragend für den extensiven Reisanbau geeignet sind, genau wie die Flächen nördlich der Eisenbahnlinie und südlich des Flusses, welche jedoch besiedelt sind.
Ungenutzte Hausgrundstücke, besonders am Rande des Dorfes, werden deshalb als Reisfelder zwischengenutzt. Die Gegend nördlich des Flusses ist besser als Weidegebiet geeignet, aber leider ist noch keine Viehzucht eingeführt worden. Karte 4 zeigt die Bodentypen nach Bewohnerangaben und Karte 5 die Hauptbodentypen nach einer FAO-Studie.
Das Gebiet nördlich des Flusses ist außerdem stark bewaldet, so daß bisher noch kein Feuerholzmangel besteht. Aufforstungsgebiete und Baumarten für eine kontinuierliche Feuerholzversorgung sind abhängig von der natürlichen Regenerationszeit und Wachstumsdauer. Die verbreitesten Baumarten haben alle eine Wachstumsdauer von ca. 16 bis 17 Jahren.
Glücklicherweise hat Mbingu ein großes Waldschutzgebiet in der Nähe, welches durch kontrolliertes Ausschlagen genügend Bauholz für Dachbalken, Möbel, Türen und Fensterrahmen bereitstellen könnte.
Eine Anzahl von Dorfbewohnern, die gemeinsam den Bau und die Organisation einer Sägemühle betreiben wollen, könnten sich und dem Dorf die Ressource Holz stärker zu Nutze machen.

Handwerkliche Aktivitäten, außer der Produktion von Matten und Tonwaren in Heimarbeit, sind sehr selten und kommen bisher auch noch nicht in organisierter Form vor. Mit dem Bau einer Sägemühle wäre auch die Voraussetzung für Kleinindustrien auf Holzbasis gegeben.

Abbauwürdige Mineralien sind nicht bekannt, jedoch gibt es für die Ziegelproduktion brauchbare Tonvorkommen entlang des Ruipa-Flusses.

Es existierten bereits Pläne über die Eindämmung des Ruipa-Flusses, mit der Absicht, Überschwemmungen zu kontrollieren und möglicherweise die lokale Wasserkraft zu nutzen. Dieses Vorhaben scheint jedoch noch in ferner Zukunft zu liegen /9/.

Die "Cuban Sugar Estate" (Staatsfarm) unter der Sugar Development Corporation wird 1977/78 mit der Produktion (phasenweise) beginnen.

In der Anfangsphase wird das Land rund um den Ruipa-Fluß einbezogen, während in den späteren Ausbaustadien innerhalb eines 5 km großen Umkreises um Mbingu Zuckerrohr angebaut werden wird. Die Flächen, die dazu an das Projekt übertragen werden müssen, belaufen sich auf ca. 850 ha.

Während Arbeiterwohnviertel innerhalb des neuen Farmgebietes bereitgestellt werden, so werden jedoch die darüber hinaus saisonal benötigten Arbeitskräfte sich auch irgendwo ansiedeln müssen. Die Dorfbewohner schätzen ihre Chance, selbst einen Arbeitsplatz zu erhalten, sehr gering ein. Die zukünftige Präsenz einer landlosen Arbeiterschicht wird große Veränderungen in der Dorfwirtschaft hervorrufen, z.B. wird der Dienstleistungsbereich stark anwachsen müssen. Die Flächenanforderungen werden ebenfalls ansteigen, denn auch wenn das Haushaltseinkommen durch die Lohnarbeit bestimmt wird, werden für diese Arbeiterfamilien kleine Felder nötig sein.

Die Anzahl der Zuwanderer für diese Teilzeit- oder saisonalen Arbeitsplätze kann im Moment noch nicht genau abgeschätzt werden, möglich sind bis zu 3000 Arbeiter. Viele werden ohne ihre Familien kommen und auch nur saisonal im Dorf leben, aber ungefähr 200 bis 300 zusätzliche Familien, die von 1985 an auf einer nur halbseßhaften Basis in Mbingu leben werden, sind durchaus wahrscheinlich. Diese Familien werden ihre Nahrungsmittel nur teilweise selbst herstellen können und entweder auf den Kauf der im Dorf produzierten Überschüsse oder von Gebieten außerhalb Mbingus angewiesen sein.

Hausbau und Bebauungssystem

Das Dorfgebiet selbst ist extrem groß, seine Ausdehnung streckt sich über ca. 30 x 40 km und zieht große Teile des Kilombero-Höhenzuges mit ein. Die besiedelte Fläche ist jedoch ziemlich kompakt. Das ehemalige Dorfzentrum ist bis auf die Krankenstation verlassen, die zusammen mit der Schule und zwei bis drei anderen festen Steinhäusern und einem kleinen Lagerhaus ganz im Nordosten des bebauten Gebietes liegen, umgeben von Mango- und Zitronenbäumen in angenehm schattiger Atmosphäre. Die Sandstraße ist hier in mittelmäßigem Zustand. Der neue Teil des Dorfes, wo heute nahezu jeder lebt, liegt drei bis vier Kilometer vom alten Zentrum entfernt. Nachts ist es sehr gefährlich, das Teilstück der Straße zwischen altem Zentrum und neuem Dorf entlangzugehen, weil große Bäume und Gras die Böden überwuchert haben und wilde Tiere, besonders Elefanten und Büffel, wieder in das Gebiet zurückgekehrt sind, seit es als Siedlung aufgegeben wurde.

In einer relativ flachen Gegend gelegen, läßt das neue Dorf ohne ein deutliches Zentrum keine bestimmten Grundzüge erkennen. Dem Bahnhof als Hauptkommunikationspunkt ist ein gutgehender Laden angegliedert, außerdem führt eine markierte, ca. zwei Meter breite Anfahrtstraße zum Bahnhofseingang. Ansonsten sind alle Straßen in weniger gutem Zustand oder einfach nur gewundene Fußwege zwischen wenig haltbaren Häusern und landwirtschaftlich genutzten Flecken.

Die Eisenbahnlinie bildet die südliche Grenze des neuen Dorfes, und ein neues Steingebäude als Schule wurde in der Nähe des Bahnhofs errichtet. Einige wenige Häuser, unter anderem auch zwei feste, wurden nördlich der Hauptstraße zwischen Straße und Fluß gebaut, während die meisten Häuser weiter im Süden liegen, viele davon als sogenannte "Feldhäuser", d.h., nur kurzfristig nutzbare Hütten auf Pfählen. Andere Häuser sind mit einem Holzstangengrundgerüst oder auch mit einem Bambusgerüst konstruiert, welche dann mit Lehm verschmiert und mit Gras gedeckt werden. Obwohl einige Häuser entlang des von den Dorfbewohnern zukünftig beabsichtigten Straßensystems aufgereiht sind (Gittersystem), kann man sonst keine Gruppierung oder ein Ordnungsprinzip der Hausanordnungen feststellen.

Vor der Schule befindet sich ein großer Freiraum, während sonst nirgendwo Raum für allgemeine Erholungszwecke zur Verfügung steht.

Versorgungs- und Verkehrseinrichtungen

Wasser wird von zwei ungeschützten flachen Wasserstellen bezogen, teilweise auch aus einem Wasserspeicher am Bahnhof, der von der Eisenbahngesellschaft unterhalten wird, sowie direkt aus dem Londo-Fluß.
In jedem Fall ist die Wasserqualität fragwürdig. Der Fluß führt zwar immer Wasser, wird aber in der Trockenzeit schmaler und das Wasser trüb. Der genaue Wasserstand während der Trockenzeit ist nicht bekannt. Manchmal trocknen einige der Wasserstellen in den trockensten Monaten aus. Zur Zeit besteht noch kein Wasserversorgungsnetz, und die fußläufigen Entfernungen zur Wasserstelle können bis zu einem Kilometer betragen.

Das Straßensystem des Dorfes ist bisher noch nicht sonderlich entwickelt; existierende Straßen laufen ständig Gefahr, von Unkraut überwuchert zu werden. Die Hauptstraße nach Ifakara ist in mittelmäßigem Zustand und kann zu jeder Jahreszeit befahren werden, jedoch existiert keine Busverbindung. Außer den Traktoren gibt es keine Fahrzeuge im Dorf. Die Eisenbahn dient als angemessenes Personentransportmittel.

Was die Elektrizitätsversorgung angeht, wird es einmal möglich sein, von Kidatu aus versorgt zu werden, besonders dann, wenn eine Stromleitung zur Versorgung des Zuckerprojektes gelegt werden muß.

Vorrichtungen zur hygienischen Abwasserbeseitigung beschränken sich auf Latrinen.

Soziale Infrastruktureinrichtungen

Die Schule besteht momentan aus drei Klassenräumen und kann nur weniger als die Hälfte aller Kinder im schulpflichtigen Alter in die erste Klasse (standard one) aufnehmen. Der Bau von Klassenräumen für Klasse vier bis sieben in Raten von einem Klassenraum pro Jahr ist geplant. Die hohe Bevölkerungszahl benötigt jedoch sogar ein zweizügiges System (Parallelklassen). Die Schulgebäude im alten Zentrum werden zur Zeit überhaupt nicht genutzt. Es wird daran gedacht, daß Kinder der kubanischen Fachkräfte darin einmal zur Schule gehen können.
Auf einem großen Feld bei der heutigen Schule wird mit dem Anbau von Kakao, Mais, Orangen und Bananen experimentiert. Die Distriktsverwaltung erklärte dieses Projekt als spezielle landwirtschaftliche Schule.

Die Krankenstation im alten Zentrum behandelt nur ambulant und hat keine stationären Möglichkeiten, versorgt jedoch immer noch das ganze Dorf. Trotzdem wird nun ein nur zeitweilig nutzbares Gebäude im neuen Dorf errichtet.

Es gibt kein Postbüro und kein Telefon, außer dem der Eisenbahngesellschaft, welches aber nur für eigene Kommunikationszwecke nutzbar ist.

Außerdem gibt es noch die drei Dorfläden mit nur begrenzten Beständen, keinen Markt, kein Lagerhaus und ebenfalls keinen Versammlungsplatz. Der Bahnhof dient als Ort, wo man Leute treffen und sich unterhalten kann.

Planung in Mbingu

Lay-out Plan (Bebauungsplan)

Nach Angaben des District Land Office wurde Mbingu bisher noch nicht beplant. Das ist jedoch nicht vollständig korrekt, denn eine Gruppe des ARDHI-Institute hat schon 1974 Mbingu besucht und auch einen einfachen Plan für das Dorf erstellt. Berichte und Plandokumente sowie einige alternative Planvorschläge wurden im ARDHI-Institute aufbewahrt, während dem District Land Office in Ifakara nichts davon zur Verfügung stand. Entweder hat die Genehmigung durch das Head-

quarter des ARDHI-House nicht vorgelegen, oder die Pläne gingen verloren, als Ifakara neues Distriktzentrum wurde, nachdem der Kilombero-Distrikt aus dem ehemaligen Ulanga-Distrikt hervorgegangen ist. Eine Nachforschung darüber in Mahenge (ehemaliges Distriktzentrum) brachte ebenfalls keine Pläne für Mbingu zum Vorschein.
Wichtig ist also, daß die zuständigen Stellen nichts von einem Plan wußten, und weil der damalige Plan ohne Basiskarte und Vermessung des Dorfes aufgestellt wurde, außerdem die standardisierten Hausgrundstücksgrößen als zu klein angesehen werden, fand unser Vorhaben, das Dorf nochmals zu planen, breite Zustimmung. Die Dorfbewohner waren sich der Notwendigkeit eines Dorfplanes sehr bewußt, zum

Karte 4
Plan der Dorfbewohner für Mbingu
Die markierten Grundstücke sind zum Teil bereits vermessen

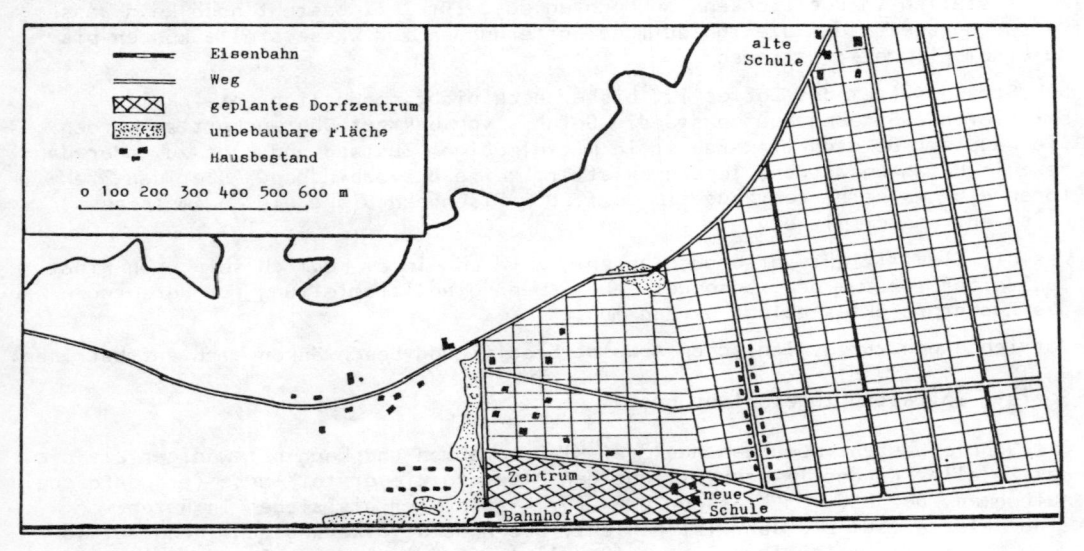

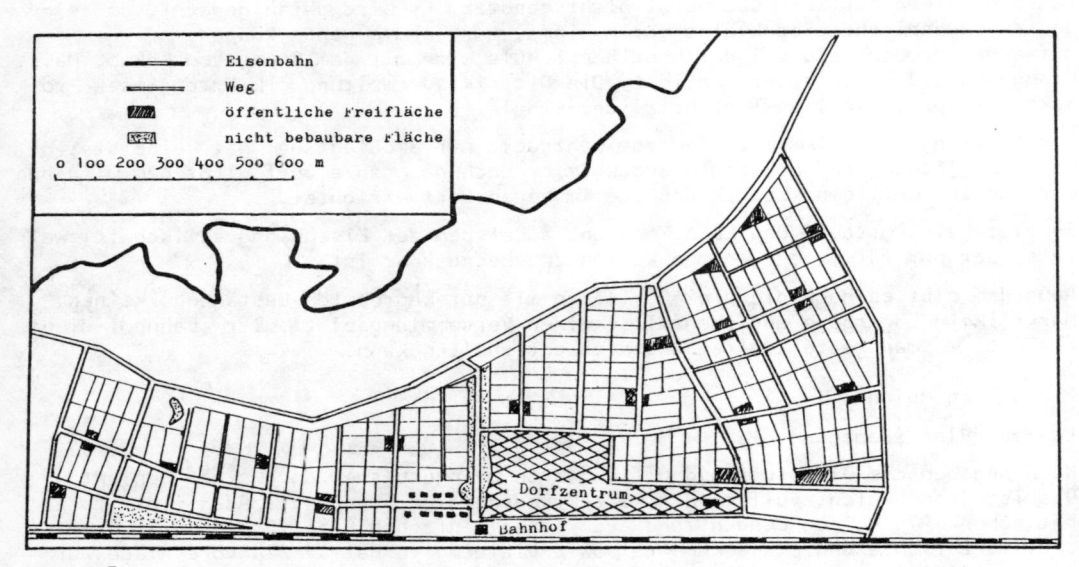

Karte 5
Entwurf der Planerstudenten für Mbingu

Teil vielleicht auch aufgrund des erstmaligen Besuchs von ARDHI-Studenten im Jahre 1974. Ein gewisser Zynismus gegenüber der Arbeit der Studenten, der manchmal bei den Dorfbewohnern angetroffen wurde, ist nicht verwunderlich, wenn man bedenkt, daß in den drei Jahren seit der ersten Planerstellung rein gar nichts passiert ist.

Vom Dorfvorsitzenden wurde in der Zwischenzeit, die Bedürfnisse des Dorfes betreffend, ein Plan formuliert, zwar nicht auf Papier, jedoch in den Köpfen. Teilweise hat dieser Plan in der Umsetzung bereits Formen angenommen. Der Plan des Vorstandes bestand aus einem Erschließungssystem von acht parallel verlaufenden Straßen, um das Gebiet zwischen dem alten Zentrum und dem neuen Dorf nutzbar zu machen, so daß die Einrichtungen beider Dorfteile von den Dorfbewohnern zukünftig in Anspruch genommen werden können. Soweit es uns möglich war, die Beschreibungen der Dorfbewohner zu interpretieren, wird ihr Plan in der Karte 4 dargestellt.

Nach der Landvermessung kehrte unser Team nach Dar es Salaam zurück, und eine Studentengruppe erstellte mit den vorhandenen Daten und Untersuchungsergebnissen mehrere Pläne für Mbingu. Karte 5 stellt ein Beispiel dar. Ähnlich wie im Fall Merera, wurde dieser Plan von qualifizierten Spezialisten unter Kontrolle von Experten aufgestellt, und ein noch höherer Standard kann realistischerweise in ganz Tanzania nicht erwartet werden. So können auch hier die Planungsanstrengungen des Dorfes mit professionellen Plänen verglichen werden.

Der eigenständige Dorfplan beinhaltet folgende Mängel:
a) Das Planungsgebiet ist zu weiträumig - es ist untragbar, das Dorf bis zum alten Dorfzentrum wieder auszudehen, weil das Zurücklegen der Entfernungen zu zeitaufwendig ist. Die Anzahl der damit vorgesehenen Hausgrundstücke ist mit mehr als 1000 viel zu hoch gegriffen, auch wenn mit Zuwanderern gerechnet wird. Sogar bei einer Vergrößerung der Hausgrundstücke auf mehr als eine 50 X 80 m große Fläche, die eigentlich als Grundstücksgröße von den Dorfbewohnern beabsichtigt war, wird ein solch großer Dorfdurchmesser durch die Bevölkerungszahl nicht gerechtfertigt.
b) Andere Aspekte des Plans sind ebenfalls eine Nummer zu groß ausgefallen, besonders das vorgeschlagene Dorfzentrum zwischen Bahnhof und Schule (Distanz ca. 700 m), welches dort sicher zu verstreut auf der riesigen Fläche angeordnet werden würde. Außerdem geht damit eine Verschwendung des fruchtbaren landwirtschaftlichen Bodens einher, bzw. die Leute bewirtschaften weiterhin die großen Freiflächen zwischen den zukünftigen öffentlichen Gebäuden des Zentrums, womit die eigentliche Funktion eines Zentrums nahezu verlorengehen wird.

Der Dorfplan beinhaltet auch einige positive Punkte:
a) Die Dorfentwicklung wird auf nur einer Seite der Straße konzentriert und das, obwohl bereits zwei feste Häuser auf dem Gebiet jenseits der Straße gebaut wurden. Dieser Besiedlungstrend sollte aus Verkehrssicherheitsgründen richtig unterbunden werden.
b) Die Erreichbarkeit der Straßen ist von allen Hausgrundstücken aus gewährleistet.
c) Bestehende Dorfstrukturen (z.B. altes Dorfzentrum) werden berücksichtigt und ausgenutzt, anstatt sie aufzugeben.

Landnutzungsplanung

Es wurde kein Landnutzungsplan für das Dorf aufgestellt, die Dorfbewohner unterschieden jedoch deutlich in zwei landwirtschaftliche Gebiete, die fruchtbaren Böden in der Ebene südlich der Eisenbahnlinie und die höher liegenden felsigen Gebiete hinter dem Dorf. Ein Vergleich mit der von uns erstellten Bodenkarte und Landnutzungskarte läßt an dieser Klassifizierung keine Zweifel aufkommen.

Die Landverteilung wird von einem Dorfkomitee vorgenommen, und es scheint weder bei individueller Nutzung noch bei "block farming" Landknappheit zu herrschen. Die Bedrohung durch das Zuckerprojekt hat jedoch ein Überdenken der landwirtschaftlichen Flächenanforderungen ausgelöst. In einem Gesuch an die zuständigen Stellen des Zuckerprojekts beanspruchen die Dorfbewohner ein Gebiet bis vier km südlich der Eisenbahnlinie für die dörfliche Landwirtschaft, und unsere Analysen ergaben, daß diese Flächen, bei gegebenen Bewirtschaftungsmethoden, auch zur zukünftigen Versorgung des Dorfes ausreichen werden. Das Zuckerprojekt wird auch nur eine kleine Ecke des Dorfgebietes für den Zuckerrohranbau in Anspruch nehmen müssen.

Was das Verhältnis von eigenständiger räumlicher und ökonomischer Planung angeht, so muß erwähnt werden, daß zwar über die Produktion Buch geführt wird, aber keine Pläne über zukünftige Produktionsziele existieren. Die Bewirtschaftung wird bisher individuell organisiert, das einzige gemeinsam durchgeführte Dorfprojekt war der Bau der (neuen) Schule und der nur zeitweilig nutzbaren Krankenstation, als Ersatz für das feste Gebäude im alten Dorfzentrum.
Wieder einmal konnten wir beobachten und fühlen, daß die räumlichen Planungsfähigkeiten der Dorfbewohner die der ökonomischen bei weitem übersteigen.

Hier gibt es also zwei Beispiele zufällig ausgewählter Dörfer, die Versuche formaler Bebauungsplanung unternommen haben. In beiden Fällen scheint der Hauptfehler der Pläne weniger an technischen Unzulänglichkeiten, als vielmehr darin zu bestehen, daß die Pläne nicht in festgeschriebener Form, also auf Papier formuliert und dargestellt sind, weil dadurch
a) keine offizielle Genehmigung erzielt werden kann und
b) keine ständige Kontrolle der Plandurchführung möglich ist (z.B. schlechte Basis für zukünftig denkbare Landstreitigkeiten).

Teil 3

Eigenständige Planung durch die Dorfbevölkerung

Trotz mangelnder Kontakte zum "District Land Office" und der generellen "Rückständigkeit" des Gebietes, existierte in den beiden untersuchten Dörfern ein Bewußtsein für die Notwendigkeit eines Bebauungsplans.
Darüber hinaus hatten die Dorfvorsitzenden Ideen, wie solch ein Plan aufzustellen sei, obwohl sie mit der "Kunst" der räumlichen Planung nicht in geringsten vertraut sind. Ihre Ideen und Vorschläge waren nicht besonders ausgefallen oder phantasievoll, sondern eher Standardvorschläge. Ohne Kompaß und andere spezielle Vermessungsinstrumente und ohne Karte markierten sie ihre Pläne direkt auf der Erde mit Hilfe von Seilen und dem gesunden Menschenverstand.
Ihre "Pläne" wurden von seiten der Bürokratie nicht anerkannt, nicht etwa aus technischen Gründen oder wegen ungeeigneter räumlicher Zuordnungen, sondern weil die Pläne aufgrund ihrer Form nicht zur Überprüfung vorgelegt werden konnten, da sie nicht auf Papier formuliert waren.

Zum Genehmigungsverfahren solcher Selbstplanungsversuche können drei Ansätze in Erwägung gezogen werden:

a) Ein Dorfbewohner oder eine Dorfbewohnerin könnte als Zeichner oder Kartograph ausgebildet werden, um den Dorfplan aufzeichnen und zur Genehmigung vorlegen zu können.

b) Innerhalb des "District Land Office" könnte die Stelle eines Zeichners eingerichtet werden, der die Dörfer besucht und ihre Dorfpläne aufzeichnet.

c) Der Genehmigungsprozeß an sich könnte modifiziert werden, so daß Pläne nicht mehr wie bisher in Dar es Salaam vorgelegt werden müssen, sondern innerhalb der "Divisional Offices" entschieden und genehmigt werden (schlechtenfalls auch auf Distrikebene). Entscheidungsgrundlage könnte statt der Planüberprüfung am Schreibtisch eine Dorfinspektion darstellen.

Die erste Alternative, die sich an Entwicklungshilfeinstitutionen richten könnte, ist wegen hoher Kosten zu aufwendig, außerdem besteht die unvermeidbare Tendenz, daß qualifizierte Kräfte in die Städte abwandern und das Stadtleben dem Dorfleben vorziehen. Die zweite Möglichkeit ist schon realistischer, aber momentane Transportschwierigkeiten und Personalmangel stehen einer Umsetzung entgegen, vor allem bei einer hohen Anzahl von Dörfern in einem Distrikt. Der dritte Vorschlag bedeutet ein schnelles, billiges und dem Geist des "Villages und Ujamaa Villages" Gesetz entsprechendes Vorgehen innerhalb weitergehender Dezentralisierungsmaßnahmen. Dieser Prozeß würde die vom Dorf entwickelten Bebauungs- und Nutzungsvorschläge einbeziehen, indem sie direkt mit den zuständigen Fachbeamten diskutiert

und anschließend genehmigt werden. Es bestünde dann keine Notwendigkeit mehr, Vorhaben überhaupt aufzuzeichnen /10/.
Es gibt zwei offensichtliche Hindernisse, die gegen eine solche Lösung sprechen, aber auch überwunden werden können.
Einmal betrifft es die Qualität des Planes. Das zentralisierte Genehmigungsverfahren ist auf die Qualitätskontrolle, z.B. die Überprüfung der Standortplanung bezüglich Überschwemmungsgebieten und zukünftiger Ausdehnungsmöglichkeiten, ausgerichtet. Es besteht natürlich das Risiko, daß Beamte auf Distriktsebene weniger qualifiziert und sich dieser Probleme weniger bewußt sind. Aber das ist sehr zweifelhaft.
Das "Village Planning Handbook" umschreibt die wichtigsten zu beachtenden Punkte und stellt Richtlinien dar, die leicht zu verfolgen sind. Eine zusätzliche Checkliste mit Hinweisen zur Einschätzung lokal aufgestellter Pläne kann relativ leicht in Umlauf gebracht werden. Eine einfache Fassung des "Village Planning Handbook" für die Dörfer wäre ebenfalls eine sehr sinnvolle Maßnahme. Dieses könnte durch das "Adult Education Programme" (Erwachsenenbildungsprogramm) verbreitet werden; es wurden bereits Bücher über bessere Baumaterialien produziert und verteilt.
Die Überprüfung von (aufgezeichneten) Plänen in zentralisierter Form weist einige Schwachpunkte auf, z.B. die mangelnde Kenntnis der betroffenen Gebiete, der materiellen Bedingungen der Dörfer und seiner Bewohner.
Das zweite Hindernis ergibt sich aus möglichen Streitigkeiten über die Planinhalte, sofern der Plan nicht in irgendeiner Weise dokumentiert ist. In städtischen Gebieten wird ein aufgezeichneter Plan zur Bedingung des Zusammenlebens so vieler Menschen. Die unterschiedlichen Landnutzungsansprüche müssen organisiert und kontrolliert werden, auf einer für jeden sichtbaren Grundlage. Dörfer sind jedoch eine andere Größenordnung, und was in diesem Zusammenhang sehr wichtig ist, Dörfer sind eine Einheit in der Parteiorganisation. Konkret heißt dies z.B., wenn ein Haus gebaut werden soll, muß sowieso die Genehmigung des Dorfvorstandes eingeholt werden. Damit ist die Möglichkeit, den Plan zu umgehen, sehr gering. Momentan wird die Landverteilung in den Dörfern normalerweise nicht in schriftlicher Form organisiert, sondern die Dorfregierung bestimmt und verteilt die landwirtschaftlich nutzbaren Flächen an Einzelpersonen und an Produktionsgemeinschaften. Dieses Verfahren läuft auch ohne Plan (Karte) geregelt ab, und der Dorfregierung wird dahingehend vertraut, daß die Dorfbeschlüsse auch befolgt werden. Falls trotzdem Schwierigkeiten auftreten, wird der Fall von der Dorfregierung untersucht, und wenn es auch dann zu keiner befriedigenden Lösung kommen sollte, kann der Betreffende sich an höhere Parteiebenen auf Ward- oder Distriktsebene wenden /11/.
Wenn dieses System für die Verteilung wertvoller landwirtschaftlicher Nutzungsflächen funktioniert, warum sollte es dann nicht gleichermaßen für die Zuweisung von Hausgrundstücken funktionieren /12/?

Schlußfolgerungen

Die räumliche Dorfplanung (Bebauungsplanung) im Aufgabenbereich der Bürokratie stellt ein koloniales Erbe dar, mit dem Hintergrund, spürbare Machtverhältnisse über das Dorf zu behalten.
Die Erforderlichkeit von gezeichneten Plänen soll übergeordnete Behörden gegen die Herausforderung durch eigenständige Dorfplanung absichern.
Die materiellen Ziele der Planung können genauso gut von den Dorfbewohnern selbst mit Hilfe der Beratung lokaler Fachbeamten erreicht werden, ohne daß der Plan jemals auf Papier erschienen istund auch ohne die "Notwendigkeit" der Plangenehmigung in Dar es Salaam.

Anmerkungen

/ 1/ *Der Aufsatz wurde unter dem Titel "Village Self Planning for Tanzania" auf dem Symposium "Planning of Human Settlements and Development", 16.-19. Mai 1979, ARDHI-Institute, Dar es Salaam, vorgetragen.*

/ 2/ Village Planning, Village Management Training Programme, Prime Minister's Office, Dar es Salaam, 1977

/ 3/ RAIKES, P.: Planning for Ujamaa Villages. Economic Research Bureau, University of Dar es Salaam, 1972

/ 4/ OVERSEAS DEVELOPMENT GROUP: Follow up studies. Iringa Region Rural Integrated Development Plan. University of East Anglia and UNDP, 1977

/ 5/ Vgl. Aufsatz von FRIEDRICH, SCHNEPF und SZEKELY in diesem Band

/ 6/ TAZARA: *Vor wenigen Jahren von den Chinesen fertiggestellte Eisenbahnlinie, die Tanzania mit Zambia verbindet, damit Zambia seine Kupferexporte nicht durch das damals noch von weißen Siedlern beherrschte Zimbabwe transportieren mußte. Von dieser Eisenbahnlinie werden Entwicklungsimpulse auf die unterentwickelten Regionen des tanzanischen Südens erwartet (d. Übers.).*

/ 7/ NATIONAL MILLING CORPORATION: *Nationale Gesellschaft, die Aufkauf und Weiterverarbeitung von unverderblichen landwirtschaftlichen Produkten betreibt (Getreide, Ölfrüchte etc.)*

/ 8/ *Beim "Block Farming" werden mehrere zusammenhängende private Felder zusammengelegt, um sie in gleicher Art und Weise in einheitlichen Arbeitsschritten bewirtschaften zu können. Die Besitzverhältnisse bleiben davon unberührt. Dieses System soll die Produktion steigern.*

/ 9/ FAO: The Rufiji River Basin U.H., Geneva, 1961

/10/ *Das Argument, die Dörfer seien in schwierigem Gelände unfähig, eine "Seilvermessung" durchzuführen, scheint durch die Praxis widerlegt. Andere Dörfer, südlich von Merera und Mbingu, wurden auf interessante Weise von den Dorfbewohnern geplant, indem sumpfige Gegenden gemieden und einem sehr verzweigten und schwierigen System von Hügelspitzen gefolgt wurde.*

/11/ In der Praxis werden Streitigkeiten über die Landverteilung meist durch Verhandlungen zwischen den beiden Parteien beigelegt. Nur als letzte Möglichkeit wird die Einbeziehung eines Schätzers in Erwägung gezogen (Distriktbeamter). Die Angelegenheit würde nie dem "Headquarter" in Dar es Salaam vorgelegt werden.

/12/ Ein Plan in Händen der demokratisch Gewählten der Dorfregierung bedeutet natürlich auch ein Risiko bezüglich der Herausbildung einer mächtigen Interessengruppe auf Seiten der Dorfführer. Aber auch ein auf Distriktsebene aufgestellter Plan zur gerechten Landverteilung (genehmigt durch das Parteihauptbüro) garantiert ohne die Unterstützung der Dorfführung ebenfalls keine gerechte Plandurchführung.

Einführung
1
Die TANU-Direktive zur Kleinindustrieförderung von 1973
2
Kleinindustrien und die Ergebnisse der Industrialisierungsstrategie bis 1976
3
Kleinindustrien im Rahmen der "Basic Industries Strategy"
4
Der Bestand an Kleinindustrien in Tanzania. *Zum Begriff der Kleinindustrien. Kleinindustrien in Tanzania*
5
Das Instrument der "Small Industries Development Organisation"
6
Ein regionaler Fünfjahresplan für die Kleinindustrieentwicklung
Bestehende Kleinbetriebe. Geplante Industrieprojekte. Probleme der Kleinindustrieentwicklung im "Moshi Rural District"
7
Das UTUNDU-Programm zur Förderung von Dorfschmieden. *Vorgeschichte. Das UTUNDU-Programm*
8
Zusammenfassung

Gerd Hennings

FÖRDERUNG VON KLEININDUSTRIEN IN

LÄNDLICHEN REGIONEN TANZANIAS

Einführung

Die in der Bundesrepublik veröffentlichte Literatur über die Entwicklungspolitik Tanzanias setzt sich vorwiegend mit der landwirtschaftlichen Entwicklungsstrategie des Landes auseinander, mit der Dorfentwicklungspolitik, mit den Maßnahmen zur Förderung der sozialen Infrastruktur in den ländlichen Regionen sowie der Politik zur Dezentralisierung der Planung und Verwaltung. Dabei blieb relativ unbeachtet, daß auch die Maßnahmen zur Industrialisierung des Landes nicht unbeträchtlich waren, und daß insbesondere seit Mitte der 7oer Jahre die Bemühungen um die Förderung von Klein- und Mittelbetrieben in den ländlichen Regionen erheblich zugenommen haben.

Der folgende Artikel versucht, einen Überblick über die Entwicklung des Systems der Kleinindustrieförderung in Tanzania zu geben. Der erste Abschnitt stellt vor allem die politischen und ökonomischen Ziele dar, die mit der TANU-Direktive zur Kleinindustrieförderung im Jahre 1973 aufgestellt wurden und die bis heute gültig sind. Der zweite Abschnitt beleuchtet kurz den Hintergrund dieser eminent wichtigen politischen Direktive - die bis dahin deutlich gewordenen Erfahrungen und Probleme mit der bis zu diesem Zeitpunkt eindeutig großbetrieblich orientierten Industrialisierungspolitik. Der dritte Abschnitt beinhaltet die Festlegungen des 3. Fünfjahresplanes zur sog. "Basic Industries Strategy", in denen zum erstenmal eine Differenzierung der Industrialisierungsstrategie nach Betriebsgrößen und eine entsprechende Neuverteilung und Regionalisierung der Durchführungskompetenzen vorgenommen wird. Der vierte Abschnitt soll vor allem ein Bild von den in Tanzania vorhandenen Kleinbetriebszweigen entwerfen. Er geht aus von der offiziellen Definition von Kleinbetrieben in Tanzania, macht einige kurze Bemerkungen zur historischen Entwicklung der Kleinindustrien in Tanzania, stellt unterschiedliche Schätzungen zum Bestand an Arbeitsplätzen im Kleingewerbe im Jahre 1975 vor und benennt die wichtigsten Kleinbetriebsbranchen.

Der fünfte Abschnitt schildert das Instrumentarium der "Small Industries Development Organisation". Er macht die vielfältigen Aufgaben und Aktivitäten dieser Organisation deutlich. Der sechste Abschnitt beschäftigt sich mit der neuerdings etablierten regionalen Kleinbetriebsförderung an Hand eines regionalen Entwicklungsplanes für Kleinbetriebe im "Moshi Rural District". Hieraus ergeben sich auch wesentliche Hinweise auf die Hauptprobleme der Kleinbetriebe und der Kleinbetriebsförderung. Der siebte Abschnitt ist einem interessanten weiteren Aspekt der Förderung von Kleinindustrien in Tanzania gewidmet: den Versuchen, das schon vor der Kolonialisierung entwickelte Grobschmiedehandwerk, das in der Kolonialzeit verboten war und nur im Verborgenen überlebte, einheimisches traditionelles produzierendes Handwerk also, in die Kleinbetriebsförderung der "Small Industries Development Organisation" einzubeziehen. Den Schluß bildet eine Zusammenfassung.

1. Die TANU-Direktive zur Kleinindustrieförderung von 1973

Seit der Arusha-Erklärung von 1967 wird in verschiedenen Dokumenten der tanzanischen Regierung die Notwendigkeit der Entwicklung von Kleinindustrien in den ländlichen Regionen betont. So weist der Staatspräsident J.K.Nyerere in seiner oft zitierten Rede auf der TANU-Konferenz vom 28. Mai 1969, auf der der 2. tanzanische Fünfjahresplan offiziell vorgestellt wurde, ausdrücklich auf die große wirtschafts- und gesellschaftspolitische Bedeutung arbeitsintensiver Kleinindustrien und des Handwerks hin und fordert verstärkte Aktivitäten auf diesem Gebiet /1/.

Die Festlegungen des 2. Fünfjahresplanes bezüglich der Kleinindustrieförderung sind jedoch eher vage und verhalten. Zwar wird die verstärkte Berücksichtigung von Kleinindustrien einerseits, des Handwerks und des Hausgewerbes andererseits im Rahmen der generellen Industrialisierungsstrategie Tanzanias versprochen; spezifische Vorteile dieser Gewerbetypen werden erwähnt. Deutlich wird dennoch, daß zum damaligen Zeitpunkt die Schwierigkeiten bei der Implementierung dieser Vorstellungen noch höher gewichtet werden als die möglichen Erfolge. Darum werden eher bescheidene Anfangsbemühungen angekündigt. Einige Pilotprojekte sollen im Rahmen von kleinen gewerblichen Zentren durchgeführt werden. Es wird die Notwendigkeit hervorgehoben, zunächst eine verbesserte Infrastruktur (z.B. Ausbildungswesen, Beratungswesen, Kreditinstitutionen) für die Kleinbetriebsförderung aufzubauen. Es wird weiter zugegeben, daß die bestehenden Kenntnisse und Programme nicht ausreichen, und es wird zugesagt, im Verlaufe der Durchführung des 2. Fünfjahresplanes sowohl die konzeptionellen Arbeiten als auch die konkreten Maßnahmen voranzutreiben /2/.

Umfassendere und weitreichendere Anstrengungen, die zum Aufbau des heute bestehenden Systems der Förderung von Kleinindustrien im Rahmen der Regionalplanung in den ländlichen Regionen führen, werden sichtbar seit der Veröffentlichung der TANU-Direktive "Agizo Juu ya Viwanda Vidigo Vidigo Nchini" (Directive on the Establishment and Development of Small-Scale Industries in Tanzania) im Jahre 1973 /3/. In ihrem Gefolge wird die Kleinindustrieförderung völlig neu gestaltet und verstärkt.

Diese TANU-Direktive sieht in der ländlichen Industrialisierung mit Hilfe von Kleinbetrieben vor allem ein Instrument, die gesellschaftspolitischen Ziele "Soziale Gerechtigkeit und Gleichheit", "Ujamaa" (Sozialistische Produktionsweise), "Self-Reliance" und "ökonomisches Wachstum" zu realisieren /4/. Die Möglichkeit, gerade mit Hilfe von ländlichen Kleinindustrien zur Erfüllung dieser Ziele beizutragen, ergibt sich aus folgenden Hinweisen der TANU-Direktive. Diese Hinweise stellen zunächst nur Thesen über die mögliche Rolle von Kleinindustrien im Rahmen der allgemeinen und im besonderen ländlich orientierten Entwicklungsplanung dar; entsprechend interpretiert ergeben sich aus ihnen jedoch deutliche Anweisungen für die verantwortlichen Planungsträger, die sie bei der Realisierung von auf Kleinindustrie bezogenen Entwicklungsprogrammen zu beachten haben:

- Da Kleinindustrien relativ wenig Kapital benötigen, können sie in erheblichem Maße zu einem sparsamen Umgang mit dem knappen Faktor Kapital beitragen und die hohen Kosten der industriellen Produktion vermindern.
- Da Kleinindustrien arbeitsintensiv sind, ermöglichen sie die Einbeziehung von relativ mehr Personen in den gesamtgesellschaftlichen Entwicklungs- und Produktionsprozeß. Sie reduzieren die wachsende Arbeitslosigkeit und Unterbeschäftigung in den ländlichen Regionen, geben der Dorfbevölkerung kontinuierliche produktive Beschäftigungsmöglichkeiten und verringern damit auch die saisonale Unterbeschäftigung.
- Kleinindustrien können und sollen auf der Basis bestehender Fähigkeiten und Techniken gefördert und weiterentwickelt werden. Sie ermöglichen damit eine größere Beteiligung der Bevölkerung am Entwicklungsprozeß, ein Mehr an gesellschaftlicher und persönlicher Kontrolle und Teilhabe am Industrialisierungs- und Produktionsprozeß. Sie eignen sich gut für die Einführung genossenschaftlich organisierter Produktionsverhältnisse im Rahmen der ländlichen Industrialisierung.
- Kleinindustrien leisten einen wichtigen Beitrag zur Verwendung einheimischer Rohstoffe und landwirtschaftlicher Vorprodukte. Sie erhöhen damit auch die Einkommensmöglichkeiten in ihnen vorgelagerten Produktionsstufen und vergrößern die einheimische Wertschöpfung insgesamt.

- Die Produkte der Kleinindustrien orientieren sich vor allem an den lokalen
  Bedürfnissen und der lokalen Nachfrage. Sie vermehren damit den Anteil einer
  grundbedürfnisorientierten Produktion und verbessern die ländliche Ver-
  sorgung mit Gütern und Diensten.
- Eine konsequente Kleinindustrieförderung ermöglicht es daher, eine technische
  Revolution in den ländlichen Regionen in Gang zu setzen, generell zum
  "Vertrauen auf die eigene Kraft" beizutragen, die Einkommensmöglichkeiten
  und Versorgungsbedingungen in den ländlich peripheren Gebieten zu verbessern
  und so die Disparitäten zwischen den urbanen Zentren und den ländlichen
  Gebieten zu verringern /5/.

Die TANU-Direktive macht deutlich, daß die Entwicklung der Kleinindustrien
vor allem eine Aufgabe der Eigeninitiative der Bevölkerung der ländlichen
Regionen sein muß. Kleinbetriebe sollen nicht vom parastaatlichen Sektor
betrieben werden, sondern in den Händen von Einzelunternehmern oder
Produktionsgenossenschaften liegen. Wenn auch für einzelne Privatunternehmer
Raum für das Betreiben von Kleinbetrieben gelassen wird, so heißt es doch
wörtlich in der TANU-Direktive:

"Dennoch verlangt das Komitee von der Führung der Partei, der Regierung, den
Kooperativen und den parastaatlichen Organisationen, ihre Verantwortlichkeit
dafür zu beachten, daß die Entwicklung von Kleinbetrieben in Dörfern und
Städten nach sozialistischen Prinzipien vorangetrieben, ermutigt und kontrolliert
werden soll... Für die Errichtung und Betreibung eines Kleinbetriebes durch
einen privaten Unternehmer ist in Ujamaa-Dörfern kein Platz" /6/.

Kurz nach dieser TANU-Direktive wurde die bis dahin für die Kleinindustrieförderung verantwortliche Organisation, die "National Small Industries
Development Corporation Ltd" (NSIC), eine halbstaatliche Organisation, aufge-
löst. Ihre Aktivitäten hatten sich bis dahin darauf beschränkt, in einigen
urbanen Zentren, vor allem aber in Dar es Salaam, Werkstattzentren für
Handwerker zu errichten, in denen individuellen Unternehmern verbilligte
Gewerbeflächen zur Verfügung gestellt wurden. Weitergehende Förderungsmaßnahmen fanden nur sporadisch statt /7/. Noch im Jahre 1973 wurde die Nach-
folgeorganisation, die "Small Industries Development Organisation" (SIDO)
ins Leben gerufen, der stärker als ihrer Vorgängerin die Aufgabe zugewiesen
wurde, die Dezentralisierungspolitik der Regierung zu unterstützen, ein
breiteres Maßnahmenbündel zu entwickeln und einzusetzen, in enger Kooperation
mit den neu etablierten Regionalplanungsbehörden tätig zu werden, sowie
deutlicher als vorher auf genossenschaftliche Unternehmensformen hin zu arbeiten /8/.

2. Kleinindustrien und die Ergebnisse der Industrialisierungsstrategie Tanzanias bis 1976

Zwar benennt die TANU-Direktive auch die ökonomischen Zielsetzungen einer
Kleinindustrieförderung in den ländlichen Regionen Tanzanias, dennoch stehen
deutlich die politischen Zielsetzungen im Sinne der Arusha-Erklärung im
Vordergrund. Auffällig ist auch der ad-hoc-Charakter der Direktive, die nicht
ausdrücklich auf die bis dahin durchgeführte Industrialisierungspolitik der
dafür verantwortlichen Träger Bezug nimmt. Dennoch dürften die in den ersten
Jahren "nach Arusha" gemachten Erfahrungen im Hintergrund der Erklärung
gestanden haben. Der große Widerspruch zwischen der Form und den Ergebnissen
dieser Industrialisierungspolitik einerseits und den Zielsetzungen der
Arusha-Erklärung andererseits wird aus den folgenden Hinweisen deutlich, in
denen die wesentlichen Aspekte der in Tanzania geführten Diskussion um die
Industrialisierungsstrategie wiedergegeben werden sollen. Gleichzeitig ergeben
sich daraus weitere Hinweise auf wichtige Vorteile einer konsequenten Förderung
von produzierenden Klein- und Mittelbetrieben.

Im Jahre 1961, zum Zeitpunkt der Unabhängigkeit, war Tanzania nur zu einem
sehr geringen Grad industrialisiert. In den Jahren 1960/61 trug die Industrie
nur 3 Prozent zum jährlichen Bruttoinlandsprodukt bei. Im Jahre 1963 gab es

22.000 Industriebeschäftigte, etwa 9 Prozent der gesamten Lohnbeschäftigten /9/. Durch die seitdem betriebene Industrialisierungspolitik stieg der industrielle Beitrag zum BIP auf 10 Prozent im Jahre 1975, der entsprechende Beschäftigtenanteil auf 16 Prozent /10/. Der Industrialisierungsgrad ist damit immer noch sehr gering.

Im Rahmen der Entwicklungspolitik des ersten Fünfjahresplanes wurden vor allem industrielle Unternehmen gefördert, die
- einheimische Agrarprodukte weiterverarbeiteten (z.B. Sisal, Kaffee, Cashew-Nüsse, Holz),
- Produkte für die expandierenden Konsumgütermärkte herstellten und dabei Importe substituierten (vor allem Textilien und Getränke),
- Baumaterialien (insbesondere Zement) für die ehrgeizigen Investitionsprogramme produzierten /11/.

Verschiedene kritische Analysen wiesen jedoch auf die wachsenden negativen Effekte der bis dahin vollzogenen industriellen Entwicklung hin. Von diesen seien nur einige genannt:
- Der überwiegende Teil der Investitionen lag in den Händen ausländischer multinationaler Unternehmen /12/. Die von diesen Unternehmen in Tanzania erwirtschafteten Gewinne wurden kaum wieder im Lande investiert, sondern flossen über die verschiedensten Mechanismen in die Ursprungsländer zurück.
- Die errichteten Betriebe waren überwiegend Großbetriebe, beruhten auf einem hohen Kapitaleinsatz, beschäftigten relativ wenig überdurchschnittlich bezahlte tanzanische Arbeitskräfte; höher qualifizierte Arbeitskräfte waren in der Regel Ausländer. Die Effekte im Hinblick auf Arbeitsplatzbeschaffung, Höherqualifizierung der tanzanischen Arbeitskräfte, Mobilisierung einheimischen Kapitals etc. blieben damit gering.
- Die Produktion beruhte fast vollständig auf importierter Technologie, auf importierten Maschinen und häufig auch auf importierten Rohstoffen und Zwischenprodukten. Die Technologietransfereffekte blieben damit ebenfalls gering, die Verringerung der Abhängigkeit des Landes von Konsumgüterimporten wurde ersetzt durch die Abhängigkeit von Investitionsgüter- und Vorproduktimporten und ausländischem Know-How.
- Die Betriebe bildeten keine "forward and backward linkages" in Tanzania selbst. Die Industriestruktur blieb daher abhängig, enklavenartig, ungeeignet, über vielfältige Multiplikatoreffekte zur Vervollständigung der Industriestruktur und zu einem sich selbst tragenden ökonomischen Wachstum in Tanzania beizutragen.
- Aufgrund der hohen Anforderungen dieser Betriebe an die infrastrukturellen Vorleistungen, an die Arbeitsmärkte sowie an die Absatzmärkte lag der "natürliche" Standort dieser Betriebe in den wenigen größeren Städten des Landes - vor allem in Dar es Salaam. Die Attraktivität dieser urbanen Zentren wurde dadurch noch weiter vergrößert, die Land-Stadt-Wanderung stieg, die regionalen Disparitäten wuchsen, aber auch die personellen Einkommensunterschiede wurden vergrößert /13/.

Im Gegensatz zu diesen Entwicklungen stand die Arusha-Erklärung, die forderte,
- das Gewicht der Entwicklungsbemühungen vor allem auf die ländlichen Regionen und die Landwirtschaft zu legen,
- den Stadt-Land-Gegensatz abzubauen,
- die Einkommensunterschiede zwischen den verschiedenen Bevölkerungsschichten zu verringern,
- die Abhängigkeit von ausländischen Geldgebern und von ausländischem Know-How zu reduzieren,
- sich überhaupt weniger auf finanzielle Mittel als auf die Kräfte der in Tanzania lebenden Menschen zu verlassen.

Die der Arusha-Erklärung folgende Verstaatlichungswelle betraf vor allem das Banken- und Versicherungssystem, den Großhandel, den Export-Import-Handel und die industriellen Großbetriebe. Die letzteren wurden allerdings häufig nur zu 60% nationalisiert. In jedem Fall wurde eine ausreichende Entschädigung gezahlt, die Mutterfirmen stellten in vielen Fällen weiterhin das Management der teilnationalisierten Betriebe /14/. Parastaatliche Organisationen, vor allem die "National Development Corporation" (NDC), übernahmen die Steuerung der Betriebe und die zukünftige Investitionslenkung in enger Abstimmung mit den für sie verantwortlichen Ministerien.

Mit dem 2. Fünfjahresplan wurde die Richtung der Industrialisierungsstrategie allerdings nicht grundlegend verändert. Die Importsubstitutionsstrategie wurde im großen und ganzen fortgesetzt, ebenso der Aufbau von Industrien, die einheimische Ressourcen im Lande verarbeiten sollten. Zusätzlich wurde angestrebt, exportorientierte Industriebetriebe zu gründen, die ihre Produkte vor allem in den benachbarten afrikanischen Ländern absetzen sollten. Eine allmähliche Dezentralisierung der neuen Industriebetriebe wurde zugesagt, die wichtige Rolle von Kleinbetrieben angesprochen. Generell wurde akzeptiert, daß die so gekennzeichnete Industrialisierungspolitik immer noch ad-hoc-Charakter hatte, und daß es darum notwendig sei, eine langfristigere und systematischere Industrialisierungsstrategie zu entwickeln, die zu grundsätzlicheren Umstrukturierungen des Industriesektors, vor allem zum Aufbau einer Grundstoff- und Produktionsgüterbasis sowie zur Entwicklung von Investitionsgüterindustrien führen müsse /15/.

Auch in der Praxis der Industrialisierungspolitik änderte sich bis Mitte der 7oer Jahre trotz der Tatsache, daß die Neuinvestitionen durch die parastaatlichen Holdings vorgenommen wurden, strukturell kaum etwas. Eine Ausnahme bildet tatsächlich die Tätigkeit der "Small Industries Development Organisation" die, wie oben dargestellt wurde, erst 1973 ins Leben gerufen wurde. Allerdings läßt die mittlerweile konzeptionell verarbschiedete und im dritten Fünfjahresplan enthaltene langfristig angelegte "Basic Industries Strategy" deutlichere Dezentralisierungselemente sichtbar werden.

Der größte Teil der staatlichen Mittel für Industrialisierungsprojekte floß in den 7oer Jahren in die Bereiche Ge- und Verbrauchsgüterindustrie sowie Nahrungs- und Genußmittelindustrie, also in importsubstituierende Branchen. Eine kleine Gruppe von Grundstoff- und Produktionsgüterindustrien hat sich entwickelt (Glas-, Zement-, Düngemittel-, Petroleum-, Reifen-, Aluminiumherstellung, sowie ein Stahlwalzwerk), die mit Ausnahme der Glas- und Zementproduktion allerdings fast völlig von ausländischen Importen abhängig sind /16/.

Für die Art der getätigten Investitionen sind folgende Aspekte charakteristisch:
- Die hohe Kapitalintensität der neu errichteten Betriebe bleibt erhalten. Die Finanzierung der Projekte erfolgt zum größten Teil durch staatliche Kreditaufnahme bei ausländischen Geldgebern, zur Deckung der Restfinanzierung wird die Beteiligung ausländischer Konzerne angestrebt und realisiert, die die vorbereiteten Untersuchungen durchführen, den Produktionsbetrieb aufbauen, ausländisches Fachpersonal (Techniker und Management) stellen, Ersatzteillieferungen etc. garantieren, dafür bestimmte Mindestgewinne zugesichert bekommen /17/. Zumeist handelt es sich dabei um schlüsselfertige Großprojekte, die die Auslandsverschuldung des tanzanischen Staates verstärken ebenso wie die Abhängigkeit von ausländischer Technologie, ausländischen Zulieferungen von Ersatzteilen und Vorprodukten, die wiederum die zunehmend knapperen Devisenreserven des Landes beanspruchen. Im Hinblick auf Arbeitsplatzeffekte, interindustrielle Verflechtungen, Angewiesensein auf hochwertige Infrastruktur etc. gelten die gleichen Bedingungen und Wirkungen wie im Hinblick auf die neuen Betriebe vor der Arusha-Erklärung. In einigen nachgewiesenen Fällen konkurrieren die neuen Betriebe zahlreiche Arbeitsplätze in Kleinbetrieben weg (hervorragendstes Beispiel: die vollautomatisierte Brotfabrik in Dar es Salaam).
- Eine fühlbare Dezentralisierung der industriellen Produktion wird auch durch diese Projekte nicht realisiert. Der überwiegende Teil der Betriebe wird weiter in Dar es Salaam sowie in einigen Wachstumspolen errichtet. Die räumliche Konzentration der Industrien wird größer als vor 1967 /18/.
- Die großbetriebliche Struktur wird trotz der politischen Forderung, Kleinbetriebe zu fördern, immer dominanter. Philipps weist nach, daß der Anteil der Klein- und Mittelbetriebe mit 10 bis 100 Beschäftigten je Betrieb sowohl in absoluten Zahlen als auch im Hinblick auf Beschäftigten- und Wertschöpfungsanteil bis 1975 deutlich zurückgeht /19/. In den Jahren 1971/72 beträgt die

durchschnittliche Beschäftigung in den Betrieben der "National Development Corporation" 560 Personen/Betrieb /20/.
- Die Großbetriebe mit ihren auf hohe Kapazitäten ausgelegten Struktur erreichen selten eine normale Kapazitätsauslastung. Die in diesem Zusammenhang interessierenden Ursachen hierfür sind in der Regel /21/:
  . Absatzschwierigkeiten: der tanzanische Markt ist zu klein, um die Massenprodukte in allen Fällen abnehmen zu können. Der Verlust der Absatzmärkte Kenia und Uganda hat diese Probleme verstärkt.
  . Verteilungsschwierigkeiten: Die Unzulänglichkeiten der Transportsysteme in Tanzania erschweren die Versorgung der Betriebe mit Vorprodukten, und sie erschweren den Absatz. Die Konzentration auf wenige urbane Standorte erhöht die Transportkosten erheblich.
  . Infrastrukturelle Engpässe: Eine kontinuierliche Wasser- und Elektrizitätsversorgung in den von den Großbetrieben nachgefragten großen Mengen macht in Tanzania immer noch Schwierigkeiten.
  . Devisenprobleme: Die steigende Devisenknappheit beschränkt die Möglichkeit, Ersatzteile und Rohstoffe in gewünschtem und erforderlichem Maße einzuführen. Produktionsausfälle sind die Folge.

Die industrielle Entwicklung ist somit deutlich im Gegensatz zu den Zielen der Arusha-Erklärung verlaufen. Gleichzeitig weisen die o.g. Aspekte auf weitere Vorteile und Ziele einer verstärkten Kleinindustrieförderung in Tanzania hin /22/:
- Kleinindustrien beruhen in der Regel auf lokalen Ersparnissen. Sie ermöglichen eine dezentralisierte produktive Nutzung von Überschüssen peripherer Regionen und befördern damit die Fähigkeit zu regionsinternen Wachstumsprozessen. Die Inanspruchnahme staatlicher Mittel für investive Zwecke ist durch Kleinindustrieförderung deutlich zu reduzieren.
- Kleinindustrien benötigen weniger Mengen von Vorprodukten und Rohstoffen als Großbetriebe. Eine kontinuierliche Versorgung der Betriebe aus den Regionen heraus ist daher leichter; es dürfte weniger Versorgungsengpässe geben. Da die Reichweite des Absatzes geringer ist, wirken sich Transportschwierigkeiten weniger aus. Eine breite Verteilung von dezentralisierten Kleinbetrieben reduziert darüber hinaus die Transportkosten erheblich.
- Kleinindustrien benötigen weniger aufwendige infrastrukturelle Vorleistungen des Staates im Hinblick auf Wasser- und Energieversorgungssysteme.
- Kleinindustrien benötigen weniger aufwendige und kapitalintensive Technologien als Großbetriebe. Die Abhängigkeit von ausländischem Know-How wird damit verringert.
- Kleinindustrien gelangen unter tanzanischen Verhältnissen zu einer höheren Kapazitätsauslastung als Großbetriebe.
- Kleinindustrien ermöglichen, an den bestehenden Fähigkeiten von Handwerkern anzuknüpfen, die durch einfache Beratungsprogramme "on the job" weiterentwickelt und verbessert werden; Kleinindustrien schaffen größere Möglichkeiten der Ausbildung von Nachwuchskräften. Technische Qualifikationen und Managementfähigkeiten werden durch "learning by doing" breiter entwickelt.
- Insgesamt dürfte eine konsequente Kleinindustrieförderung dazu geeignet sein, die staatlichen Vorleistungen für den Industrialisierungsprozeß und die Ausgaben für produktive Investitionen zu verringern, die gesellschaftlichen Verteilungskosten zu reduzieren, den Devisenbedarf einzuschränken, die Abhängigkeit von ausländischen Investoren, Unternehmen und Geldgebern abzubauen und damit die Auslandsverschuldung des Staates einzuschränken.

3. Kleinindustrien im Rahmen der "Basic Industries Strategy"

Die im 2. Fünfjahresplan angekündigte, langfristige angelegte Industrialisierungsstrategie zur Umstrukturierung der tanzanischen Ökonomie ist im Jahre 1975 verabschiedet worden. Sie ist in den Grundzügen Bestandteil des 3. Fünfjahresplanes. Es handelt sich dabei um einen langfristigen industriellen Entwicklungsplan, der im Zeitraum von 1975 bis 1995 verwirklicht werden soll /23/. Sein Schwerpunkt liegt auf der Förderung sog. "basic industries", wobei

unter "basic industries" einerseits Industriebranchen verstanden werden, die
die Grundbedürfnisse der Bevölkerung abdecken, andererseits Grundstoff- und
Produktionsgüter- sowie Investitionsgüterindustrien, die die Basis einer
kompletten Industriestruktur darstellen. Der 3. Fünfjahresplan nennt
folgende Ziele der langfristigen Industrialisierungsstrategie /24/:
- Umstrukturierung der Industriestruktur durch:
  . Aufbau von exportorientierten Industrien in Ergänzung zum Export von
    Agrarprodukten,
  . Aufbau von Konsum- und Investitionsgüterindustrien,
  . Errichtung von Betrieben und Werkstätten für die Produktion von
    Ersatzteilen, Maschinenteilen, Werkzeugen,
  . Aufbau von Basisindustrien wie Eisen und Stahl, Kohlebergbau, Chemische
    Industrien, Steine und Erden.
  . Entwicklung von Kleinindustrien in den Regionen und in den Dörfern, die
    ein integrierter Bestandteil der Gesamtökonomie werden sollen.
- Verbesserung der Effizienz und der Kapazitätsausnutzung in den bestehenden
  Betrieben.
- Erhöhung der Beschäftigung und der Ausbildungsmöglichkeiten.
- Dezentralisierung der Industrien.
- Errichtung von Forschungs- und Entwicklungsinstitutionen und von Dienst-
  leistungseinrichtungen zum Technologietransfer.

Im Hinblick auf die Dezentralisierung des Industrialisierungsprozesses insge-
samt ist vor allem erwähnenswert, daß zur infrastrukturellen Unterstützung
der weiteren Entwicklungsplanung das Land in 6 industrielle Wachstumszonen
aufgeteilt worden ist /25/:
- Östliche Zone (Regionen Morogoro, Küste und Dar es Salaam),
- Nördliche Zone (Regionen Tanga, Kilimanjaro und Arusha),
- Seezone (Regionen Mara, Mwanza, Shinyanga und Westliches Seegebiet),
- Zentralzone (Regionen Dodoma, Singida, Tabora und Kigoma),
- Südöstliche Zone (Regionen Mtwara, Lindi, Ruvuma),
- Südwestliche Zone (Regionen Iringa, Mbeya, Rukwa).
Der Schwerpunkt der staatlichen Maßnahmen zum Ausbau der Energie- und Wasser-
versorgung liegt in den kommenden Jahren in den bisher am wenigsten ausge-
statteten Wachstumsregionen Seezone, Zentralzone, Südwestliche Zone und
Südöstliche Zone. Damit gekoppelt wird die Errichtung von Großbetrieben im
Süden und Südwesten zur Weiterverarbeitung von Cashew-Nüssen und Fleisch,
zur Produktion von Zement sowie von Eisen und Stahl und zur Herstellung von
landwirtschaftlichen Geräten /26/.

Im Hinblick auf die Kleinindustrieförderung in den ländlichen Regionen ist
die Tatsache von besonderer Wichtigkeit, daß zum erstenmal zwischen nationalen
Industrien, Bezirksindustrien und Dorfindustrien unterschieden wird /27/.
An diese Unterscheidungen werden neue Zuständigkeiten gebunden:
- *Nationale Industrien* sind mittlere und große Betriebe, die Massengüter für
  den einheimischen Markt und für den Export herstellen. Die Planung und
  Leitung liegt in den Händen der "National Development Corporation" und
  anderer parastaatlicher Holdings. Die Standorte werden entsprechend der
  regionalen Verteilung der Rohmaterialien und der Märkte festgelegt werden.
  Es ist angestrebt, großbetriebliche Massenkonsumgüterproduktionen in den
  verschiedenen industriellen Wachstumszonen zu errichten, um die Transportkosten zu minimieren und zur regionalen Verteilung industrieller Arbeitsplätze beizutragen.
- *Bezirksindustrien* werden mittlere und kleine Industriebetriebe sein, die
  vor allem Ge- und Verbrauchsgüter produzieren. Zur effektiveren Dezentralisierung wurden "District Development Corporations (DDC)" gegründet, in deren
  Kompetenz es fällt, regionale Industrien zu errichten und zu leiten.
  Bezirksindustrien können jedoch auch von privaten Wirtschaftssubjekten
  und Genossenschaften gegründet werden. Die Pläne für die Distriktindustrien
  werden in Kooperation von der Regionalverwaltung, den "District Development
  Corporations" und den Nationalen Ministerien erarbeitet. Die Entscheidung
  über bestimmte Investitionsprojekte soll in den Händen der Bezirke liegen.

- Eine genaue Abstimmung dieser Pläne mit den Plänen für nationale Industrien ist erforderlich. Bezirksindustrien sollen auch als Zulieferer und Abnehmer nationaler Industrien fungieren.
- *Dorfindustrien* werden Kleinbetriebe sein. Seit dem Gesetz über Dörfer und Ujamaa-Dörfer von 1975 ist es den Dörfern gestattet, Kleinbetriebe zu gründen. Das gleiche gilt für Kooperativen und individuelle Unternehmer. Das Schwergewicht liegt auf handwerklicher Produktion für die Bedürfnisse der Dorf- und Regionalbevölkerung. Es ist besonders die Aufgabe der "Small Industries Development Organisation", diese Dorfindustrien zu unterstützen.

Eine zufriedenstellende Einschätzung der Wirksamkeit dieser neuen, differenzierteren Festlegungen des 3. Fünfjahresplanes ist zum gegenwärtigen Zeitpunkt noch nicht möglich. Der Plan selbst weist daraufhin, daß die neuen Weichenstellungen vor allem in den Jahren 1980 bis 1985 wirksam werden /28/.

4. Der Bestand an Kleinindustrien in Tanzania

4.1 Zum Begriff der Kleinindustrien

Die offizielle tanzanische Kleinbetriebsförderung vermeidet eine genaue Festlegung und Kategorisierung des Begriffs Kleinindustrien, sowohl im Hinblick auf die Beschäftigten- als auch auf Umsatz- und Investitionssummenzahlen, die als Kriterien zur Abgrenzung zwischen Kleinindustrien (small scale industries) und mittelgroßen Industrien (medium scale industries) international üblich sind.

Generell werden als Kleinindustrien betriebliche Einheiten betrachtet, die im Hinblick auf technisches Wissen und im Hinblick auf die Kapitalausstattung von Einzelindividuen oder Kollektiven kontrolliert werden können /29/. Diese Definition ist deutlich an den politischen Zielen der Kleinindustrieförderung orientiert; sie gibt einen groben Hinweis für die in der Kleinindustrieförderung aktiv tätigen Institutionen, ohne allerdings den in Frage kommenden Aktionsradius allzu genau und evtl. allzu eng festzulegen. Dieser Begriff der Kleinindustrien schließt auch das Handwerk ein.

Es lassen sich folgende Typen der so verstandenen Kleinindustrien in Tanzania unterscheiden:
- Hausgewerbe: Bauern und Familienmitglieder be- und verarbeiten gemeinsam landwirtschaftliche Produkte weiter. Diese Arbeit wird gewöhnlich in den eigenen Häusern vollzogen und ist eine Zweitbeschäftigung neben der landwirtschaftlichen Haupttätigkeit.
- Verlagsgewerbe: Eine spezifische Form des Hausgewerbes. Die Familienmitglieder arbeiten im Auftrag gut ausgestatteter Zentren, erhalten Vorprodukte und Werkzeuge von den Zentren gestellt, liefern die Produkte in den Zentren ab, die die weitere Verarbeitung und Vermarktung in eigener Regie durchführen ("putting-out-system") /30/.
- Traditionelles oder modernes Handwerk bzw. Kunsthandwerk: Die wenig arbeitsteilige Produktion von vor allem Ge- und Verbrauchsgütern mit Hilfe von traditionellen oder modernen Handwerkzeugen in den eigenen Räumen /31/, zumeist für den lokalen Bedarf, im Falle des Kunsthandwerks aber auch für regionale bzw. nationale Märkte bzw. für den Export. Eine eindeutige Zuordnung von speziellen Handwerksbetrieben zum traditionellen oder modernen Bereich ist nur schwer möglich; im allgemeinen konzentrieren sich moderne Handwerksbetriebe in den städtischen Zentren.
- Handwerkswerkstätten: Zusammenfassung von mehreren Handwerkern bzw. Kunsthandwerkern in einer Art Handwerkszentrum. Die einzelnen Handwerker arbeiten allein oder zusammen mit ihren Angestellten in gemieteten Räumen mit einfachen oder modernen Werkzeugen. Teilweise gehören moderne, teure Werkzeugmaschinen, die vom Management des Handwerkszentrums gestellt werden, zur Ausstattung und können gemeinschaftlich genutzt werden. Weiteres Kennzeichen ist häufig die Zentralisation der Beschaffung der Vorprodukte sowie des Absatzes durch das Management der Handwerkswerkstätten /32/.

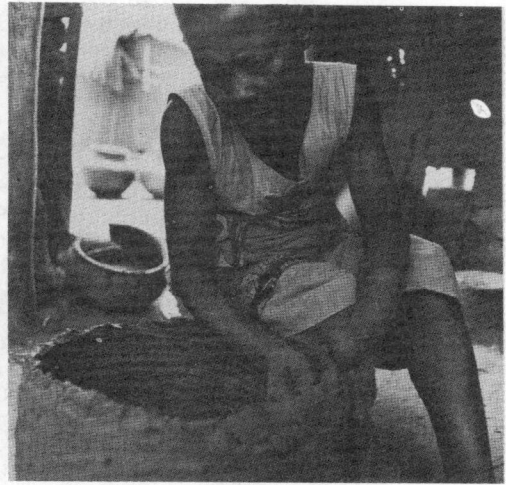

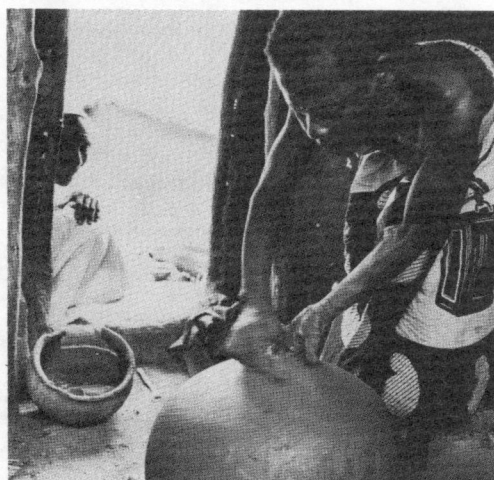

Töpferei hat in Tanzania eine lange Tradition. Eine Frau aus Tabora bei den verschiedenen Stufen der Herstellung.

- Kleine Industriebetriebe (im engeren Sinne): Stärker arbeitsteilig betriebene Produktionstätigkeit unter Verwendung von motorgetriebenen Maschinen zur Weiterverarbeitung landwirtschaftlicher, mineralischer oder industriell gefertigter Vor- und Zwischenprodukte, die teilweise als Vor- und Zwischenprodukte an andere Industriebetriebe oder als Endprodukte auf den Konsumgütermärkten abgesetzt werden.

Diese kurzen Kennzeichnungen unterschiedlicher Typen von Kleinindustrien beziehen sich vor allem auf Betriebe, die neue Produkte herstellen. Ergänzend sei darauf hingewiesen, daß insbesondere Handwerksbetriebe natürlich auch als Dienstleistungsbetriebe auftreten, die Produkte installieren, warten und reparieren. Die Förderung einer gut ausgebauten Basis von dienstleistungsorientierten Handwerksbetrieben ist ebenfalls ein wichtiges Ziel der Kleinindustrieförderung.

4.2 Kleinindustrien in Tanzania

Die Informationen über den gegenwärtigen Bestand an Kleinindustrien in Tanzania sind beschränkt und wenig zuverlässig. Zeitreihenanalysen sind nicht vorhanden, offizielle Statistiken beziehen sich vor allem auf städtische Gebiete. Die Situation hat sich etwas dadurch verbessert, daß im Rahmen einiger Regionalplanungsstudien ausführliche Bestandserhebungen durchgeführt worden sind, die sich auch auf ländliche Gebiete beziehen. Eine weitere Verbesserung ist dadurch zu erwarten, daß die "Small Industries Development Organisation" in den Distrikten Tanzanias Regionalbüros eröffnet hat, zu deren Aufgabe es auch gehört, Bestandserhebungen durchzuführen, Betriebskarteien zu führen und regionale Fünfjahrespläne auszuarbeiten. Dies wird in einigen Jahren zu einer Datenbasis beitragen, mit deren Hilfe auch umfassende Entwicklungstrends im Zeitverlauf erfaßbar werden.

Bis zur Kolonialisierung hatte sich in Tanzania eine ansehnliche Basis eines eigenständigen, differenzierten Handwerks herausgebildet. Deutsche Reisende beschrieben im 19. Jahrhundert einige Dörfer in der Gegend von Tabora als "industrielle Zentren", in denen Fähigkeiten und Tätigkeiten entwickelt waren, die durchaus denen bestimmter Regionen im vorindustriellen Deutschland entsprachen /33/. Eisenerz wurde gefördert in Mulande und Kilwa; die wichtigsten Produktionszentren waren z.B. Karagwa, Uha, Uzinza, Kahama in der heutigen Region Mbeya. Einfache Gebläseschmelzöfen auf der Basis von Holzkohle waren in diesen Gebieten im Gebrauch. Grobschmiede verarbeiteten das Eisen weiter zu Gebrauchsgegenständen wie Speeren, Drähten, Ketten, Hacken usw.. Schätzungen gehen dahin, daß in den 1880er Jahren auf dem Markt von Tabora jährlich 150.000 Hacken verkauft wurden. Grobschmiedereien gab es bei den verschiedensten Stämmen.

In manchen Gebieten existierten intensive einheimische Baumwollproduktionen. Das Spinnerei- und Webereihandwerk war weit verbreitet. Weitere wichtige Handwerkszweige waren die Salzgewinnung, Korbflechtereien, Ledergerbereien, Töpfereien, Holzschnitzereien, Bootsbau, Weiterverarbeitung von landwirtschaftlichen Produkten (z.B. getrocknete Bananen), Herstellung von Farben und von medizinischen Produkten /34/. Da die Entwicklung dieses Handwerks sehr stark von den unterschiedlichen regionalen Ressourcen abhing und somit regional spezialisiert war, entwickelte sich auf der Basis der regionalen Überschußproduktion ein umfangreicher Fernhandel, in den ganz Ostafrika einbezogen war /35/.

Mit der Kolonialisierung und mit dem Vordringen europäischer Waren, die in der Regel billiger und qualitätsmäßig besser waren als die einheimischen Produkte, aber auch auf Grund direkter Verbote der Kolonialverwaltung, verkümmerten die einheimische Produktion. Manche Handwerkszweige verschwanden völlig, z.B. die einheimische Tuchproduktion und die Eisenschmelzen. In manchen Regionen (z.B. in der Bukoba-Region) hat das einheimische Grobschmiedehandwerk überlebt, in manchen ist es völlig verschwunden, andere Handwerkszweige wie Flechtereien, Ledergerbereien und Töpfereien haben besser überlebt.

Phillips weist darauf hin, daß über 60 Jahre lang einheimische Baumwolle nicht mehr im Lande selbst weiterverarbeitet wurde; sie wurde exportiert, die Stoffe als Fertigprodukte importiert. Erst 1961 wurde in Tanzania die erste Textilfabrik eröffnet, die wieder einheimische Baumwolle im Lande selbst verarbeitete /36/.

Im Jahre 1967 ermittelte K. Schädler, daß in den städtischen Regionen Tanzanias 1672 Kleinindustriebetriebe ansässig waren (Betriebe mit bis zu 100 Beschäftigten) /37/. 708 dieser städtischen Betriebe antworteten auf einen Fragebogen, so daß eine durchschnittliche Beschäftigtenzahl von 3,3 Personen in diesen Betrieben festgestellt werden konnte. Hochgerechnet ergab sich eine Beschäftigtenzahl von rd. 5.500 Personen in Kleinindustriebetrieben.

Im Jahre 1975 kommt Phillips auf der Basis von Statistiken des Arbeitsministeriums, die allerdings als nicht sehr zuverlässig eingestuft werden, auf erheblich höhere Zahlen. Danach gab es in den städtischen Gebieten Tanzanias insgesamt etwa 31.000 Beschäftigte in Kleinindustrien, 13.300 in Betrieben mit weniger als 10 Beschäftigten und 18.000 in Unternehmen mit 10-50 Beschäftigten. In regionaler Hinsicht ergaben sich 12 Prozent für Dar es Salaam, 11 Prozent für Kilimanjaro, 10 Prozent für Arusha, 9 Prozent

für Tanga, 7 Prozent für Tabora, 6,1 Prozent für Dodoma und 6,2 Prozent
für Mbeya /38/.

Eine andere Quelle, die Regionalplanungsstudie für die Tanga-Region, läßt
erkennen, daß diese auf die städtischen Gebiete bezogenen Erhebungen und
Statistiken, nimmt man sie für sich allein, durchaus ein falsches Bild
hervorrufen im Hinblick auf die Dimension der kleinbetrieblichen Aktivitäten
in Tanzania. Im Rahmen dieser Studie wurde eine Erhebung der Handwerkseinheiten und der Kleinindustriebetriebe in 67 Dörfern, 6 Kleinzentren und
in der Stadt Tanga durchgeführt, durch die 74 Siedlungen von insgesamt
3000 in der gesamten Region erfaßt wurden. Im Rahmen dieser Stichprobe
wurden nur kleinbetriebliche Einheiten von bis zu 10 Beschäftigten erfaßt,
eine Hochrechnung ergab dennoch etwa 46.000 "Handwerkseinheiten" allein
in der Region Tanga /39/. 10.000 dieser Einheiten arbeiteten Vollzeit,
während die anderen als Teilzeitbeschäftigte oder saisonale Beschäftigte
in ihrem Handwerk arbeiteten. Die Beschäftigten teilten sich folgendermaßen auf die einzelnen Zweige auf:

Tabelle 1
Geschätzte Zahl der in Kleinindustrien Tätigen in der Region Tanga, 1975 /40/

Kleinindustriezweig	Geschätzte Zahl der Beschäftigten	Anteil in Prozent
1. Nahrungsmittel (Maismühlen, Bäckereien, Schlachtereien, Imkereien)	3.000	6,4
2. Bauhandwerk (Maurer, Ziegelhersteller etc.)	9.200	19,8
3. Korbflechten, Herstellung von Matten, Töpfereien	11.300	24,4
4. Schneider, Schuhmacher etc.	4.600	9,9
5. Holzbe- und verarbeitung (Sägewerke, Zimmerleute etc.)	12.700	27,4
6. Metallbearbeitung (Grobschmied, Klempner, Feinblechverarbeitung)	3.800	8,2
7. Kunsthandwerk (Goldschmiede, Holzschnitzer, Stickereien)	400	0,9
8. Auto-, Fahrrad- und Uhrreparatur	1.100	2,4
9. Wäschereien, Friseure etc.	300	0,6
Summe	46.400	100,0

Phillips schätzt aufgrund dieser und verschiedener anderer Unterlagen,
daß in ganz Tanzania, in den ländlichen und städtischen Regionen zusammenge-
nommen, etwa 115.000 Vollzeitbeschäftigte in Kleinindustrien tätig sind
/41/. Wenn auch die Wertschöpfung der Kleinindustrien relativ niedrig ist
und die in der Kleinindustrie Beschäftigten nur geringe Einkommen erzielen,

so unterstreichen doch diese Zahlen das große Arbeitsplatzpotential der
Kleinindustrien beim gegenwärtigen Stand der technischen und ökonomischen
Entwicklung, und sie zeigen auch, daß die Kleinindustrieförderung in Tanzania
durchaus auf handwerkliche und unternehmerische Fähigkeiten einer Vielzahl
von handwerklich und industriell Beschäftigten zurückgreifen kann, die
es in einem nicht ganz einfachen Prozeß weiterzuentwickeln gilt.

5. Das Instrumentarium der "Small Industries Development Organisation" in Tanzania

Die für die Kleinindustrieförderung verantwortliche parastaatliche Organisation, die "Small Industries Development Organisation (SIDO)" hat ein umfangreiches Bündel von Instrumenten entwickelt und in Gebrauch, das geeignet erscheint, an den wesentlichen Schwierigkeiten, denen sich Kleinindustrien gegenübersehen, anzusetzen und Erfolge zu erzielen /42/. SIDO ist dem Industrieministerium in Dar es Salaam unterstellt, ihr jährliches Budget erscheint im Haushalt der Industrieministers. Der Hauptsitz der Organisation ist in Dar es Salaam, aber in jeder Region des Landes sind mittlerweile Regionalbüros errichtet worden. Deren oberste Beamte sind die "Small Industries Promotion Officers", die in den ersten Jahren der Existenz von SIDO faktisch allein in den Regionen die Bemühungen um eine systematische Förderung der Kleinindustrie aufnehmen mußten und daher zunächst hoffnungslos überfordert waren. Inzwischen gibt es aber auch in den meisten Regionalbüros weitere Experten (Ökonomen und Ingenieure), so daß von daher die Arbeit effektiver gestaltet werden konnte. SIDO beschäftigt auch Techniker (z.B. für Keramikprodukte, Speiseölgewinnung, Fruchtkonservierung, Handwebstühle etc.), deren Beratungsdienste Kleinindustrien im ganzen Land zur Verfügung gestellt werden. Ein weiterer Ausbau des SIDO-eigenen Beratungspersonals wird kontinuierlich vollzogen /43/.

Die Philosophie der "Small Industries Development Organisation" geht in Übereinstimmung mit der oben skizzierten TANU-Direktive ursprünglich davon aus, daß die Initiative zur Gründung und Weiterentwicklung von Kleinindustrien von der Bevölkerung selbst kommen muß. SIDO will als Katalysator wirken, der verantwortlich ist für die mittelfristige Planung, Koordination und Förderung von Industrieprojekten. Der Schwerpunkt der Aktivitäten liegt im Bereich umfangreicher Beratungs- und Vermittlungsdienste sowie anderer Unterstützungsmaßnahmen. Eigene Industriebetriebe besitzt SIDO nicht /44/. In der Praxis weicht SIDO jedoch in mancher Hinsicht von diesen Prinzipien ab. Zwar besitzt SIDO keine eigenen Produktionsbetriebe, aber die Organisation hat eigene Verkaufsläden eröffnet, bei denen von SIDO unterstützte Kleinindustrien ihre Waren verkaufen. In zunehmendem Maße übernimmt SIDO auch selbst die Initiative zur Gründung von Industriebetrieben vermittels eines Ausschreibungsverfahrens. Im folgenden wird ein kurzer Überblick über das vielfältige Instrumentarium gegeben.

Planung

SIDO ist verantwortlich für die Formulierung und Koordinierung von nationalen Entwicklungsplänen für die Entwicklung der Kleinindustrie. Mittlerweile liegen auch erste regionale Fünfjahrespläne und -programme für die Kleinindustrieförderung vor.

Ausschreibung von Industrieprojekten

Auf der Basis dieser Fünfjahrespläne schreibt SIDO Industrieprojekte aus, nachdem sorgfältige Feasibility-Studien gute Aussichten für diese Kleinindustrien nachgewiesen haben. Die möglichen Bewerber werden im Hinblick auf finanzielle und technische Möglichkeiten intensiv geprüft, evtl. zu speziellen Förderkursen gesandt und in der Anfangsphase der Gründung des Unternehmens kontinuierlich beraten. Dieses System hat sich als sehr effektiv erwiesen /45/.

Industrie- und Gewerbeparks

SIDO hat ein Schwergewicht seiner Aktivitäten auf die Errichtung von Industrie- und Gewerbeparks gelegt. Bis Mitte 1981 sollen 12 derartige Industriepark-projekte abgeschlossen sein. Standorte sind die urbanen Zentren der ländlichen Regionen: Mbeya, Moshi, Tanga, Shinyanga, Lindi, Iringa, Sumbawanga, Musoma, Kigoma, Tabora und Singida. Als Beispiele für die vielfältigen Produktbündel, die in diesen Industrieparks hergestellt werden sollen, werden genannt: Plastik-Spielzeug für Unterrichtszwecke, Strickprodukte, Holzschuhe, Scheren und Messer, PVC-Kabel, Keramische Produkte usw. /46/. In diesen Gewerbeparks werden die Infrastruktureinrichtungen wie Wasser- und Energieversorgung gebündelt, gute Verkehrsanschlüsse gesichert und Gemeinschaftseinrichtungen wie Banken, Reparatur- und Trainingswerkstätten angeboten /47/.

Werkstätten

SIDO hat von seinem organisatorischen Vorgänger sieben Handwerker-Werkstätten übernommen und sie weiter betrieben. Es ist angekündigt, sie den Regionalverwaltungen zu übergeben. Das Werkstattkonzept wird von SIDO nicht mehr weiterverfolgt, die Prioritäten wurden auf die Industrie- und Gewerbeparks verlagert. Kleinere Werkstätten werden von allem noch in Ujamaa-Dörfern errichtet, allerdings sind dann andere Organisationen dafür verantwortlich.

Beratungsdienste

Für Personen, die eine neue Firma eröffnen wollen oder in bestehenden Betrieben Probleme haben, bietet SIDO einen intensiven Beratungsdienst an. Die Unternehmer werden beraten im Hinblick auf Standortwahl, Marktchancen, Ausbildungsprogramme, Maschinenwahl, Preisgestaltung, Materialbeschaffung etc. Ein besonderer technischer Dienst soll bei der Lösung einfacher und komplizierter technischer Probleme zur Stelle sein /48/.

Modellprojekte

Insbesondere im Hinblick auf die Entwicklung und Verbreitung neuer Technologien sollen Modellprojekte durchgeführt werden. Angepaßte Technologien sollen besonders gefördert werden, aufbauend auf bekannten einheimischen Technologien oder durch die Übertragung von in anderen Ländern bekannten Technologien unter Verwendung einheimischer Ressourcen und Materialien. Im "Arusha Appropriate Technology Project" z.B. werden derartige Modellprojekte und Prototypen von Biogasanlagen, Windmühlen, Steinöfen, Pumpen u. dgl. ausgestellt. Ihre Bekanntmachung und Verbreitung in den Dörfern wird mit Hilfe von speziell organisierten Kampagnen oder Vor-Ort-Vorführungen betrieben. Andere Beispiele für derartige Modellprojekte sind: Ölgewinnungstechnologien, Technologien für handgemachtes Papier, für einfache Zuckerproduktion usw. /49/.

Ausbildung

Die Einführung neuer ökonomischer und technischer Fertigkeiten bzw. die Weiterqualifizierung auf der Basis bestehender Fähigkeiten ist ein weiterer wichtiger Punkt im SIDO-Instrumentbündel. Zu diesem Zweck führt SIDO zahlreiche Trainingskurse in eigenen Werkstätten und Trainingszentren durch. Diese richten sich vor allem an traditionelle Handwerkszweige und das Dorfhandwerk (Beispiele: Kurse in Feinmetallarbeit, Holzhandwerk, Grobschmiedearbeit, Töpferei, dörfliche Methangasproduktion u.a.). Zur Senkung der Ausbildungskosten und zur Effektivierung der Ausbildungsprogramme sind in den letzten Jahren viele einfache Trainingszentren in "Training cum Production"-Zentren umgewandelt worden - Ausbildungszentren also, in denen gleichzeitig Produktionsergebnisse erzielt werden sollen. Der Schwerpunkt dieser "Training cum Production"-Zentren liegt auf einfachen Technologien, der Verwendung lokaler Rohstoffe und Arbeitskräfte, die für primär lokale Märkte produzieren, und auf der Entwicklung unternehmerischer Fähigkeiten bei den Kursteilnehmern /50/.

Vermarktungshilfen

Ein weiteres Ziel von SIDO ist es, die Vermarktungsprobleme kleiner Unternehmen zu verringern. In den Aktivitäten von SIDO gehören Marktstudien, Werbungsmaßnahmen, Analysen zur Verbesserung bestehender Vermarktungsver-

Dieselgetriebene Maismühle in Kitowo, Iringa-Region

bindungen, Einflußnahme auf lokale und regionale Verwaltungen zur Einrichtung
von Vermarktungsgelegenheiten, Verbesserung der Transportverbindungen usw..
SIDO hat in den letzten Jahren damit begonnen, eigene Einzelhandelsgeschäfte
einzurichten, in denen von SIDO geförderte Kleinindustrien ihre Produkte
verkaufen können. Der erste dieser SIDO-Einzelhandelsläden ist im Kariakoo-
Marktkomplex in Dar es Salaam, der zweite in Moshi. In allen Orten, in denen
Industrieparks eingerichtet werden, sollen in den nächsten Jahren derartige
Läden errichtet werden, die sich als recht erfolgreich erweisen /51/.

Ein wichtiges Instrument im Rahmen der Vermarktungshilfen ist das "Government
Purchase"-Programm. Dieses Programm besteht darin, daß Regierungsinstitutionen,
Verwaltungsstellen und parastaatliche Unternehmen angewiesen werden,
vornehmlich bei Kleinindustrien ihren Bedarf zu decken. Durch diese Maßnahme
konnte der Absatz mancher Kleinindustrien erheblich verbessert werden /52/.

Beschaffungshilfen

Die Beschaffung von Vorprodukten ist ebenfalls ein großes Problem im Rahmen
der Kleinindustrieförderung in Tanzania. SIDO plant diese Probleme zu vermindern.
Schwer beschaffbare Vorprodukte sollen identifiziert werden und über SIDO
bestellt und transportiert werden. SIDO plant weiter die Einrichtung von
Rohmaterial-Lagern ("Raw Material Banks"), in denen seltene Vorprodukte, die
normalerweise nicht von den nationalen Handelsagenturen beschafft werden,
auf Vorrat gelagert werden können. SIDO hilft auch bei der Anschaffung von
Maschinen durch ein Mietkaufprogramm zu günstigen Zinssätzen /53/.

Finanzielle Hilfen

Kredithilfen für die Anschaffung von Maschinen und Beschaffung von Material
und Gebäuden sind die einzigen direkten Finanzhilfen, die SIDO den Unternehmern
zur Verfügung stellt. Weitere Investitionshilfen sind erhältlich aus dem Haushalt der Regionalbehörden. SIDO berät bei Kreditanträgen bei den Regionalbehörden und bei den Banken und ist unterstützend im Rahmen von Kreditverhand-
lungen tätig /54/.

6. Ein regionaler Fünfjahresplan für die Kleinindustrieentwicklung

Seit der Einführung der dezentralen Verwaltungsstruktur mit Wirkung vom
1. Juli 1972, die den 20 Regionen und 36 Distrikten auf dem tanzanischen
Festland erhebliche Planungskompetenzen einräumt, ist es auch Aufgabe der
Regional- und Distriktbehörden, die industrielle Entwicklung voranzutreiben
und zu steuern /55/. "Regional Development Corporations" und "District Development Corporations" sind als Körperschaften ins Leben gerufen worden, die
eigene Industriebetriebe gründen können. Weiter ist die "Small Industries
Development Organisation" auf regionaler Ebene tätig, um die Planungen in Gang
zu setzen und zu implementieren, die sich auf Kleinindustrien beziehen. Auf
Dorfebene haben die Dorfentwicklungskomitees die Aufgabe, Dorfentwicklungspläne
aufzustellen und Maßnahmen im Rahmen der Kleinindustrieförderung durchzuführen.
Die Dorfentwicklungspläne werden auf der Distriktebene zusammengeführt und
mit den übergeordneten Planungen abgestimmt, die Distriktentwicklungspläne
wiederum werden auf der Regionsebene aufeinander abgestimmt und mit den
nationalen Planungsvorstellungen koordiniert.

Im Rahmen der gesamten Distrikt-Entwicklungsplanung sind distriktbezogene
industrielle Entwicklungspläne aufzustellen und zu implementieren. Es besteht
dabei der Anspruch, "integrierte" Pläne zu entwickeln, d.h. bei den Planungen
für die industrielle Entwicklung die Planungen in den anderen Sektoren zu
beachten, im Hinblick auf die industrielle Entwicklung einzuschätzen und umge-
kehrt. Insbesondere die Abstimmungen mit den landwirtschaftlichen und
infrastrukturellen Entwicklungsplänen sind naturgemäß von großer Wichtigkeit
für die industriellen Fünfjahrespläne auf Distriktebene. Im folgenden sollen
einige Charakteristika und Inhalte des industriellen Entwicklungsplanes für
den ländlichen Bezirk Moshi ("Moshi Rural District") vorgestellt werden /56/.

6.1 Bestehende Kleinbetriebe

Der Plan enthält zunächst eine Bestandsaufnahme der Kleinindustriebetriebe im Distrikt. Danach waren 1980 76 Betriebe des produzierenden Gewerbes in dem ländlichen Bezirk vorhanden, in denen insgesamt 570 Personen tätig waren /57/. Diese im Vergleich zur Tanga-Studie relativ niedrige Zahl von Kleinindustriebetrieben dürfte nur teilweise aus einem niedrigeren "Industrialisierungsgrad" des ländlichen Bezirks Moshi erklärbar sein. Vielmehr wird aus genaueren Aufstellungen deutlich, daß nur relativ deutlich und leicht bestimmbare produktive Einheiten in der Bestandsanalyse erfaßt worden sind. Wenn auch nicht sehr viele der genannten Betriebe zum "modernen" Sektor zu rechnen sind, so dürften doch die erfaßten Gewerbebetriebe eindeutig formellen Betriebscharakter aufweisen. Der Bereich des Hausgewerbes sowie der mehr informellen Teilzeit- und Saisonhandwerker spielt in dem gesamten Plan nur eine geringe Rolle. Dies bedeutet eine implizite Prioritätensetzung der für die Kleinindustrieförderung Verantwortlichen, insbesondere des SIDO-Büros in Moshi, die doch in einem gewissen Widerspruch zu bestimmten, offiziell erklärten Zielsetzungen der Kleinindustrieförderung in Tanzania steht. Diese Einschätzung wird durch weitere Aspekte des Planes bestätigt.

Darüberhinaus fehlen eindeutig bestimmte Bereiche wie z.B. das Baugewerbe oder andere, mehr dienstleistungsorientierte Handwerksbetriebe. Auch das bedeutet eine bestimmte Festlegung der Aktivitäten, zeigt darüberhinaus aber auch, daß genauere Kriterien im Hinblick auf den Typ und die zu erfassenden kleinbetrieblichen Aktivitäten zu entwickeln sind.

Das Schwergewicht der Beschäftigung liegt im Bereich der Holzgewinnung und Holzver- und bearbeitung (48% der Arbeitsplätze), gefolgt von Metallbe- und verarbeitenden Werkstätten und Betrieben (15% der Arbeitsplätze). Weitere nennenswerte Anteile erreichen die Lederbe- und verarbeitung, Papierverarbeitung, die Nahrungsmittelverarbeitung und die Baustoffherstellung. Die Statistik erfaßt nur Betriebe bis zu 50 Beschäftigten. Der einzige Großbetrieb in der Region ist eine Zuckerfabrik, die in dem Plan nicht weiter berücksichtigt wird.

20 der 76 Betriebe sind im Eigentum von Genossenschaften, sie gehören entweder einer Gruppe von Dorfbewohnern oder den Dorfentwicklungskomitees. 29 Betriebe sind im Eigentum von privaten Einzelunternehmen, 14 Betriebe gehören ebenfalls privaten Mehrpersonengesellschaften, die restlichen 13 befinden sich in den Händen verschiedener Institutionen wie Schulen, Kirchen, der tanzanischen Frauenorganisation, etc. /58/. Diese Angaben belegen deutlich die Dominanz privaten Kapitals in der regionalen Kleinindustrieentwicklung /59/.

6.2 Geplante Industrieprojekte

Vorschläge für die zukünftig zu realisierenden Industrieprojekte des Bezirksentwicklungsplanes für die Kleinindustrie im ländlichen Bezirk von Moshi stützen sich vor allem auf eine intensive Analyse der regionalen Ressourcen. Die Produktionsentwicklung in der Land- und Forstwirtschaft und bei den verschiedenen land- und forstwirtschaftlichen Produkten wird beschrieben und das sich hieraus ergebene Angebot an Rohstoffen für verschiedene Industriezweige analysiert. Darüberhinaus wird - wegen des Fehlens zuverlässiger statistischer Unterlagen - auf relativ einfache Weise die Nachfrageentwicklung für wesentliche Produkte eingeschätzt und es wird erörtert, welche Möglichkeiten bestehen, diese Nachfrage durch örtliche Industriebetriebe abzudecken. Im Hinblick auf die Herausbildung von intraregionalen Input-Output-Beziehungen werden weiter die Möglichkeiten analysiert, spezifische Produkte im ländlichen Bezirk Moshi herzustellen, die für die städtischen Großbetriebe in Moshi eine wichtige Rolle als Zulieferbetriebe übernehmen können /60/.

Auf dieser Basis wird eine Summe von industriellen Einzelprojekten für die Jahre 1979-1983 genannt, die das regionale SIDO-Büro plant und auf der Basis von Feasibility-Studien z.T. bereits begonnen hat /61/. Insgesamt werden 40 zukünftige Industrieprojekte identifiziert. 28 Prozent der Betriebseinheiten werden Betriebe mit 10 bis 50 Beschäftigten sein, 72 Prozent der Betriebseinheiten werden 1-10 Beschäftigte haben. Die Gesamtzahl der neuen Arbeitsplätze wird auf 450 geschätzt, was beinahe eine Verdoppelung gegenüber dem bestehenden Zustand bedeuten würde. Die Betriebe mit 10 bis 50 Beschäftigten werden 65 Prozent der Arbeitsplätze stellen, aber 78 Prozent des voraussichtlich notwendigen Investitionskapitals beanspruchen und 76 Prozent des geplanten Umsatzes auf sich ziehen. Die folgende Liste gibt einen Überblick über die geplanten Projekte.

Tabelle 2
Geplante Kleinindustrieprojekte im ländlichen Bezirk Moshi /62/

Planungsjahr	Industrieprojekte
1979/80	Babywindeln, Bekleidung, Hölzerne Haushaltsprodukte, Hölzerne Baumaterialien, Erdsteine, Natursteine, Strickwaren, Lederschuhe, Lederprodukte, Backwaren, Methangas, Schmiedeprodukte
1980/81	Steckschlösser, Fußbodenfliesen, Frucht-und Gemüsekonserven, Brillen, Pappschachteln, Buchdruck, Buchbinden, Schmiedeprodukte
1981/82	Lederschuhe, Bücher für Schulzwecke, Holzkohlenbriketts, Sägewerk, Natursteine, Hydrierte Früchte, Schmiedeprodukte, Lederbehälter für Radios, Holzkästen
1982/83	Meterbänder, Schnürbänder für Schuhe, Lederwaren, Verpackungsmaterial aus Bananenfasern, Fruchtkonserven, Schmiedeprodukte, Holzkästen
Geplante neue Arbeitsplätze	: 454
Geplante Investitionssumme	: 16 Mio. Shilling
Geplanter jährlicher Produktwert	: 22 Mio. Shilling

Diese Liste von Kleinindustrieprojekten verdeutlicht, daß auch die regionale Industrieentwicklungsplanung erhebliche Anstrengungen unternimmt, um die industrielle Basis des ländlichen Bezirks Moshi zu vergrößern. Sehr deutlich wird einerseits das Bemühen, Projekte zu identifizieren und in Gang zu bringen, die lokale Ressourcen weiterverarbeiten, so daß sich im Zeitverlauf durchaus eine deutliche regionale Spezialisierung herausbildet, die in späteren Jahren erhebliche Lokalisationsvorteile hervorbringen könnten. Andererseits sind so gut wie alle Projekte deutlich daran orientiert, Grundbedürfnisse des Bezirks abzudecken. Nur wenig Vorprodukte werden kontinuierlich in die Region importiert werden müssen. Der Typ der Kleinbetriebe hat allerdings ein gewisses Schwergewicht (im Hinblick auf Arbeitsplätze, Investitionen und Produktwert) bei modernen, maschinenorientierten Kleinbetrieben, ist also relativ "modern" und dürfte zu einem hier nicht genau einschätzbaren Ausmaß auf Maschinenimporte aus dem Ausland angewiesen sein. Die insgesamt aufzubringende Investitionssumme ist sehr hoch, in erheblichem Maße wird Kapital einheimischer Privatunternehmer mobilisiert werden müssen, werden staatliche Zuschüsse, Bankkredite des tanzanischen Bankensystems sowie ausländisches Kapitel (von Entwicklungsbanken oder Privatunternehmen) in Anspruch genommen werden müssen, um das recht ehrgeizige Investitionsprogramm zu finanzieren.

Auf die traditionelleren und informellen kleinbetrieblichen Aktivitäten, insbesondere des Hausgewerbes und der mehr dienstleistungsorientierten Handwerksbetriebe, geht der Plan nur am Rande ein. Fortschritte sollen hier wohl mehr auf einer ad-hoc Basis erzielt werden, vor allem durch die vielfältigen Maßnahmen zur Weiterqualifizierung, die im Bezirk, und nicht nur

von SIDO, angeboten werden. Eine stärkere Berücksichtigung sowohl dieser
Aktivitäten als auch der Initiativen der Dorfentwicklungskomitees in den
Planungen scheint durchaus möglich und notwendig zu sein.

Der kleinindustrielle Entwicklungsplan bemüht sich zwar um eine Abstimmung
insbesondere mit der landwirtschaftlichen Entwicklungsplanung, er nimmt aber
kaum Bezug auf andere sektorale Entwicklungspläne, vor allem nicht im
infrastrukturellen Bereich. Damit wird der Integrationsanspruch nur sehr
unvollkommen eingelöst. Dem entspricht auch, daß die Frage der Standorte
der geplanten Industrieprojekte überhaupt nicht angesprochen wird. Damit ist
aber die Gefahr einer ineffizienten Standortwahl relativ groß. Hier bleibt
sicher noch einiges zu verbessern.

6.3 Probleme der Kleinindustrieentwicklung im "Moshi Rural District"

Durch die Darstellung des Kleinindustrieentwicklungsplanes sollte deutlich
werden, daß aufgrund der Dezentralisierung der Planungskompetenzen und der
parastaatlichen Industrieentwicklungsgesellschaften, vor allem aber durch
die Etablierung und langsame Konsolidierung der "Small Industries Development
Organisation", die Kleinindustrieförderung auf regionaler Ebene beachtliche
Fortschritte macht. Dennoch sind immer noch erhebliche Probleme bei der
Kleinindustrieentwicklung zu verzeichnen, die sowohl die neuen als auch die
bestehenden Betriebe betreffen und die in vielen Fällen die Produktionsergebnisse einschränken, die Arbeitsproduktivität niedrig halten und die
Kapitalrentabilität deutlich reduzieren. Aus den vielfältigen Problemen seien
im folgenden die schwergewichtigsten herausgegriffen:

Vermarktungsprobleme

Die Arbeitskapazität der Kleinbetriebsleiter reicht in der Regel nicht aus, eine
systematische Absatzpolitik zu betreiben. Werbungsmaßnahmen sind selten, die
regionale Reichweite des Absatzes ist gering. Die meisten traditionellen
Kleinbetriebe verkaufen ihre Produkte entweder in ihren Werkstätten, auf
lokalen Märkten, oder nach dem "Job-Order"-System /63/. Der Übergang zur
Serienproduktion, der in den meisten Kleinindustrieprojekten von SIDO angelegt ist, macht diese Absatzprobleme schwerwiegender. Für den regionalen oder
überregionalen Absatz sind die Betriebe auf die "Regional Trading Company"
der Region Kilimanjaro angewiesen, deren Aktivitäten im Hinblick auf die
ansässigen Kleinbetriebe viele Wünsche offenlassen /64/:
- relativ abgelegene Betriebe werden von den Aufkäufern der Handelsorganisation selten berücksichtigt;
- die den Betrieben angebotenen Preise sind zu gering im Verhältnis zu den
  Verkaufspreisen, die die Handelsgesellschaft verlangt und am Markt erzielt.
  Nachgewiesene realisierte Handelsspannen von bis zu 150 Prozent vermindern
  die Entwicklungschancen der lokalen Betriebe erheblich;
- die Handelsgesellschaft importiert eine Vielzahl von Produkten in die
  Region, die in derselben Qualität in der Region selbst hergestellt werden.

Andere Absatzprobleme werden dadurch hervorgerufen, daß die lokalen staatlichen Stellen (z.B. Schulen, Kliniken, Verwaltungen) zu wenig die lokalen
Hersteller berücksichtigen. Diese sind allerdings auch häufig nicht sehr
initiativ im Hinblick auf Markterhebungen und Produktinnovationen. Die
Unterstützungsmaßnahmen von SIDO für die bestehenden Betriebe könnten hier
noch verbessert werden. Bei neuen Betrieben ist zumindest in der Anlaufphase
dieses Problem aufgrund der sorgfältigen "Feasibility"-Studien der "Small
Industries Development Organisation" geringer.

Beschaffungsprobleme

Wenn auch die meisten der im Bezirk vorhandenen und neu anzusiedelnden Betriebe auf der Verarbeitung von lokalen Ressourcen aufbauen, so sind sie
dennoch im Hinblick auf spezifische Rohstoffe und Vorprodukte darauf angewiesen, diese aus anderen Regionen zu beschaffen. Die dabei auftretenden
Probleme hängen vor allem mit den Mängeln des Transportsystems zusammen,
die, obwohl die Region Moshi überdurchschnittlich gut ans Fernverkehrsnetz

angeschlossen ist, doch zu Unregelmäßigkeiten der Lieferung und zu hohen
Transportkosten führen. Ein anderes, aufgrund der wachsenden Devisenprobleme
des tanzanischen Staates jährlich zunehmendes Problem, von dem auch Kleinbetriebe betroffen werden, ist das periodische Fehlen von wichtigen Ersatzteilen und wichtigen Vorprodukten sogar auf den Importmärkten in Dar es Salaam.
Auch die Beschaffung von neuen Maschinen wird zunehmend schwieriger.

Organisations- und Betriebsführungsprobleme

Hier werden vor allem genannt: das Unterlassen einer systematischen Buchführung; das Fehlen genauer Kosten- und Preiskalkulationen, vor allem die
Nichtberücksichtigung von Abschreibungen; geringe Delegation von Betriebsführungsaufgaben auf Angestellte; unzuverlässige Wahrnehmung der Managementfunktionen durch Dorfentwicklungskomitees; Veruntreuung von anvertrauten
Geldern und vieles mehr. Die von SIDO angebotenen Beratungsdienste werden nur
unzureichend in Anspruch genommen, weil ein Teil dieser Managementfehlleistungen auch tieferliegende soziale Ursachen hat (Mißtrauen gegenüber
Steuerbehörden, gegenüber eigenen Angestellten usw.). Insbesondere hier
zeigt sich, daß Kleinbetriebsförderung vor allem auf der Dorfebene in umfassendere Programme der "Community Development" eingebunden werden muß.
Verschiedene Quellen lassen vermuten, daß diese Probleme in anderen tanzanischen Regionen, in denen das Dorfentwicklungsprogramm übereilt und teilweise
gewaltsam durchgesetzt worden ist, noch sehr viel gravierender auftreten
als in der Region Moshi /65/.

Probleme bei der Implementierung neuer Industrieprojekte /66/

Eine kurze Evaluierung der Fortschritte bei der Durchführung der geplanten
Industrialisierungsprojekte des Industrieentwicklungsplanes für den "Moshi
Rural District" im Jahre 1980 hat ergeben, daß erhebliche Zeitverzögerungen
im Hinblick auf die Implementierung einzelner Projekte aufgetreten sind. Nur
etwa die Hälfte der bis zur Planungsperiode 1980/81 zu realisierenden Projekte
konnten abgeschlossen werden. Infolgedessen wurde die Laufzeit des Planes
bis zum Zeitpunkt 1984/85 verlängert. Die wesentlichen Ursachen für diese
schleppende Projektimplementierung waren:
- Bauarbeiten wurden aufgrund der Zementknappheit verzögert;
- für einige Projekte konnten keine Unternehmer gefunden werden;
- interessierte Unternehmer konnten nicht den notwendigen Eigenkapitalanteil
  aufbringen;
- unzureichende Managementqualifikationen interessierter Unternehmer, die
  darum erst zu Schulungslehrgängen geschickt werden mußten;
- geringe Kreditvergabefähigkeit der regionalen Banken, bzw. zu geringe
  Bereitschaft, die Kleinindustrieförderung mit Kredithilfen zu unterstützen;
- die Devisen, die dem Bezirk zum Ankauf von ausländischen Maschinen und
  anderen Betriebsausrüstungen zugewiesen sind, sind unzureichend.

Ungeachtet dieser Probleme hat das regionale Büro der "Small Industries
Development Organisation" Evaluierungen von 29 weiteren Projekten vorgenommen,
mit Hilfe derer eine weitere Diversifizierung der Industriestruktur erreicht
werden soll.

7. Das UTUNDU-Programm zur Förderung von Dorfschmieden

Wenn auch das vorhergehende Kapitel deutlich gemacht hat, daß die statistische
Erfassung und die Hauptaufmerksamkeit der regionalen Kleinindustrieplanung
auf Betriebe moderner bzw. mindestens formeller Art gerichtet ist, so ist
es doch wichtig, zu verdeutlichen, daß die "Small Industries Development
Organisation" sich seit einigen Jahren auch um das traditionelle einheimische
Handwerk bemüht. Beispielhaft sei hier das UTUNDU-Programm zur Förderung
von Dorfschmieden vorgestellt.

7.1 Vorgeschichte

Wie oben schon beschrieben wurde, hatten sich Eisenschmelzereien und Grobschmiedereien auf einer vorindustriellen Stufe in vielen Teilen des vorkolonialen Tanzania entwickelt. Europäische Forscher und "Entdecker" berichteten voll Erstaunen über den relativ hohen Stand des Schmiedehandwerks. Von den Schmieden hergestellte landwirtschaftliche Geräte und Waffen bildeten eine wesentliche Basis des Fernhandels jener Zeit.

Die koloniale Durchdringung Ostafrikas setzte diesem traditionellen Fernhandel ein Ende. Die einheimische Produktion von Roheisen und seine Weiterverarbeitung durch das Schmiedehandwerk wurde von den Kolonialherren verboten, teils aus Furcht vor einer afrikanischen Waffenproduktion, teils zur Vergrößerung des Absatzmarktes europäischer Produkte /67/. Roheisenherstellung und die einheimische handwerkliche Weiterverarbeitung verschwanden von der Bildfläche, sie verschwanden aus dem Bewußtsein der Kolonialherren, der einheimischen städtischen Elite, und sogar der einheimischen Politiker und Planer der Nachkolonialzeit. Noch 1976 heißt es in einer Veröffentlich von Phillips, daß über 70 Jahre lang, bis zur Errichtung der "Ubungo Farm Implements Company" (UFI) im Jahre 1970, keine eisernen Hacken für die Landwirtschaft mehr in Tanzania produziert wurden /68/.

Das Gegenteil war und ist der Fall. Erst die Dezentralisierung der politischen Verantwortlichen und die Einführung der Regionalplanung führt zu dieser völlig anderen Perspektive: das Dorfschmiedehandwerk hat überlebt ! Es ist mitnichten durch die Kolonialherrschaft vernichtet worden, es hatte sich vielmehr in die Verborgenheit zurückgezogen - in unzugängliche Wälder und Sümpfe, in abgelegene Dörfer und in abgelegene Regionen. Erst nach der Unabhängigkeit wurde die Produktion wieder öffentlicher, aber auch heute noch lebt sie teilweise im Verborgenen - aus Furcht vor Registrierung und aus Furcht vor einer Besteuerung durch die tanzanischen Behörden /69/.

Die erste systematische Erforschung des Dorfschmiedehandwerks unternahm der Däne Jens Müller, der auch in enger Kooperation mit SIDO das UTUNDU-Programm entwickelte. Er kommt zu wirklich erstaunlichen Ergebnissen:

- Vorsichtige Schätzungen, auf der Basis von SIDO-Informationen und verschiedener Feldstudien, ergeben, daß 1977 mindestens 10.000 Dorfschmiede in den ländlichen Regionen aktiv ihrem traditionellen Handwerk nachgehen /70/.
- Einige der Dorfschmiede schmelzen in Zeiten starker Rohstoffknappheit sogar noch ihr eigenes Roheisen; allerdings ist wegen des hohen Holzverbrauchs und der damit verbundenen Arbeitsleistung eine Förderung und umfangreiche Wiederbelebung der Schmelztechnologie weder ökologisch noch ökonomisch sinnvoll /71/.
- Die Dorfschmiede produzieren vor allem landwirtschaftliche Geräte und Haushaltsgeräte; Hacken (Jembe), Messer, Langmesser, Sicheln, Sensen und verschiedene andere Geräte für die Subsistenzproduktion, einige sogar Pflüge für Ochsengespanne. Sie stellen in der Regel ebenso ihre eigenen Werkzeuge selbst her.
- Ein Vergleich mit entsprechenden industriell gefertigten Produkten ergab eine erheblich höhere Haltbarkeit der von den Dorfschmieden hergestellten Geräte /72/. Müller schätzt, daß im Jahre 1975 rund 450.000 Hacken von den Dorfschmieden hergestellt wurden - etwa genausoviel, wie von Tanzanias einziger Fabrik für die Herstellung von landwirtschaftlichen Geräten /73/. Die Dorfschmiede leisten damit einen unschätzbaren Beitrag für die Aufrechterhaltung der landwirtschaftlichen Produktion, insbesondere in abgelegenen Regionen, die von dem schwerfälligen Vermarktungs- und Verkehrssystem kaum erreicht werden.
- Die Dorfschmiede arbeiten auf individueller Basis. Jeder Schmied hat jedoch in der Regel einen oder zwei Gesellen, die ihm bei der Arbeit behilflich sind. Die Arbeitsteilung ist jedoch nicht weit forgeschritten, der Schmied selbst nimmt an allen Arbeitsvorgängen teil. Schmiede sind in der Regel auch Bauern; sie arbeiten daher nur zeitweise in ihrer Schmiedewerkstatt. Einige Dorfschmiede haben sich - als Folge der Dorfentwicklungsprogramme - schon eigenständig zu Kooperativen zusammengeschlossen. Sie haben eine höhere Form der Arbeitsteiligkeit eingeführt, ihre Produktivität damit erhöht und stellen eine diversifiziertere Produktpalette her als der durchschnittliche Dorfschmied. Einige besonders aktive Gruppen haben ihren Standort an die Hauptstraße verlegt und selbständig Förderungswünsche an

SIDO herangetragen /74/. Diese Beispiele sollen zeigen, daß aktivere Schmiedekollektive schon selbständig damit begonnen haben, ihre Produktionsbedingungen zu verbessern.
- Die Dorfschmiede haben keine formelle Ausbildung; ihre Fähigkeiten beruhen auf Überlieferung und Erfahrung. Müller schätzt ihre technischen Fertigkeiten sehr hoch ein. Es werden keine standardisierten Produkte hergestellt, sondern jedes Stück wird für den speziellen Zweck, für besondere Benutzer und die lokalen Bodenverhältnisse entworfen und produziert. Dies erklärt z.T. die größere Haltbarkeit der Produkte.
- Müller sieht daher die Hauptprobleme für die Förderung dieses Handwerks nicht in der Tatsache unzureichender Fertigkeiten der Dorfschmiede, sondern vor allem in der mangelhaften Rohstoffversorgung (Eisenschrott), in den Schwierigkeiten der Dorfschmiede, mit ihren Produkten die Klein- und Mittelzentren mit ihren Märkten zu erreichen, sowie in der unzureichenden Ausstattung mit adäquaten Werkzeugen.
- Diese Mängel führen in ihrer Gesamtheit dazu, daß dieses traditionelle Handwerk heute stagniert bzw. sogar langsam zurückgeht. Müller legt Wert auf die Feststellung, daß sich die Produktionsbedingungen für die Schmiede kontinuierlich weiter verschlechtern. Während ein Ausweichen vor den Kolonialherren wegen der nur partiellen Durchdringung des Landes relativ leicht möglich war, scheint ein Überleben im Verborgenen heute nicht mehr möglich zu sein, da der moderne staatliche Produktionssektor mit seiner Tendenz zur dezentralen Konzentration und seiner gleichzeitigen Bevorzugung standardisierter moderner Produkte in immer periphere Regionen vordringt und in zunehmendem Maße die Existenz der traditionellen Dorfschmiede bedroht /75/. Die Konkurrenz um die Rohstoffe nimmt zu, seitdem die "National Development Corporation" eine schrottverarbeitende Eisenproduktionsstätte in Dar es Salaam errichtet hat. Eine neue mittelgroße Fabrik zur Produktion von landwirtschaftlichen Geräten (300 Beschäftigte) ist in Mbeya projektiert, ebenso in Tabora (70 Beschäftigte). Hinzu kommen sog. "Rural Craft Workshops", die in den ländlichen Regionen aufgebaut wurden und eine hochspezialisierte moderne Ausstattung für die Produktion von Ochsenkarren und Pflügen für Ochsengespanne besitzen. Alle diese modernen Einrichtungen bilden eine potentielle und möglicherweise sich schon gegenwärtig auswirkende Konkurrenz für die traditionellen Dorfschmiede, die zum endgültigen Niedergang dieses produzierenden Handwerks führen kann.

Dabei dürfte langfristig, d.h. bei Befriedigung des Bedarfs an "normalen" landwirtschaftlichen Geräten durch die jetzt projektierten Fabriken und nach Überwindung der heute noch bestehenden Mängel im Verteilungssystem, immer noch und sogar vermehrt eine Nachfrage nach den Fähigkeiten der Dorfschmiede vorhanden sein: im Bereich der Produktion von Spezialgeräten, die das moderne standardisierte Produktionssytem nicht herstellen kann, vor allem aber im Bereich der Reparatur und der Herstellung von Ersatzteilen auch für modernere landwirtschaftliche Geräte. Die Fähigkeit der Dorfschmiede zu bewahren, zu konsolidieren, den gegenwärtigen Schrumpfungsprozeß aufzuhalten, die langsame Veränderung der Schmiedewerkstätten in Richtung auf Reparaturwerkstätten und als Orte der Herstellung von Ersatzteilen ist das langfristige Ziel des UTUNDU-Programms, dessen erste Phasen im folgenden dargestellt werden sollen.

7.2 Das UTUNDU-Programm

Auf der Basis dieser Erkenntnisse wurde das UTUNDU-Programm entwickelt, das zum Ziel hat, eine vorsichtige Integration der Dorfschmiede in das tanzanische Wirtschaftssystem zu erreichen, die Rohstoffbeschaffungs- und Produktionsvermarktungsprobleme zu reduzieren, die Produktivität der Schmiede zu erhöhen und eine weitere Diversifizierung der Produkte zu erreichen, die sie herstellen. Das Programm ist sehr sorgfältig und ausführlich konzipiert, nur die wesentlichen Schritte können an dieser Stelle angesprochen werden /76/:
- Vorbereitung des Programms durch SIDO. Sammlung von Dokumentationen und Informationen über neue Produkte und Verfahren, die unter tanzanischen Verhältnissen produzierbar sind und benötigt werden. Erprobung dieser

Innovationen in SIDO - eigenen Ingenieurwerkstätten.
- Beginn der Implementierungsphase auf der regionalen Ebene mit einer sorgfältigen Erfassung der Dorfschmieden. Identifizierung der unterschiedlichen Fähigkeiten der Schmiedemeister (insbesondere Herausfiltern der aktiveren Gruppen), Feststellung der Bereitschaft der Schmiede, am UTUNDU-Programm teilzunehmen.

- Kategorisierung der teilnahmebereiten Schmiedemeister nach dem Typ der Werkstätten, in denen sie arbeiten, bzw. arbeiten sollen, sowie nach dem Einzugsbereich der Nachfrager. Typ C-Werkstätten liegen in Dörfern bzw. in lokalen Zentren, sie sind kaum anders ausgestattet als die bisherigen Schmiedewerkstätten. Typ B-Werkstätten liegen in den ländlichen Kleinzentren oder in den Distrikthauptstädten; sie sind etwas besser mit Werkzeugen und Geräten ausgestattet und produzieren eine breitere Produktpalette, beruhen aber weiter auf den traditionellen Fertigkeiten der Schmiede. In Typ C-Werkstätten wird die Organisationsform der Arbeit nicht verändert. In Typ B-Werkstätten sollen mehrere Schmiedemeister zusammenarbeiten und eine größere Arbeitsteiligkeit realisieren /77/.

- Die Unterstützung der Dorfschmieden sieht zunächst, d.h. für eine Periode von etwa fünf Jahren, keine systematische technische Beratung und Ausbildungsförderung vor. Es wird davon ausgegangen, daß die Dorfschmiede ihr Handwerk selbst gut genug verstehen. Spätere Beratungsmaßnahmen sind allerdings vorgesehen.

- Die Förderung der Dorfschmiede durch die tanzanischen Behörden, insbesondere durch SIDO, soll sich vor allem auf folgende Bereiche erstrecken:
  Verbesserung der Versorgung mit Vorprodukten:
  . SIDO arrangiert die Sammlung von Schrott bei den verschiedensten Regierungsstellen in den Distrikten und bei der "Ubungo Farm Implements Company" und organisiert den Transport zu den UTUNDU-Werkstätten.
  . SIDO kauft halbfertiggestellte Stahlplatten bei der "Ubungo Farm Implements Company" in Dar es Salaam und arrangiert ihre Verteilung über die "Regional Trading Companies".
  Verbesserung des Angebots an spezialisierten Schmiedewerkzeugen:
  . Hier soll SIDO vor allem dafür sorgen, daß die städtischen Werkstätten Werkzeuge für Dorfschmiede in ihr Produktionsprogramm aufnehmen. SIDO bietet den Dorfschmiedewerkstätten diese Werkzeuge zum Kauf oder auf einer Mietkaufbasis an.
  Unterstützung der UTUNDU-Werkstätten bei der Vermarktung:
  . Diese wird dann erforderlich, wenn die Dorfschmiede auf der Basis einer gesicherten Vorproduktversorgung und mit Hilfe der verbesserten Werkzeuge soviele Produkte herstellen, daß die lokale Nachfrage übertroffen wird. Es wird dann Aufgabe der SIDO sein, die "Regional Trading Companies" zu überzeugen, auch die nicht standardisierten Produkte der UTUNDU-Werkstätten zu transportieren und zu verkaufen.

Einschätzung: Das UTUNDU-Programm zur Konsolidierung und Förderung der Dorfschmiede dürfte in seiner gegenwärtigen Form das Kleinindustrieförderungsprogramm sein, daß am konsequentesten den Prinzipien der TANU-Direktive von 1973 entspricht. Es ist sehr wenig kapitalaufwendig, ist arbeitsintensiv, gibt einem Teil der Dorfbevölkerung kontinuierliche Beschäftigungsmöglichkeiten außerhalb der Landwirtschaft, beruht voll auf bestehenden tradierten Fähigkeiten, ermöglicht leicht genossenschaftlich organisierte Produktionsverhältnisse, verwendet einheimische Abfallprodukte wieder und trägt damit zum sparsamen Umgang mit Ressourcen bei, orientiert sich an den lokalen Bedürfnissen und der lokalen Nachfrage und kann die Versorgung mit landwirtschaftlichen und anderen Geräten erheblich verbessern. Die ausführliche Darstellung der bescheidenen Programmbausteine macht aber auch deutlich, wo die Hauptschwierigkeiten bei der Verwirklichung dieses Programms zu erwarten sind; bei bürokratischen Hemmnissen und mangelnder Flexibilität der notwendigerweise am Programm zu beteiligenden anderen staatlichen Produktions- und Verteilungsgesellschaften.

Müller nennt einige der wesentlichen Hemmnisse /78/:
- "Regional Trading Companies" übernehmen bis heute nur die Vermarktung standardisierter Produkte;
- der Verkauf von nicht standardisierten, traditionellen Produkten mit notwendigerweise sehr unterschiedlichen Preisen stößt auf Widerstand in den staatlichen Verkaufsstellen;
- die "Ubungo Farm Implements Company" ist bisher nicht darauf eingerichtet, halbverarbeitete Produkte zu verkaufen, sie hat darüberhinaus selbst Rohstoffbeschaffungsprobleme;
- bei Betrieben der "National Development Corporation" herrscht gegenüber Klein- und Mittelbetrieben die Sichtweise vor, Klein- und Mittelbetriebe als Zulieferer zu betrachten, nicht als potentielle Abnehmer ihrer Produkte;
- bürokratische Vorschriften verhindern die Weitergabe bzw. den Verkauf nicht mehr benötigter bzw. nicht mehr intakter Geräte und Materialien.

Es bleibt abzuwarten, ob und wie SIDO diese Hemmnisse überwinden kann. Hoffnungsvoll stimmt zumindest, daß SIDO es übernommen hat, dieses bescheidene Programm trotz der zu erwartenden Schwierigkeiten zu implementieren, nachdem andere, sehr viel aufwendigere, aber auch "modernere" Projektvorschläge abgelehnt worden sind.

8. Zusammenfassung

Seit der TANU-Direktive von 1973 und der Gründung der "Small Industries Development Organisation" hat die Kleinindustrieförderung in den ländlichen Regionen Tanzanias ein erhebliches Gewicht bekommen. Die zuvor allein auf Großbetriebe und urbane Standorte ausgerichtete Industriepolitik wurde differenzierter und vor allem seit der Dezentralisierung der Planungs- und Betriebsgründungskompetenzen umfassender und erreicht immer mehr auch die ländlichen Regionen. Das Beispiel der Kleinindustrieentwicklungsplanung für den ländlichen Distrikt Moshi zeigt, daß auch auf der regionalen Ebene erhebliche Anstrengungen unternommen werden, den Industrialisierungsprozeß voranzutreiben, um sowohl die betriebliche Basis als auch die Produktpalette zu diversifizieren. Mehr als in den früheren Jahren wird dabei auch privates Kapital mobilisiert. Auch auf der regionalen Ebene herrscht allerdings die Tendenz zu relativ modernen Kleinbetriebsformen vor, die häufig nicht ohne importierte Maschinen auskommen. Eine Ausnahme bildet bisher das UTUNDU-Programm zur Förderung des traditionellen Dorfschmiedehandwerks, das am konsequentesten getragen wird vom Gedanken des "Vertrauens auf die eigene Kraft". Der Überblick über die Kleinbetriebsförderung zeigt, wie vielfältig die Aktivitäten und das Instrumentarium der "Small Industries Development Organisation" geworden sind. Einige dieser Aktivitäten konnten hier allerdings nicht ausführlicher angesprochen werden, weil nur unzureichende Informationen vorliegen. Das bezieht sich vor allem auf die zahlreichen Initiativen zur Stützung und Entwicklung von handwerklichen Fähigkeiten, die von den Dörfern selbst, vor allem von den Dorfkomitees ausgehen, auf die der Besucher bei Dorfaufenthalten immer wieder trifft, über die aber bisher keine systematischen Untersuchungen vorliegen. Die Hauptprobleme der Kleinbetriebsförderung liegen in der Kapitalknappheit, in der Schwierigkeit der Sicherstellung einer kontinuierlichen Versorgung mit Vorprodukten und in Vermarktungsmängeln. Diese haben vielfältige Ursachen, beruhen aber wohl nicht zuletzt auf der Inflexibilität der staatlichen Großbetriebe und Vermarktungsorganisationen. Die Koordination zwischen Kleinbetriebsförderung und der Planung von Mittel- und Großbetrieben ist bisher unzureichend. Gerade in Anbetracht der schwierigen gesamtwirtschaftlichen Situation Tanzanias bleibt zu hoffen, daß diese selbst verursachten Probleme möglichst bald überwunden werden.

Anmerkungen

/1/ Vgl. Speech by the President, MWALIMU JULIUS K. NYERERE, to the TANU Conference - 28th May 1969. In: The United Republic of Tanzania (Hrsg.) Tanzania Second Five-Year Plan for Economic and Social Development, 1st July, 1969 - 3oth June, 1974, Volume I: General Analysis, Dar es Salaam 1969, S. XIII

/2/ Vgl. The United Republic of Tanzania (Hrsg.): Tanzania Second Five-Year Plan for Economic and Social Development, a.a.O., S. 76 ff

/3/ Vgl. TANU (Hrsg.): Agizo Juu ya Viwanda Vidigo Vidigo Nehini (Directive on the Establishment and Development of Small Scale Industries in Tanzania), Dar es Salaam, März 1973

/4/ Vgl. MÜLLER, J.: Regional Planning for Small Industries in Tanzania. IDR Papers A 76.2, Kopenhagen 1976, S. 4

/5/ Vgl. KLOPFER, G.: Industry and Handicrafts: National Objectives, Strategies, Achievements and Shortcomings. In: The United Republic of Tanzania / Tanga Integrated Rural Development Programme (TIRDEP) (Hrsg.): Tanga Regional Development Plan 1975-1980, Vol. III, Appendices Appendic C. 10 b, Tanga 1975, S. 211 f

/6/ SIDO (Hrsg.): Objectives and Functions of Small Industries Development Organisation of the United Republic of Tanzania, Dar es Salaam, o.Z., S. 2; Übersetzung durch den Verfasser.

/7/ Vgl. LIVINGSTONE, I.: The Promotion of Craft and Rural Industry in Tanzania. In: Vierteljahresberichte - Forschungsinstitut der Friedrich Ebert-Stiftung, Nr. 47, Hannover 1972, S. 19 ff

/8/ Vgl. MÜLLER, J.: Regional Planning...., a.a.O., S. 2 f

/9/ Vgl. United Republic of Tanzania/Ministry of Industries (Hrsg.): Speech by the Honourable C.D.MSUYA, M.P., Minister for Industries: Introducing the Estimates of Expenditure for 1976/77 to the National Assembly, Dar es Salaam 1976, S. 5

/10/ *In Betrieben mit 10 und mehr Beschäftigten.* Vgl. ebenda

/11/ Vgl. The United Republic of Tanzania (Hrsg.): Tanzania Second Five-Year Plan for Economic and Social Development, a.a.O., S. 61

/12/ *Eine beeindruckende Liste dieser Unternehmen findet sich in* RWEYEMAMU, J.: Underdevelopment and Industrialization in Tanzania. A Study of Perverse Capitalist Industrial Development. 4. Auflage, Nairobi 1978, S. 128

/13/ Vgl. u.a. RWEYEMAMU, J.: a.a.O., S. 105 ff

/14/ Vgl. ebenda, S. 60

/15/ Vgl. The United Republic of Tanzania (Hrsg.): Tanzania Second Five-Year Plan for Economic and Social Development, a.a.O., S. 61 ff

/16/ Vgl. PHILLIPS, D.: Industrialization in Tanzania. Small Scale Production, Decentralization and a Multi-Technology Program for Industrial Development. Economic Research Bureau (ERB), Paper 76,5, University of Dar es Salaam, September 1976, S. 16

/17/ Vgl. PFIZENMEIER-REMUS, R.: Grenzen und Möglichkeiten einer durch den Staat getragenen Warenproduktion unter der Bedingung weltmarktabhängiger Reproduktion, Diplomarbeit, Berlin 1979, S. 70

/18/ Vgl. PHILIPPS, D.: a.a.O., S. 19

/19/ Vgl. ebenda, S. 18

/20/ Vgl. ebenda

/21/ Vgl. BREITENGROSS, J.P.: Wirtschaft und Wirtschaftspolitik in Tanzania, Afrika Information des Afrika Vereins e.V., Nairobi 1978, S. 20 ff

/22/ Vgl. PHILIPPS, D.: a.a.O., S. 29 ff

/23/ Vgl. United Republic of Tanzania (Hrsg.), Third Five Year Plan for Economic and Social Development, 1st July 1976 - 3oth June 1981, First Volume, Dar es Salaam 1979, S. 43

/24/ Vgl. ebenda

/25/ Vgl. ebenda, S. 44

/26/ Vgl. ebenda, S. 40

/27/ Vgl. ebenda, S. 47 f

/28/ Vgl. ebenda, S. 44

/29/ Vgl. SIDO (Hrsg.): a.a.O., S. 4
Verschiedene Statistiken lassen darauf schließen, daß regelmäßig Betriebe bis zu 50 Beschäftigten noch als Kleinindustrien angesehen werden.

/30/ Vgl. KAHAMA, C.G.: Promotion of Small-Scale Industries in Ujamaa Villages. In: Mbioni, Vol. VII, No. 2, Dar es Salaam 1973, S. 11 f

/31/ Vgl. SCHNEIDER-BARTHOLD, W.: Förderung von Handwerk und Kleinindustrie im Rahmen einer grundbedürfnisorientierten Entwicklungsstrategie: Fallstudie Südwest-Obervolta. In: Deutsches Institut für Entwicklungspolitik (DIE); Grundbedürfnisorientierte ländliche Entwicklung, Analyse, strukturelle Bedingungen und Maßnahmen. Schriften des Deutschen Instituts für Entwicklungspolitik (DIE), Band 64, Berlin 1980, S. 93

/32/ Vgl. KAHAMA, C.G.: a.a.O., S. 12

/33/ Vgl. KJEKSHUS, H.: Ecology Control and Economic Development in East African History. The Case of Tanganyika 1850-1950, London-Nairobi 1977, S. 80 ff

/34/ Vgl. VON ZWANGENBERG, R.: Pre-Capitalist Industry in Eastern Africa. In: Liv Berg, Krisno Nimpuno, R. von Zwangenberg et. al. (Hrsg.): Towards Village Industry. Intermediate Technology Publications, Nottingham 1978, S. 14 ff

/35/ Vgl. ebenda

/36/ Vgl. PHILIPPS, D.: a.a.O., S. 4

/37/ Vgl. SCHÄDLER, L.: Crafts, Small-Scale Industry and Industrial Education in Tanzania. Afrika-Studien des Ifo-Instituts für Wirtschaftsförderung, Band 34, München 1979, S. 58 ff.
Nicht einbezogen in diese Zahlen sind: Weiterverarbeitung von Nahrungsmitteln, Baumwollentkernung, Sägewerke und Sisalaufbereitung.

/38/ Vgl. PHILIPPS, D.: a.a.O., S. 53

/39/ Vgl. The United Republic of Tanzania/Tanga Integrated Rural Development Programme (TIRDEP) (Hrsg.): Tanga Regional Development Plan 1975-1980, Vol. II, Analysis of Existing Situation and Outline of Development Strategy, Tanga 1975, S. 281 ff

/40/ Vgl. ebenda, S. 296

/41/ Vgl. PHILIPPS, D.: a.a.O., S. 55

/42/ *Im Hinblick auf die Einschätzung der Erfolgswirksamkeit der Maßnahmen ist es angebracht, darauf hinzuweisen, daß sich die folgende Darstellung vor allem auf eine Informationsbroschüre der SIDO stützt. Die dort enthaltenen Hinweise können allerdings durch Informationen, die im Rahmen von Regionalplanungsstudien angesprochen werden, im großen und ganzen bestätigt werden. Einige Implementierungsschwierigkeiten werden im folgenden Abschnitt angesprochen. Die Regionalbehörden und*

Regionalbüros der SIDO sind angewiesen, Berichte über die Projektimplementierungen sowie die Probleme und Schwierigkeiten anzufertigen. Derartige Berichte liegen aber gegenwärtig hier nicht vor.

/43/ Vgl. SIDO (Hrsg.): a.a.O., S. 5

/44/ Vgl. ebenda, S. 15 f

/45/ Vgl. MGALULA, W.A.R.: Proposed Development Plan for Moshi Rural District, Part II, Industrial Production. A Development Plan Submitted to the Institute of Rural Development Planning in Partial Fulfilment of the Requirements for the Post Graduate Diploma in Regional Planning, Dodoma, December 1980, S. 9

/46/ Vgl. SIDO OPENS RETAIL SHOPS, Daily News, 14. Sept. 1980, S. 1

/47/ Vgl. SIDO (Hrsg.): a.a.O., S. 7

/48/ Vgl. ebenda, S. 6 f

/49/ Vgl. ebenda, S. 7

/50/ Vgl. ebenda, S. 11

/51/ Vgl. SIDO OPENS RETAIL SHOPS, Daily News, a.a.O.

/52/ Vgl. SIDO (Hrsg.): a.a.O., S. 12

/53/ Vgl. ebenda, S. 11 f

/54/ Vgl. MGALULA, W.A.R.: a.a.O., S. 51

/55/ Vgl. BAARS, G.: Restriktionen einer dezentralen Planung in Entwicklungsländern am Beispiel Tanzanias. Diplomarbeit an der Abteilung Raumplanung der Universität Dortmund, Dortmund 1976, S. 66 ff

/56/ Quelle: MGALULA, W.A.R.: Proposed Development Plan for Moshi Rural District, 1981/82 - 1985/86, a.a.O..
Die folgenden Hinweise beziehen sich damit nicht auf die betrieblichen Aktivitäten im städtischen Gebiet von Moshi, einem der wichtigen urbanen Wachstumspole der tanzanischen Regionalplanung, sondern ausdrücklich auf die umliegende ländliche Zone mit ihren Dörfern und Kleinzentren. Die zitierte Arbeit ist eine Diplomarbeit am Institut for Rural Development Planning, Dodoma, die eine Analyse des tatsächlichen Planes enthält.

/57/ Vgl. ebenda, S. 17 ff

/58/ Vgl. ebenda

/59/ *Hierzu ist anzumerken, daß seit 1976 der Privatsektor von der tanzanischen Regierung wieder zu Investitionen ermuntert wird, besonders im Kleinindustriebereich. Hier ist er ja, wie die o.a. TANU-Direktive deutlich macht, auch nie ausgeschlossen gewesen. Eine möglicherweise beabsichtigte Zurückdrängung ist nicht erfolgreich gewesen.*

/60/ Vgl. ebenda, S. 25 ff

/61/ Vgl. ebenda, S. 38 ff

/62/ Vgl. ebenda

/63/ Vgl. MICHEL, H., OCHEL, W.: Ländliche Industrialisierung in Entwicklungsländern. Branchenstruktur, Problemanalyse und Förderungsmaßnahmen. Ifo-Studien zur Entwicklungsforschung, Nr. 2, München 1977, S. 95

/64/ Vgl. MGALULA, W.A.R.: a.a.O., S. 23

/65/ Vgl. z.B. MUZIOL, W.: Dodoma Integrated Rural Development Project (DODEP). Evaluierung im Auftrag der Kübel-Stiftung GmbH, Dodoma, Dezember 1980

/66/ Vgl. MGALULA, W.A.R.: a.a.O., S. 43 ff

/67/ Vgl. MÜLLER, J.: Liquidation or Consolidation of Indigenous Technology, Aalborg 1980, S. 110. Vor allem auf diese hochinteressante Untersuchung stützt sich der Abschnitt 7.

/68/ Vgl. PHILIPPS, D.: a.a.O., S. 4

/69/ Vgl. MÜLLER, J.: a.a.O., S. 110 ff

/70/ Vgl. ebenda, S. 114

/71/ Vgl. ebenda, S. 116

/72/ Vgl. ebenda, S. 128

/73/ Vgl. ebenda, S. 129

/74/ Vgl. ebenda, S. 118

/75/ Vgl. ebenda, S. 196

/76/ Vgl. ebenda, S. 137 f

/77/ *Im Rahmen des UTUNDU-Programms sind weiterhin Typ A-Werkstätten erwähnt, die aber explizit ausnahmslos der Förderung von urbanen Grobschmieden vorbehalten sind. Diese Typ A-Werkstätten dienen nicht der Förderung des Dorfschmiedehandwerks.*
Vgl. MÜLLER, J.: a.a.O., S. 155

/78/ Vgl. ebenda, S. 166 ff

Hochofen der Fipa

104

In den Squatter-Gebieten der Städte,
aber auch in einigen stadtnahen Dörfern,
stellen Handwerker aus Abfallstoffen
Gebrauchsgegenstände her.
Der alte Mann im Bild macht aus alten
Konservendosen Küchengeräte. Er repariert
gerade eine alte Tasse, indem er einen
Henkel aus Konservenblech anfügt.

1
Anforderungen an die Verkehrs- und Standortplanung beim Übergang zum Sozialismus
Nationale Unabhängigkeit und Eigenständigkeit. Abbau regionaler Disparitäten und der "3 Unterschiede". Sicherheit und Landesverteidigung. Zentralisierte Planung. Vergesellschaftung der Produktion

2
Prinzipien der Verkehrsplanung
Das Verhältnis von Nachfrage und Bedarf in der Übergangsphase. Nachfrage und Verkehrsleistungen als Anforderungen an die gesamtwirtschaftliche Entwicklung. Verkehrsplanung als Bestandteil integrierter Planung

3
Verkehrsplanung in einer unterentwickelten Region
Abbau nationaler und regionaler Abhängigkeit. Integrierte Gesamtplanung. Organisation und Management. Verkehrsplanung auf örtlicher Ebene

Anmerkung der Herausgeber:
Der Aufsatz hat im englischen Original den Titel: "Can Regional Transport Planning bring about Regional Development?"
Übersetzung von Steven Szekely

Michael McCall

VERKEHRSPLANUNG FÜR DEN LÄNDLICHEN RAUM

KANN VERKEHRSPLANUNG REGIONALE ENTWICKLUNG HERBEIFÜHREN? /1/

Tanzania befindet sich im Übergang zu einer sozialistischen Wirtschaftsordnung. Da der Verkehrsplaner sich mit einer passiven, beobachtenden Rolle nicht begnügen darf, stellt sich die Frage nach Funktion und Planungsgrundsätzen des Verkehrssektors einer sozialistischen Wirtschaftsordnung. Unser Schwerpunkt wird im folgenden auf der regionalen Ebene sein, die einige grundlegende Fragestellungen besonders hervorhebt und mehr Aussicht auf Formulierung von konkreten Maßnahmen bietet. Insbesondere wird in diesem Zusammenhang auf den Rukwa RIDEP-Verkehrsplan (BRALUP 1978) Bezug genommen werden, aus dem einige Aspekte im Hinblick auf die ersten beiden Abschnitte der vorliegenden Arbeit (vgl. Inhaltsangabe) zu berücksichtigen sind.

1. Anforderungen an die Verkehrs- und Standortplanung beim Übergang zum Sozialismus

Für die verkehrliche Rahmenplanung gilt allgemein, daß die Parameter der Kapitalbildung für Verkehrsinvestitionen (d.h. Anzahl der Arbeitskräfte, räumliche Allokation usw.) von den anderen, direkt-produktiven Sektoren der Wirtschaft abhängen und innerhalb eines raumwirtschaftlichen Makro-Plans zu beeinflussen sind. Demzufolge müssen, bevor die Praxis der Verkehrsplanung selbst untersucht wird, fünf Anforderungen berücksichtigt werden, die der regionalen Entwicklungspolitik in der Übergangsphase zum Sozialismus zugrunde liegen sollen.

- 1.1 Nationale Unabhängigkeit und Eigenständigkeit
- 1.2 Abbau regionaler Disparitäten und der "3 Unterschiede"
- 1.3 Sicherheit und Landesverteidigung
- 1.4 Zentralisierte Planung
- 1.5 Vergesellschaftung der Produktion

Die Konsequenzen für den Verkehrssektor lassen sich von der Regionalpolitik ableiten. Es läßt sich absehen, daß diese Anforderungen leicht in Konflikt mit einigen grundsätzlichen planerischen Zielen geraten können. Dieser Konflikt muß auf der im weitesten Sinne politischen Ebene gelöst werden.

1.1 Nationale Unabhängigkeit und Eigenständigkeit

Die aus der Kolonialzeit überlieferte Raumstruktur ist notwendigerweise heute noch nach außen orientiert und durch ein (radial) verästeltes Verkehrsnetz gekennzeichnet. Die Raumwirtschaft diente den Erfordernissen des Kapitals der Metropolen, während die Integration der Produktions-, Handels- und Verkehrssektoren auf ein Minimum beschränkt war /2/.
Die gegenwärtige nationale Politik und Ideologie erklären das Vertrauen auf die eigene Kraft und die Beendigung der Abhängigkeit zu vorrangigen Zielen neben dem der internen Integration. Dennoch weisen die Infrastrukturinvestitionen seit Erlangung der politischen Unabhängigkeit eine deutliche Bevorzugung ausländischer Interessen auf.
Diese Bevorzugung zeigt sich auf zweierlei Weise. Erstens scheint die Ausrichtung auf den Weltmarkt innerhalb des Verkehrssektors (wie in anderen Sektoren auch) eine steigende Tendenz aufzuweisen /3/. Zweitens besteht eine Bevorzugung außenpolitischer Gesichtspunkte bei Investitionsentscheidungen. Tanzania nimmt seine Rolle innerhalb der OAU (Organisation of African Unity) sowie regionaler und fortschrittlicher Verbände sehr ernst, was seinen entsprechenden Niederschlag im Verkehrssektor findet. Entscheidungen über Investitionen im Rahmen der Fünfjahrespläne waren in erster Linie durch die Verbindungen zur OAU, außerdem durch zwei gut ausgebaute parallel verlaufende Verkehrsstränge nach Zambia zur Unter-

stützung der Befreiungsbestrebungen /4a/ und neuerdings durch Maßnahmen zur Verbesserung der Erreichbarkeitsbedingungen für Länder ohne Zugang zum Meer bedingt /4/. Diese externen Verkehrsverbindungen beanspruchen einen großen Teil der Entwicklungskapazitäten und viele Experten und gehen oft auf Kosten der Integration innerhalb des Landes. Die beiden Aspekte hängen insoweit zusammen, als daß Maßnahmen zur Verbesserung der Erreichbarkeitsverhältnisse in Zambia und Burundi mit einer Verschärfung ihrer externen Abhängigkeit vom Weltmarkt einhergehen (Tanzanias Hauptfrachtgüter sind Kupferausfuhren aus Zambia und Einfuhren von Lebensmitteln und Maschinen).

1.2 Abbau regionaler Disparitäten und der "3 Unterschiede" /5/

Regionale Disparitäten in der Entwicklung sind ein dauerhaftes Erbe imperialistischen und unausgewogenen Wachstums (vgl. hohe Korrelation zwischen Bruttoinlandprodukt der Distrikte und der Verkehrsnetzdichte) /6/.
Die "3 Unterschiede" sind die Trennung
- städtischer und ländlicher Wirtschaften,
- die der Industrie und Landwirtschaft und
- die des modernen und informellen Sektors.

Die Forderung, diese "3 Gegensätze" gleichzeitig aufzuheben, macht theoretisch für die sozialistische Entwicklung Schwierigkeiten, hat aber auch in der Praxis zu Widersprüchen geführt. Das Ziel räumlich und sozial gleichwertiger Verhältnisse darf gleichzeitig das des wirtschaftlichen Wachstums, erhöhter Produktion und absoluter Steigerung des Lebensstandards nicht aufheben.
Letztere sind weniger ausdrücklich formulierte Ziele sozialistischer Raumplanung, erhalten jedoch gewöhnlich einen dominierenden Stellenwert während der Übergangsphase. Die möglichen Widersprüche räumlicher Planung sind genügend bekannt aus Lenins objektiven Gesetzmäßigkeiten der Verteilung sozialistischer Produktion. Zu diesen Gesetzmäßigkeiten gehören: Produktionsstätten, Rohstoff- und Energiequellen sowie Konsumzentren näher aneinander zu lokalisieren; eine angemessene räumliche Arbeitsteilung zur Gewährung zweckmäßiger, wirtschaftlicher Spezialisierung und abgestimmter Zusammenarbeit in der Produktion (mit einem Wort: Konzentration, Spezialisierung, Kooperation ...) zu erreichen, die Wirtschaften der zusammengeschlossenen Republiken und Hauptwirtschaftsgebiete nachhaltig zu entwickeln, den wirtschaftlichen Entwicklungsstand anzugleichen und den steilen Anstieg in den Wirtschaften aller Republiken und Gebiete des Landes zu gewährleisten /7/. Die theoretische Annahme, daß alle Gesetzmäßigkeiten in einem engen Zusammenhang zueinander stehen, so daß "das Inkrafttreten einer Gesetzmäßigkeit den anderen zum Tragen verhilft", hat wenig historische Gültigkeit. Die Geschichte sowohl der UdSSR als auch der VR China seit den Revolutionen weist ein stetiges Tauziehen zwischen übergeordneten Zielen des Wachstums und regionaler Angleichung auf. In der Regionalplanung werden die Ziele entweder als Planen für regionale Spezialisierung oder als Planen für regionale Eigenständigkeit umgesetzt. Von der regionalen Spezialisierung erwartet man in der Regel insgesamt höhere Wachstumsraten wegen a) des komparativen Vorteils im Hinblick auf Produktionskosten und b) Fühlungs- und Urbanisationsvorteile für räumlich konzentrierte Produzenten sowie c) Multiplikatoreffekte im tertiären Dienstleistungsbereich (z.B. Forschung und Entwicklung). Spezialisierung führt aber auch zu regionalen Disparitäten, zu einer räumlichen Gliederung auf nationaler Ebene in Gebiete mit Arbeitskräftereserven, Ausfuhr"inseln" usw., Zerstörung der örtlichen, informellen Produktion sowie der wirtschaftlichen Initiative der Produzenten. Regionale Eigenständigkeit andererseits bremst die Wachstumsrate, während sie regionale Gerechtigkeit fördert und zum Abbau der Abhängigkeit beiträgt.
Eine Betonung des einen Ziels gegenüber dem anderen hat offensichtlich Auswirkungen sowohl auf den Verkehrssektor als auch auf Industrie und Landwirtschaft. Eigenständigkeit hat die Tendenz, die Produktionskapazität und das Konsumniveau der Regionen aneinander anzugleichen. Folglich wird die Notwendigkeit langer Transportwege und Hauptverkehrsverbindungen reduziert. Dieses wiederum ermöglicht den Verzicht auf finanziell aufwendige und hoch qualitative Verkehrsinfrastruktur im örtlichen Verkehr trotz hohen Verkehrsaufkommens. Spezialisierung erfordert durchschnittlich längere Verkehrswege mit hohem Verkehrsaufkommen, möglicherweise cross-haulage, und erfordert ein höheres Niveau an Technologie.

Eine Entscheidung im Rahmen nationaler Politik zugunsten der einen oder anderen Zielsetzung wird sicherlich als Kompromiß zwischen den beiden Extremen ausfallen müssen. Tanzania ist angeblich dem Ziel regional gleichwertiger Verhältnisse verpflichtet, obwohl bisher die regionale Eigenständigkeit nur auf dem Gebiet der Lebensmittelversorgung ausdrücklich als Ziel der Politik formuliert worden ist. Man könnte sich aber eine Ausweitung dieses Grundsatzes auf andere Produkte vorstellen, in deren Herstellung einzelne Regionen oder Gruppen von Regionen eigenständig werden sollen. Dazu gehören etwa: Produktions- und Konsumgüter (d.h. Baumaterialien, Zement, landwirtschaftliche Geräte, Textilien, Lebensmittelverarbeitung, Möbel usw.). Die Regionen würden sich dann je nach komparativem Vorteil auf andere Lebensmittel, Fabrikate und Deviseneinbringer spezialisieren /8/.

1.3 Sicherheit und Landesverteidigung

Sicherheit und Landesverteidigung hatten eine hohe Priorität in der frühen Phase der Entwicklungsplanung der UdSSR und der VR China, um die Revolution vor imperialistischen Kräften zu schützen.

1.4 Zentralisierte Planung

Das Ziel zentralisierter Planung impliziert auch eine umfassende integrierte politische Planung, die nicht Technokraten überlassen werden kann. Das Ausmaß zentralisierter Entscheidungsbefugnis zeigt einen weiteren Gegensatz sozialistischer Gesellschaften auf, nämlich: Wie findet man das Gleichgewicht zwischen den Zielen einer effektiven Ressourcennutzung und demokratischer Kontrolle über Entscheidungen? Staatliche Zentralplanung gewährt eine genauere Prognose von Nachfrage und Angebot (im Verkehrssektor) als eine "freie Marktwirtschaft". Sie ist eher in der Lage, Angebot und Nachfrage einander zuzuweisen, knappe Arbeitskräfte zuzuteilen, über Gesamtinvestitionsprioritäten zu entscheiden und diese umzusetzen sowie vereinzelte Fälle von Ausbeutung zu begrenzen. Zentralplanung fördert darüber hinaus die Produktion in Großeinheiten und damit hohe Produktivitätsraten. Jedoch ist für eine demokratische Kontrolle über die Entwicklungspolitik die Beteiligung der Bevölkerung an der Planung und Durchführung notwendig, die wiederum mit Zentralisation nicht unbedingt vereinbar ist. Desweiteren sind Zentralbürokratien bekanntlich - vielleicht unumgänglich - sehr ineffizient und scheinen eine Brutstätte für ausbeutende Klassenstrukturen - "Bürokratenbourgeoisie" - zu sein.

Die Gegensätze zentralistischer Planung gehen weit über den Verkehrssektor hinaus. Auch die Stellung des regionalen Verkehrsplaners in bezug auf Ergebnisse und die Methode der Entscheidungsfindung auf allen Ebenen hängt von der auf übergeordneter Ebene festgelegten Politik ab. Im Prinzip "fließen" die Entwicklungspläne nach dem Dezentralisierungsprogramm von oben nach unten und wieder zurück in der Hierarchie zwischen Dorf und Zentralministerien. In Wirklichkeit stellen die meisten örtlichen Pläne nicht mehr als einen Projektkatalog dar, für den staatliche Gelder gefunden werden sollen. Die zuständigen Stellen in den Regionen und Ministerien sehen diese Kataloge kaum als umfassende Pläne, sondern höchstens als Prioritätensetzungen an. Fragen der Finanzierung und wichtige Entscheidungen bleiben im Zuständigkeitsbereich der Zentralministerien und der para-staatlichen Organisationen.

Der Übergang zum Sozialismus bedeutet die Stärkung der Autonomie in den Regionen im Hinblick auf Aneignung und Allokation des Mehrwertes, die ohne erhöhte regionale Revenueeinnahmen und Kontrolle über Investitionen nicht möglich ist. Dies muß gleichzeitig mit der Förderung der Eigenständigkeit in den Regionen einhergehen. (Ein wichtiger Schritt in diese Richtung mag die Wiedereinführung des Stadtrates als Entscheidungsgremium sein). Für den Verkehrssektor bedeutet Autonomie die Kontrolle durch die Region über Binnenhandel, Transport von Lebensmitteln und anderen grundlegenden Konsumgütern, über Personen- und Frachttarife sowie Konzessionen und Investitionsprioritäten, die auf die örtliche Industrie und Landwirtschaft abgestimmt sind. Zu den Aufgaben der Zentralregierung gehören selbstverständlich nach wie vor der Import von Fahrzeugen, der Bau von Nationalstraßen, großtechnologische Verkehrsmittel, Kontrolle über internationalen Verkehr usw.

1.5 Vergesellschaftung der Produktion

In einer sozialistischen Wirtschaftsordnung müßte sich die Frage, ob private oder öffentliche Transportunternehmen, vermutlich erübrigen. Für die Übergangsphase ist sie jedoch von entscheidender Bedeutung, denn sie wirft gleichzeitig die Frage nach dem Zielkonflikt zwischen wirtschaftlicher Effizienz und der Schaffung gleicher Verhältnisse und stetigem Wachstum erneut auf. Die gegenwärtige Lage in Tanzania ist durch die allgemeine Überlegenheit der privaten Transportunternehmen gekennzeichnet /9/. In der Transportbranche ist die Ansicht weit verbreitet, daß mittelfristig die Wirtschaft auf die Erfahrung und Ausrüstung der privaten Unternehmen angewiesen sein wird. Insbesondere private Spediteure haben wirtschaftlichere Betriebe und verfügen über einen besseren Vermarktungsapparat. Die unmittelbaren Gründe geringer Konkurrenzfähigkeit der para-staatlichen Unternehmen werden vor allem in Problemen des Managements gesehen, wie Vorplanung, Terminplanung, in fehlender Disziplin und wenig "Kundenorientierung". Ausrüstung und Kapital stellen selten unüberwindliche Restriktionen dar, da die para-staatlichen Unternehmen im allgemeinen oft allzu leichten Zugang zu öffentlichen Geldern haben. Die Gründe sind politischer Art, vor allem im Bereich der Betriebs- und Vermarktungsdienste:

a) Mangelnde Erfahrung in Organisation und Management (O & M).
Zum Teil liegt es hier an einem Arbeitskräftedefizit, zum Teil aber an zu hoher Mobilität unter den Verwaltungsfachleuten, die sich kaum in ihre Arbeit einarbeiten können. Diese Unerfahrenheit spiegelt sich in übermäßiger Schreibarbeit und der für öffentliche Unternehmen so typischen Unart, Entscheidungen weiterzuleiten, wider.

b) Mangel an politischer Unterstützung für den öffentlichen Sektor.
Lukrative Aufträge werden vom Staat oft an private Unternehmen vergeben, die mit para-staatlichen Unternehmen in Konkurrenz stehen, während die Para-staatlichen selbst verpflichtet sind, geringes Transportvolumen auf kostenintensiven Strecken zu befördern. Außerdem "vermuten einige Manager para-staatlicher Unternehmen sehr stark, daß zuständige Regierungsbeamte selbst Interessen bei den privaten Spediteuren haben und bemängeln es, daß solche Interessenskonflikte weiter bestehen" /10/.

c) Mangelnde Anreize
Öffentlichen Transportunternehmen fehlen offensichtlich sowohl "kapitalistische" finanzielle Anreize als auch "sozialistische" Anreize durch Verpflichtung gegenüber dem Grundsatz demokratischer Kontrolle. Werden Ziele oder Rentabilitätskriterien festgelegt, so werden sie selten eingehalten oder durchgesetzt. Das Management beschwert sich über die Schwierigkeiten, Arbeiter wegen Unfähigkeit oder Korruption zu disziplinieren oder zu feuern, obschon dieses Problem auf der höheren Management-Ebene möglicherweise stärker auftritt. Sie haben noch weniger persönlichen Anreize und unterstehen gleichzeitig nicht dem Prinzip persönlicher Verantwortung /11/. Wie soll denn die Entwicklungspolitik für die Übergangsgesellschaft aussehen? Im Hinblick auf das Ziel vollständigen Gemeineigentums an Transportmitteln müssen noch einige Aspekte der Praxis einbezogen werden. Da Effizienz und Wachstum nach wie vor Anforderungen sind, kommt es auf eine allmähliche Übernahme des privaten Transportsektors an. Privates Kapital ist in der Lage und willens, auch in der Übergangsphase zu "arbeiten" - private Speditionen sind gewinnträchtig und die Bedingungen für kleine Unternehmer günstig, die in diese Branche einsteigen wollen. Diesen Aspekt betont die Weltbank (1974), die darüber hinaus argumentiert, daß staatliche Investitionen besser in materieller Produktion, Industrie oder Sozialleistungen getätigt werden könnten.

Die Förderung privaten Kapitals im Transportsektor würde zu Effizienzgewinnen führen, könnte aber gleichzeitig zu einem ernsthaften Hemmschuh für die allgemeine Vergesellschaftung werden. Es gibt eine Reihe von Anzeichen für die Bildung von räumlichen Monopolen der privaten Spediteure, die Anlage von Kleinkapital in Handel und Grundeigentum usw. und die Koalition zwischen Kleinkapitalisten und Bürokratenklassen /12/.

Die allmähliche Entwicklung des öffentlichen Eigentums kann durch einschränkende Maßnahmen gegenüber Privatunternehmen, wie etwa unzweckmäßige Konzessionierung, Tarifgestaltung und Allokation von Transportmitteln nicht erreicht werden, da diese Maßnahmen oft Konkurrenzverhalten lähmen und Unwirtschaftlichkeit fördern. Weder solche Maßnahmen noch direkte Vergesellschaftung führen unbedingt sozialistische Produktion herbei. Wie Hirji es in Anlehnung an Engels formuliert:

"Ein Transportunternehmen im staatlichen Besitz wird nicht automatisch ein sozialistisches Unternehmen ... Die Transportmittel werden nicht eher sozialistisch, als sie gänzlich der Kontrolle der Arbeiterklasse unterstehen und ihren Interessen dienen" (vgl. Arusha Erklärung).

Ein positiver Ansatz ist der aktive Versuch des Staates, private Unternehmen zum Zusammenschluß in Transportkooperativen zu bewegen. Anfangs würden sie das private Eigentum an den Transportmitteln beibehalten und würden nur in bezug auf Vermarktung und effizente Angebotsallokation zusammenarbeiten. Später könnte die Zusammenarbeit auf die Gebiete Wartung, Ausbildung und Eigentum ausgedehnt werden. Für die ländliche Produktion sollen auf Dorfebene Transportkooperativen gebildet werden (s. Punkt 3.4 a). Ein weiterer Mechanismus, der bereits angewandt wird, ist die Ausweisung von Gebieten nach geographischen Gesichtspunkten, die die privaten und öffentlichen Transportunternehmen unter sich aufteilen und bedienen. Lange Transportwege werden dabei den para-staatlichen Unternehmen und regionalen Kooperativen vorbehalten. Ein solcher Mechanismus bedarf sorgfältiger Kontrolle und Überwachung.

2. Prinzipien der Verkehrsplanung

Anhand der o.a. Anforderungen an den Verkehrssektor in einer sozialistischen Wirtschaftsordnung können wir einige Grundsätze der Verkehrsplanung auf der Regionalebene aufstellen.

2.1 Das Verhältnis von Nachfrage und Bedarf in der Übergangsphase

Das Angebot an Infrastruktur und Transportmitteln reicht offensichtlich nicht aus, um die Nachfrage in den meisten Teilen des Landes zu befriedigen. Es wird jedoch behauptet, daß auch die implizite Nachfrage, wie sie am Druck auf das bestehende Angebot gemessen wird, den tatsächlichen Bedarf an Verkehrsleistungen zur Verwirklichung der o.a. Ziele während der Übergangsphase nicht anzeigen kann.

Das bestehende Netz samt seiner Mängel und unerfüllter Anforderungen spiegelt das historische Wachstum unter Kolonialismus, welches eine verzerrte Orientierung nach außen und hohe "levels of service" in manchen Gebieten und vorsätzliche Vernachlässigung anderer ergab.

Regionale Unterschiede aus der Kolonialzeit wurden über die Jahre durch zirkuläre, kumulative Verursachungsprozesse verstärkt, wobei über diese Prozesse Angebot zusätzliche Nachfrage erzeugt, statt sie zu befriedigen. Dieses Phänomen ist in der Verkehrsplanung genügend bekannt. Es wurde durch die Zyklen der US-amerikanischen "Highway Programs" gut veranschaulicht "mehr Straßenbau führt zu weiterem Individualverkehr, der zu zusätzlicher Nachfrage nach Straßenbau führt". Auf nationaler Ebene werden gehäuft Ausgaben zur Lösung der städtischen Verkehrsprobleme in Dar es Salaam getätigt, während gute Verbindungen zu den Eisen-, Kohle- und Kalivorkommen oder zu den potentiellen Kornspeichern von Rukwa und Ruvuma gänzlich fehlen.

2.2 Nachfrage nach Verkehrsleistungen als abgeleitete Nachfrage

a) Bedeutung für die Verkehrsplanung

Die tatsächliche Nachfrage nach Verkehrsleistungen beruht auf den Erfordernissen der direkt-produktiven Sektoren der Wirtschaft. Es sind deren Nachfrageprognosen, die die Grundlage der sektoralen Verkehrsplanung bilden müssen. Gegenwärtig beanspruchen Ausgaben für den Verkehrssektor einen erheblichen Anteil des Entwicklungsbudgets und tragen selbst, bis auf Beschäftigungseffekte, wenig zum materiellen Reichtum bei. Folglich ist das Verkehrswesen an sich für den Planer inhaltlich uninteressant; es muß eher als Mittel zur Verstärkung oder Behinderung produktiver Anstrengungen behandelt werden.

Demnach lautet der primäre Grundsatz der Verkehrsplanung etwa wie folgt: "Die Bereitstellung von Verkehrsinfrastruktur ist ein unvermeidbares Übel, welches auf ein Minimum zu beschränken gilt!" Als erstes muß sich jeder Verkehrsplaner die Frage stellen: "Kann diese augenscheinliche Nachfrage nach Verkehrsleistungen beseitigt werden? Ist die Bereitstellung wirklich unvermeidbar?" Bevor weitere Investitionen getätigt werden, muß zuerst untersucht werden, warum Verkehrsleistungen nachgefragt werden und ob die Nachfrage nicht beseitigt werden kann. Die Praxis zeigt, daß die erste Reaktion tanzanischer (und anderer) Planer stattdessen darin besteht, nach technischen Lösungen durch zusätzliche Infrastruktur, Transportmittel und fremde Entwicklungshilfe zu suchen. Verkehrsbedarf kann beseitigt werden - politisch, gesellschaftlich durch Standortmechanismen, wie z.B. rationelle Industrieansiedlung oder Dezentralisierung von Dienstleistungen, Zuordnung von Arbeitsplätzen und Wohnstätten (nach dem Kriterium fußläufig zumutbarer Entfernung).

b) Engpaß-Planung

Da der Verkehrsbedarf also ein abgeleiteter Bedarf ist, soll die Betonung auf Engpaß-Planung (ggb. Rahmenplanung, die Verkehr als Voraussetzung versteht) liegen. Diese Differenzierung steht im Zusammenhang mit der Strategiewahl im Verkehrssektor zwischen einem "lead-" oder "lag-" Sektor - an sich eine Scheinfrage. In einer kapitalistischen Wirtschaft übernimmt der Staat die Verantwortung für die Bereitstellung von Infrastruktur, die dem privaten Kapital zur Verfügung steht. Demnach stellt Verkehr einen "lead"-Sektor dar. In einem sozialistischen Staat muß Verkehr andererseits immer ein "lag"-Sektor sein, d.h. der materiellen Produktion dienen. Demnach erhielten die Eisenbahnen in der UdSSR und der VR China relativ geringe Kapital-Imputs (im Vergleich zu den USA) und nur dann, wenn das mangelhafte Angebot zum unüberwindlichen Problem wurde. Dieses hatte u.a. eine viel höhere Produktivität der Faktoren Arbeit und Kapital als in den USA zur Folge. Selbst in ökonomischen Randgebieten sollen sogenannte Aufschließungsstraßen zum Zweck der Entwicklung nur dann gebaut werden, wenn Nachfrage nachgewiesen und Erreichbarkeit tatsächlich Engpaßfaktor sind.

c) Konzessionierung und Preisgestaltung der Dienstleistung Verkehr

Die Festlegung von Beförderungsmengen und Tarifen im regionalen Transport soll unmittelbar den produktiven Sektoren und nicht in erster Linie der Transportbranche dienen. Beförderungsmengen sollen folglich derart gestaltet sein, daß weder Konkurrenz behindert noch Unwirtschaftlichkeit festgeschrieben werden. Sie können aber durch entsprechende Gestaltung bestimmte wirtschaftliche Aktivitäten fördern. Ein Mischsystem von privaten und öffentlichen Transportunternehmen vorausgesetzt, sollen folgende Vorschläge berücksichtigt werden:

1. Festpreise sind auf jeden Fall zu vermeiden. Den Zentralverwaltungen fehlt es an Fachkräften und Einrichtungen für Erhebung und Auswertung von ohnehin unzulänglichen Daten über schnell überholte Betriebs- und Nachfragebedingungen.
2. Im Prinzip soll es auch keine Mindesttarife geben, da sie nur unwirtschaftliche para-staatliche Unternehmen schützen oder die herkömmlichen Eisenbahnmonopole aufrechterhalten. Sollte die Notwendigkeit bestehen, neu entstehende Transportkooperativen oder para-staatliche Unternehmen anfangs zu stützen, ist es besser, dies nicht auf Kosten der Abnehmer von Transportleistungen, sondern über andere Mechanismen, wie Konzessionierung oder Subventionierung zu tun.
3. Höchst-Beförderungsmengen können unter Umständen notwendig sein, um Ausbeutung durch Transportmonopole vorzubeugen. Transportkosten in ländlichen Gebieten sind jedoch im Vergleich sehr hoch (aufgrund schlechter Straßen, Treibstoff- und Ersatzteilknappheit) und gegenwärtige Tarife decken die Durchschnittskosten nicht immer ab. Darüber hinaus sollen unnötige, unproduktive (Personen-)Reisen durch hohe Tarife eingeschränkt werden. Demnach sind Höchsttarife problematisch und können private Unternehmen aus den ländlichen Gebieten vertreiben. Die Bedienung dieser Gebiete würde den para-staatlichen Unternehmen anheimfallen. Wenn überhaupt, sind Höchsttarife auf der Regionalebene festzulegen und nicht willkürlich durch die Regional Dev. Directors , sondern unter Verwendung einer auf öffentlicher Anhörung gewonnenen vollkommenen Informationsgrundlage und gleichzeitig bei der Antragsstellung auf Konzessionen. Besserer Gebrauch müßte von je nach Klasse differenzierten Tarifen und von der Subventionierung von Personenverkehr durch den Güterverkehr zur Verwirklichung spezifischer Entwicklungsziele gemacht werden. Die Festlegung der Tarife könnte sich etwa am günstigsten Angebot orientieren.
4. Die Einführung von Höchsttarifen könnte Subventionierung erforderlich machen. Es ist wirtschaftlicher, Subventionen direkt an die Abnehmer von Verkehrsleistungen als an die Transportunternehmer zu zahlen. Der Staat könnte demnach unmittelbare Anreize für die Bauern oder bestimmte Industrien schaffen und den Transportunternehmen gestatten, konkurrenzfähige Über-Kosten-Tarife zu verlangen, ohne Höchsttarife.
Eine Alternative wäre das Subventionieren von kostenintensiven Dienstleistungen in ländlichen Gebieten dadurch, daß das einzelne Transportunternehmen auch Konzessionen für die profitableren Hauptverkehrswege erhält. Dazu ist es notwendig, daß auch die para-staatlichen Unternehmen an profitableren Strecken teilhaben können - anders als im Fall des NRHC (National Road Haulage Company).

2.3 Verkehrsplanung als Bestandteil integrierter Planung

Es folgt aus den o.a. Grundsätzen, daß Verkehrsplanung eine vereinheitlichte fachübergreifende Planung sein muß, die die Interdependenzen mit anderen Sektoren beachtet und in der Ausführung umfassend gestaltet wird. Insbesondere die ländliche Wirtschaft ist von der Vielzahl miteinander verflochtener, gleichzeitig wirkender Faktoren betroffen (vor allem politischer Druck, Schwankungen der Weltmarkt- und Produktionspreise, Verfügbarkeit von Inputs und Konsumgütern), daß es geradezu unlogisch wäre, die Auswirkungen von Verbesserungen im Transportsektor von anderen Einflußfaktoren zu unterscheiden. In ländlichen Gebieten zumindest ist kein Platz für Verkehrsplanung außerhalb der RIDEP im Unterschied zu Verkehrswirtschaft und Verkehrstechnik.
Es lassen sich leicht Beispiele für die z.Z. fehlende Gesamtplanung im Verkehrsbereich Tanzanias finden. Das Fehlen einer solchen Gesamtplanung hat oft Überschneidungen und mangelnde Koordination zur Folge. (Im nächsten Abschnitt sind einige konkrete Verbesserungsvorschläge aufgeführt.)
Für die nationale und regionale Planungsebene können wir kurz anmerken:
a) Eine Kompetenzverteilung zwischen Ujenzi (Ministry of Works) und Mawasiliano (Ministry of Communications and Transport) insbesondere für die Planungseinheiten und zwischen TLA (Transport Licensing Authority) und NPC (National Price Commission).
b) Beispiele überschneidender Infrastrukturmaßnahmen - die Seeufer-Straße und das Isaka-Lusahanga-Projekt, zwei Eisenbahnlinien nach Kilombero.
c) Mindestens vier zuständige Stellen für Transportangelegenheiten in den Regionen: REW (Regional Engineer Works), Regional Planning Officer, Regional Protocol and

Transport Officers unter dem RDD (Regional Development Director) und die vorgesehenen Regional Transport Officers, die für Mawasiliano arbeiten und Daten für NTC (National Transport Company) in Dar es Salaam erheben.
d) Konflikte zwischen dem PMO und Kilimo über die Zuständigkeit für die Regional Trucking Companies.
e) Mangelnde Abstimmung zwischen den Baumaßnahmen der Ujenzis und dem vom ARDHI in Auftrag gegebenen Master Plan im Ortsverkehr in Dar es Salaam.

3. Verkehrsplanung in einer unterentwickelten Region

Die o.a. Grundsätze können anhand der verkehrsbezogenen Teile des Rukwa RIDEP veranschaulicht werden. Entscheidend ist die Tatsache, daß dieser Plan nicht eine Auflistung der von staatlichen Stellen oder Entwicklungsorganisationen zu finanzierenden Projekte, sondern eine Aussage über Verkehrspolitik, Grundsätze der Verkehrsplanung und zu ergreifende Maßnahmen im Verkehrssektor (einschließlich Umgestaltung des O&M-Bereiches und politischer Schritte) darstellt. Erwartungsgemäß werden nicht alle Aspekte des Planes durchgeführt. Es soll dennoch die Regionalplanung in einen langfristigen und umfassenden Rahmen hineinbewegen und Gruppen stärken, die sich für eine Änderung irrationeller Aspekte staatlichen Handelns (z.B. Konzessionsbestimmungen) einsetzen.

3.1 Abbau nationaler und regionaler Abhängigkeit

a) Die Stoßrichtung der Entwicklung der Rukwa-Region muß sein: "das zu produzieren, was konsumiert wird und das zu konsumieren, was produziert wird". Die Ausrichtung des Verkehrsnetzes muß dementsprechend geändert werden, damit Produktion und Tausch von in der Region erzeugten Gütern gedient wird. Dieses bedeutet die Wende von einem verästelten Muster zu einem vernetzten. Mögliche Tauschbeziehungen sind etwa Seefisch-Eiweiß gegen Getreide und Gemüse aus der Hochebene sowie örtlich hergestellte Ochsenkarren gegen Haushaltsartikel /13/. Aus nationaler Sicht scheint die Rukwa-Region geeignet zu sein, Potential als Ausdehnungsgebiet für Mensch und Vieh und als Korridor zwischen der dicht bevölkerten See-Zone und dem künftigen Industrie-Gebiet Mbeya zu haben.

b) Diese Neuorientierung betrifft insbesondere die Bewertung von Zubringerstraßen. Gegenwärtige Bewertungsverfahren stützen sich letzten Endes auf erwartete Exporterträge und bestehende Infrastrukturausstattung sowie auf Dienstleistungen als Grundlage für die Kostenanalyse und die Projektrangfolge. Dies verschärft die Abhängigkeit und teilt bereits entwickelten Regionen kumulativen Nutzen zu /14/.

Zur Vereinfachung sollten Kosten-Nutzen-Analysen nur im Rahmen von umfassenden Entwicklungsplänen gemacht werden. Die Untersuchungen sollten auf Produktion und Verteilung von Lebensmitteln und anderen grundlegenden Konsumgütern beruhen, die auf örtliche Fertigkeiten und Technologien aufbauen, wobei sowohl Abweichungen im Einkommen wie auch im aggregierten Einkommensniveau berücksichtigt werden sollten.

c) Am Ort verfügbare Arbeitskräfteressourcen sollten gesteigert und eingesetzt werden. Für Straßenbau und -instandhaltung soll eine arbeitsintensive Road Betterment Unit nach einem Vorschlag der ILO (International Labour Organisation) sorgen, in der 1.100 Arbeitskräfte 75 Tage im Jahr außerhalb der Arbeitsperiode in der Landwirtschaft beschäftigt werden könnten /15/. Der Gesamtaufwand wird sich auf nur 10,5 Mio. TSch. belaufen, davon 7 Mio. TSch für die Arbeitskräfte. (Die Schätzung der ILO von 25 km Straßenausbau im Monat scheint etwas optimistisch zu sein.)

Gegenwärtige Standards für Bau und Instandhaltung sind dermaßen hochgegriffen, daß nur einige Straßen diesen Standards genügen können. Diesbezüglich wird angestrebt, an allen Regions- und Distriktstraßen Verbesserungen unterhalb dieser Standards zu erzielen, statt großen Aufwand für eine begrenzte Zahl von Maßnahmen zu betreiben. Die Betonung liegt auf der Instandhaltung bestehender Straßen (gegenüber Neubau). Auch der Ausbau soll sich auf die Beseitigung von Engpässen beschränken.

3.2 Integrierte Gesamtplanung

a) Verkehrsprognosen für ländliche Gebiete schwanken ungeheuer in ihren Aussagen und sind daher unzuverlässige Planungsinstrumente. Es folgt aus den o.a. Grundsätzen, daß Nachfrageprognosen sich vorwiegend auf das Produktionsniveau für Lebensmittel und Konsumgüter und nicht auf bestehende Verkehrsmengen stützen müssen.

b) Transport und Lagerung sollen gleichzeitig geplant werden. Berechnungen des Bedarfs an Lagerkapazität werden für die Dörfer und Regionen zusammen mit Schätzungen der jährlichen und saisonalen Warenströme vorgenommen. Dorfläden können beispielsweise 12-30 Tonnen Getreide und Hülsenfrüchte lagern, da hier keine große Dringlichkeit zur Beförderung besteht. Sobald Vorräte abgeschickt werden, kommen Anlieferungen von Samen und Kunstdünger sowie Konsumgüter für die kooperativen Läden an ihre Stelle. Die Verarbeitung von Lebensmitteln und örtlichen Materialien sollte an den Verkehrsumschlagplätzen stattfinden.

c) Auf nationaler regionaler Planungsebene wird der nicht straßengebundene Verkehr gegenwärtig vernachlässigt. Dies ist zum Teil auf institutionelle Vorurteile zurückzuführen. Zum einen unterstehen Eisenbahn und Wasserstraßen parastaatlichen Monopolen. Zum anderen liegt es an dem Desinteresse der Entwicklungshilfeorganisationen, die sich in erster Linie für ihre jeweiligen nationalen Industrien verantwortlich fühlen. Im Vergleich zu Straßen und zu Fahrzeugen sind relativ wenig Käufe aus Entwicklungshilfeprojekten für den Fußgänger- oder Lasttier-, Fahrrad- oder Bootsverkehr oder gar für Eisenbahn- und Brückenbau bestimmt. Insbesondere der Schiffsverkehr auf den Seen ist unterentwickelt. Dabei ist Wassertransport sehr wirtschaftlich im Hinblick sowohl auf die Kosten als auch auf das Aufkommen. Außerdem bestehen gute Verknüpfungsmöglichkeiten zwischen Fischfang und örtlichem Schiffsbau sowie arbeitsintensiven Infrastruktureinrichtungen. Der RIDEP sieht die Abzweigung der für Seeufer-Straßen vorgesehenen Gelder für den Ausbau von Einrichtungen des regionalen und örtlichen Wassertransports sowie von Lagerhäusern am Seeufer vor. Der Zugang über Landstraßen ist nur begrenzt vorgesehen, zumal die Strecke zwischen Hochebene und See sehr schwierige topographische Bedingungen aufweist (s. auch 3.4 (b) unten).

d) Speditionen können auf Distriktebene zunächst als Informationsdienststellen eingerichtet werden, deren Zweck letztendlich die Verwertung von Daten und Instrumenten sein soll, um Beförderungslasten zu steigern, Leerfahrten zu minimieren und Überschneidungen in der Bedienung zu vermeiden. Die Speditionen müssen entlang kommerzieller Strecken eingesetzt werden, damit sie mit den privaten Unternehmen konkurrieren und sie eventuell überhehmen zu können. Das Vermarktungsinstitut der FFA (Freight Forwarding Agency) könnte später ausgeweitet werden, um mehr entwicklungsorientierte Aufgaben wahrzunehmen, wie die Unterstützung von neuen Kooperativen durch Vermarktungsberatung oder Vorzugstarife usw. In dieser Rolle wären die FFA Teil des Regional Committee on Rates, Fares and Licenses, der, anders als das Regional Transport Coordinating Committee, mit Satzungskompetenzen versehen werden soll.

3.3 Organisation & Management

Defizite im Bereich O&M sind vielleicht die auffälligsten Schwächen der regionalen Verkehrsbetriebe und -planung, deren Ursachen jedoch, wie oben dargestellt, politischer Art sind. Insbesondere können wir folgendes hervorheben:
1. Keine Vorausplanung, z.T. infolge fehlender Unternehmensakten und Daten.
2. Schlechte Arbeitsmoral bei den Angestellten und beim Management; schlechte personelle Führung; keine Leistungsüberwachung; politische (und kulturelle) Tabus gegen die Disziplinierung oder Entlassung insbesondere von Management; schlechte Unfallstatistiken der Fernfahrer im Vergleich zu westlichen Ländern.
3. Schlechte Terminplanung und Betriebsführung; vernachlässigte Wartung und fehlende Ersatzteile.
4. Mangelnde Markt- und Kundenorientierng; zu wenig Akquisition von neuen Aufträgen; geringes Interesse an Kundenzufriedenheit und Verbesserungsmöglichkeiten, zu viel bürokratische Schreibarbeit, andererseits keine Übersicht über Kreditwürdigkeit von Kunden.
5. Darüber hinaus eine Reihe von erheblichen "externen" Problemen, auf die die Unternehmen selbst wenig Einfluß nehmen können (z.B. Zustand der Straßen, Verkehrsmittel, Beschaffung von Ersatzteilen, restriktive Konzessionierungspolitik). Diese Probleme sind zu grundlegend, als daß die Lösung allein im Verkehrssektor gefunden werden könnte. Demnach können wir nur Teillösungen anbieten:
(a) Eine Stelle "Regional Transport Overlord", "Beauftragter für regionalen Verkehr", die dem RDD direkt untersteht, sollte eingerichtet werden. Mit dieser Stelle wird bezweckt, das verschwenderische Hin- und Herreisen der Beamten zu reduzieren und den wirtschaftlichen Einsatz von Dienstfahrzeugen zu erzielen. Dieses hätte darüber hinaus eine Einsparung von Devisen zur Folge. Offensichtlich kann dieses Kalkül nur unter der Bedingung einer echten Dezentralisierung der Macht und mit entsprechendem politischen Engagement erreicht werden.
1. Die Hauptaufgabe dieser Stelle wäre die wirtschaftliche und wirksame Koordination der staatlichen, para-staatlichen Fahrzeuge. Dieses setzt die Verteilung und Terminierung nach einer Systematik, und nicht nach Ranghöhe des betreffenden Beamten voraus. Diese Stelle muß darüber hinaus gewährleisten, daß höhere Beamten die begrenzte Zahl von Überlandwagen (Landrover) und sonstigen Fahrzeugen nicht an sich reißen /16/. Es gäbe auch die Möglichkeit, z.B. regelmäßige Fahrpläne für Fahrten zu den Dörfern aufzustellen, damit der "Stab" die Fahrzeuge gemeinsam benutzt und seine Fahrten (Safaris) usw. an den festgelegten Terminen orientiert. Schließlich ist es bei Flugreisen auch nicht anders möglich. Außerdem könnte eine solche Maßnahme die Arbeitsmoral fördern.
2. Die Stelle müßte auch einen Wartungsplan für Dienstfahrzeuge aufstellen. Die Termine werden von vornherein in die Betriebsbestimmungen eingetragen und müssen auch bei "Notfällen" zwingend eingehalten werden. (Die infolge aufgeschobener Wartung entstehenden Kosten sind für Tanzania gut dokumentiert). Die Überholung der Fahrzeuge könnte erweitert werden, indem mehr Gebrauch von Schul-, Polizei- und Militärwerkstätten gemacht wird.
3. Der Stelle käme die Aufgabe zu, alle Anträge von regionalen Institutionen und para-staatlichen Unternehmen auf weitere Fahrzeuge gründlich zu überprüfen. Dieses umfaßt die rationelle Wahl von Autotypen wie z.B. die Abkehr von technisch komplizierten Ausstattungen.

4. Die Stelle hätte teil an FFA, Konzessionierung, Tarifgestaltung in Personen- und Güterverkehr sowie Abstimmungsprozeß mit den nationalen Institutionen NPC, TLA, SMC (State Motor Corporation) und MCT (Mwasiliano Planning Unit) Planungseinheiten. Ihre Verantwortung wäre zunächst für die Dienstfahrzeuge. (Desweiteren soll sie die z.Z. amtierenden Regional Transport Beamten ablösen).

(b) In der Konzessionierung sind erhebliche Änderungen denkbar. Ein allgemeines Problem mit dem TLA stellt seine "koloniale" Einstellung dar, infolgedessen das TLA die staatliche Eisenbahn vor den privaten Transportunternehmen schützt und die Konkurrenz der Privaten untereinander behindert. Kombinierte Konzessionen für Unternehmen in Personen- und Güterverkehr müssen eingeführt werden sowie Mehrzweck-Fahrzeuge wie in anderen afrikanischen Ländern. Steigerungen der ländlichen Produktion erfordern höhere Gütertransportkapazitäten. Der effiziente Einsatz von Fahrzeugen in abgelegenen Gebieten und außerhalb der Erntezeit erfordert jedoch Kapazitäten auch im Personenverkehr. Die kombinierte Konzession sollte mehr auf zuverlässige als auf schnelle und häufige Bedienung ausgerichtet werden. Die Bedienung in der Fläche kann gewährleistet werden, indem der Personenverkehr größere Bögen fährt, die mehrere Dörfer erfassen als die Linie. Desweiteren muß die Konzession mit der Auflage verbunden sein, bestimmte Fahrpläne und Tarife einzuhalten sowie die Bedienung in der Fläche zu gewährleisten. Noch unterbenutzte Dienstfahrzeuge des Staates sollten eine Konzession bekommen-wie bereits bei den Busgesellschaften - , Personen und Güter zu kommerziellen Preisen zu befördern. Diese Genehmigung sollte auf Dienstfahrzeuge im Einsatz erweitert werden. (Fahrgäste werden ohnehin oft illegalerweise befördert. Warum soll dieses Praxis nicht zugelassen und erweitert werden?)

(c) Regelmäßige (mobile) Dienstleistungen geben eine Antwort auf die Frage: Wie kann man die augenscheinliche Nachfrage nach Verkehrsleistungen überflüssig machen? Solche mobilen Einrichtungen können die Dörfer mit vielen sozialen und persönlichen Dienstleistungen versorgen. Dadurch werden viele Personenfahrten der Bauern überflüssig gemacht. Wo in den Dörfern das Angebot an Konsumgütern und Dienstleistungen einen bestimmten Schwellenwert unterschreitet, können solche mobilen Einrichtungen die Lücke ausfüllen. Beispiele sind etwa medizinische Versorgung, Post- und Bankwesen, Großhandel, Kauf von landwirtschaftlichen Erzeugnissen und bürokratische Schreibarbeit staatlicher Stellen (Verwaltung) (s. a (i) oben). In Tanzania haben solche Praktiken beschränkt Einsatz gefunden (z.B. Kirchen, NBC (National Bank of Commerce), Umati (Family Spacing (Planning) Organisation , Erwachsenenbildung), sind aber im großen und ganzen selten. Mobile Dienstleistungen sind nirgends in regionalen oder räumlichen Planungen oder Planungsgrundsätzen enthalten. Sie werden sogar oft regelrecht verhindert, z.B. durch die Untersagung einiger solch 4 periodisch stattfindender Märkte.

(d) Kurz: Der Plan empfiehlt, wo praktikabel, vier Verbesserungsmaßnahmen im Bereich O&M zur Reduzierung der Nachfrage der Dorfbewohner nach Personenbeförderung.
1. Echte Dezentralisierung; mehr Entscheidungsbefugnis auf örtlicher Ebene; planmäßige Besuche der Bauern durch Distrikt- und Regionalbeamte.
2. Erfüllung der Grundvoraussetzungen für die Dorfläden; d.h. der durch die Operation Maduka (Schließung der privaten Dorfläden und Eröffnung von genossenschaftlichen Läden in den Dörfern im Jahre 1976) verursachte Schaden muß beseitigt werden.
3. Subventionieren des ländlichen Gütertransports durch überdurchschnittliche Tarife im Personenverkehr. Diese Maßnahme ist nur unter der Bedingung annehmbar, daß alle Privatfahrten ähnlich eingeschränkt werden.

3.4 Verkehrsplanung auf örtlicher Ebene

(a) Transportkooperativen sollen auf Dorfebene eingerichtet werden unter Zuhilfenahme regionaler Instanzen, aber mit autarker Betriebsführung. Das Kalkül besteht darin, die unsichere Stellung der Dorfbewohner, die auf zentrale Vermarktungs- und Dienstleistungsorganisationen angewiesen sind (z.B. RTC, NMC, TCA), zu verbessern, auch wenn die Grenzkosten etwas höher liegen mögen. Dieses könnte zur Lösung damit verbundener Probleme beitragen, wie z.B. der Transport von Erträgen, Input-Bereitstellung und mangelnde Lagerräume, da so die Produzierenden unmittelbar über Zeitpunkt und Ziel der Transportbewegungen bestimmen könnten. Gleichzei-

tig könnte dies zur Förderung von Dorfindustrie- und Fachkenntnissen sowie neue städtische Märkte erschließen.
Das optimale Fahrzeug wäre ein Mehrzweck-LKW ("camion") der 7-Tonnen-Klasse aufgrund der Durchschnittskapazität und des zu erwartenden Straßenschadens. Mehrzweckfahrzeuge ermöglichen einen sinnvollen Einsatz auch zur Personenbeförderung das ganze Jahr über und stellen ein wichtiges Auswahlkriterium dar, zumal der Bedarf an LKW am Anfang saisonabhängig sein könnte.

Desweiteren ist der wirtschaftliche Nutzen auch für die Bauern ohne Ertragsüberschüsse einsichtiger, wodurch die Wartungs- und Betriebsaufgaben einen höheren Stellenwert im Auge der Bevölkerung erhalten (erfahrungsgemäß zahlt sich ein Bus in Tanzania innerhalb von ein bis zwei Jahren aus). Bei der Wahl der Fahrzeugmarke sollen Straßazierfähigkeit und einfache Wartung besonders beachtet werden. Buskarosserien können in der Region hergestellt werden. Die Fahrzeuge würden sich im Eigentum der Dörfer auf kooperativer Basis befinden. Wegen verwaltungstechnischer Probleme ist vom gemeinsamen Eigentum mehrerer Dörfer an Fahrzeugen abzuraten /17/.
Innerhalb der Dörfer sind Gemeinschaftseigentum und fest eingebundene Betriebsvorschriften durch festgelegte Tarife, Fahrpläne und sonstiges notwendig, um auch den schwächergestellten Bauern Kontrolle und Nutzen zu gewähren.
Die Finanzierung muß über kommerzielle Mittel erfolgen, sonst besteht die Gefahr, daß niemand sich dafür verantwortlich fühlt. Sonderprogramme des PMO oder der Entwicklungsorganisationen können leicht zur Mißwirtschaft oder zum Dirigismus führen. Die Aufgabe der Region ist die aktive Teilnahme an der Gewährung von Krediten der TRDB (Tanzania Rural Development Bank) oder Karadha (TRDB subsidiary involved in vehicle financing), Koordinierung der Dorfkooperativen, Bereitstellung von Ausbildungsprogrammen, Ersatzteilen und der gleichen mehr. Anfangs konnten nur die bessergestellten Dörfer nach kommerziellen Grundsätzen arbeiten (ein Vorteil darin ist, daß sie wahrscheinlich bereits über einige notwendigen Fähigkeiten und Nähe zu Werkstätten verfügen). Die Region muß unbedingt gewährleisten, daß die Versorgung der restlichen Dörfer durch entsprechende Konzessionierung, Tarifgestaltung u.a.m. ermöglicht wird. Beispielsweise kann sie die Bürgschaft für Verträge mit anderen Dörfern über den Abtransport der landwirtschaftlichen Erträge übernehmen.

(b) Transport vom Feld zum Dorf ist der am meisten vernachlässigte Aspekt der Verkehrsplanung in Tanzania, stellt aber eine unabdingbare Voraussetzung für die Produktion in Tanzania dar. Seit der Villagisation-Kampagne ist der Weg zum Arbeitsplatz der meisten Bauern sehr problematisch und zu einem Hauptengpaß der Produktivität geworden. Viele Gebiete leiden bereits an sozialen und ökologischen Schäden, die infolge übermäßiger Entfernungen aufgetreten sind. Der RIDEP-Verkehrsplan setzt sich für stärkere Berücksichtigung der Entfernungen zwischen Wohn- und Arbeitsstätten ein. Bis dahin müssen Ochsenkarren, wo ökologisch vertretbar, ansonsten Esel, Fahrräder und Handwagen gefördert werden. Ochsenkarren sind weitaus effizienter, d.h., die in Rukwa bereits eingesetzten Ochsenschlitten befördern 200 kg, Ochsenkarren dagegen 1 bis 1,5 Tonnen. Für die Verwirklichung des FYM-Programms (Farmyard Manure), nämlich die Ablösung des Kunstdüngers, ist der volumenintensive Transport mit Ochsenkarren äußerst wichtig.

Der Bau von Karren würde gänzlich in der Region stattfinden. Der Plan sieht die Herstellung einiger Teile in den Dörfern unter der Aufsicht der SIDO (Small Industries Development Organisation) vor, die als Zulieferer für zwei landwirtschaftliche Mechanisierungszentren arbeiten werden. Dieses gewährleistet einige notwendige linkages in der ländlichen Wirtschaft. Ein weiterer möglicher Nutzen käme der Arbeitsteilung in der Familie zugute. Frauen sollen von einer ihrer anstrengendsten Aufgaben freigestellt werden, nämlich dem Tragen von schweren Lasten auf dem Kopf. Nach dem traditionellen Rollenverteilungsmuster in Tanzania fallen alle Aufgaben, die mit Zugtieren verbunden sind, dem Mann zu.
Es muß betont werden, daß der Einsatz von Ochsenkarren und die allgemeine Umstellung auf Ochsen nur dort möglich ist, wo ökologische Verhältnisse es erlauben und Erfahrung mit Viehhaltung vorhanden ist. In Rukwa sind diese Bedingungen in weiten Teilen der Region gegeben, da der Anteil des durch die Tse-Tse-Fliege gefährdeten Buschlandes zusehends zurückgeht.

(c) Für städtische Verkehrsplanung besteht keine große Aussicht in Rukwa. Dennoch könnten einige Grundsätze eingeführt werden. Zu diesen gehören die Zuordnung von Arbeits- und Wohnstätten, Einsparung von Devisen, Umkehr der Prioritäten von IV auf öffentliche Massenverkehrsmittel, Fahrräder und Fußgängerverkehr.

Anmerkungen

/1/ *Der Aufsatz liegt als unveröffentlichtes Manuskript unter dem Titel "Can Regional Transport Planning bring about Regional Development?" vor und wurde an der Universität Dar es Salaam für das "Bureau of Resource Assessment and Land Use Planning" 1979 erarbeitet.*

/2/ vgl. HOFMEIER, R.: Transportation and Economic Development in Tanzania, München, 1973, S. 88-101; SLATER, D.: Underdevelopment and Spatial Inequality, Progress in Planning. 4, 1975, S. 97-167

/3/ *siehe DAILY NEWS. Zu den jüngeren Beispielen gehören: Die Songea-Makumbako-Straße, für die ortsansässige Straßenbaufirmen kein Angebot unterbreiten durften; die Morogoro-Dodoma-Straße und die Wazo-Hill-Eisenbahnlinie, deren Bau brasilianischen Firmen übertragen wurde. Um die Verkehrsplanung für Dar es Salaam zu übernehmen, wurden im Auftrag des tanzanischen Staates Consultants aus der BRD, der VR Ungarn, aus Japan und Kanada angestellt.*

/4a/ *Dieser Ausbau der Hauptverkehrsstränge diente der Bewältigung der Kupfertransporte vor allem unter Umgehung des rassistischen Rhodesien.*

/4/ *Zum letzteren gehören vier verschiedene Routen: Verbesserungen der Central Line und des Kigoma-Hafens, die Isaka-Rusahunga-Straße, die "Round-the-Lake"-Straße, die geplante Arusha-Musoma-Eisenbahnstrecke. Siehe auch "Unity Bridge" und Verbindungen nach Mozambique.*

/5/ *In Anlehnung an eine maoistische Losung, wobei der "dritte Unterschied" Maos zwischen physischer und intellektueller Arbeit durch den des modernen und informellen Sektors ersetzt wird.*

/6/ vgl. HOFMEIER, R.: a.a.O., S. 93-96

/7/ LAVRISHCHEV, A.: Economic Geography of the USSR, Moskau, 1969, S. 108

/8/ *Man kann zurecht entgegenhalten, daß eine solche Strategie mit den 21 Regionen Tanzanias gar nicht gelingen kann. Sie sind im Hinblick auf Bevölkerung, Ressourcen und Industrialisierung zu wenig entwickelt, um funktionsfähige Wirtschaftseinheiten darzustellen und müssen in größeren Einheiten zusammengefaßt werden.*

/8/ vgl. WORLD BANK: Tanzania: Transport Sector Memo, Nairobi, 1977; NATIONAL INSTITUTE OF TRANSPORT: Road haulage - the national issues. Final draft, Prot. of Seminar in Road Freight Management, Dar es Salaam, 1977; HOFMEIER, R.: a.a.O.

/10/ *Man denke an den Fall der Mwanakwacha Transport Company im Jahre 1976. Ein weiteres Beispiel wäre das Verbot von billigen Verkehrsmitteln ("jitneys-Humnis-Humnis") im Jahre 1975 ...., da sie wenig verkehrssicher waren und als ausbeuterisch angesehen wurden. Heute haben wir ein Monopol der Taxiunternehmen, die weitaus höhere Fahrpreise als die "Jitneys" (die "billigen", s.o.) verlangen und damit nur einem kleinen Teil der städtischen Bevölkerung dienen.*
Frage: Wem gehören die Taxen?
NATIONAL INSTITUTE OF TRANSPORT (NIT): a.a.O., S. 8

/11/ *Als die NRHC (National Road Haulage Company) in Konkurs ging (laut offizieller Erklärung wegen schlechter Planung, ... schlechter Geschäftsführung, verantwortungsloser Arbeiter ..., DAILY NEWS, 18.4.77), sind 631 Fahrer und "turnboys" entlassen worden. Die Geschäftsführer und Verwaltungsbeamten dagegen erhielten neue Arbeitsplätze bei anderen para-staatlichen Unternehmen (DAILY NEWS, 16.4.77)*

/12/ *Absprachen über Gebühren und die Verzerrung von Produktionsgefügen haben ähnliche Auswirkungen. Für Fallbeispiele solcher Auswirkungen der Transportinvestitionen vgl.* McCALL, M.: Political economy and rural transport: reappraisal of transportation impacts. In: Antipode 9 (1977), S. 56-76

/13/ *Der Verkehrssektor allein kann das Ziel eines regionalen Systems der Produktion und des internen Güteraustausches zusammen mit einer räumlichen Reorganisierung sicher nicht gewährleisten.*
(s. BREITBART, M.: Anarchist decentralisation in rural Spain 1936-1939. In: Antipode 10/11 (1979), S. 83-98)

/14/ *Der Brokonsult-Plan (1975) für die Zubringerstraßen nach Tabora wird von der MCT (Mwasiliano Planning Unit) als Modell angesehen, da er auf einer tatsächlichen "integrierten" Bewertung beruht. Demnach sind die Investitionsentscheidungen "Alles-oder-Nichts-Entscheidungen" über Straßen, landwirtschaftliche Inputs, Wasserversorgung und sonstige soziale Dienstleistungen.*
Demzufolge erhält ein Dorf eine hohe Bewertung und dafür hohe Investitionen, wenn es
a) ein Exportpotential (z.B. Tabak),
b) sowie ein hohes Maß an Dienstleistungen vorweisen kann.
(Beachte, daß die Erlöse aus dem Export von Lebensmitteln evtl. anders bewertet werden für den Auslandswechsel: In Nutzwertanalysen werden die örtlichen Verarbeitungsindustrien, die regionale Industrie, Beschäftigungseffekte oder interne Einkommenseffekte nicht berücksichtigt).

/15/ *siehe* ILO (1976) *und viele andere Quellen... über das arbeitsintensive RARP-Projekt in Kenya, welches von der Weltbank, DANIDA u.a.m. finanziert wird (siehe z.B.* de VEEN, 1980).
Zwei technische Gesichtspunkte des Straßenbaus:
- Straßen sollen einen Querschnitt von mindestens drei Metern zusätzlich "Ausweichspuren" haben.
- In der Regel sollen die Straßen aufgrund der Wirtschaftlichkeit nicht mit Kies bestreut werden (bis auf "spot gravelling").

/16/ *Dieses Problem ist in der bisher einzigen Fallstudie, die sich mit den Transportmöglichkeiten der Beamten in einer tanzanischen Region, Mtwara, befaßt, genügend dargelegt.*
vgl. FERNANDES, A.: Mobility and mobilisation transport bottlenecks. University of Dar es Salaam, Department of Political Sciences, Exam Paper, Dar es Salaam, 1972.

/17/ *Die jährlichen Kosten werden auf 75.000 TSch. geschätzt, einschließlich des 7 Tonnen schweren Fahrzeugs, Reifen und Ersatzteile, Löhne, Konzessions- und sonstige Kosten. Die Ausbildung der Geschäftsführer, Fahrer und "turnboys" wird pro Dorf etwa 40-50.000 TSch. kosten und bei einer regionalen Speditionsfirma in Form von "on-the-job-training" stattfinden.*

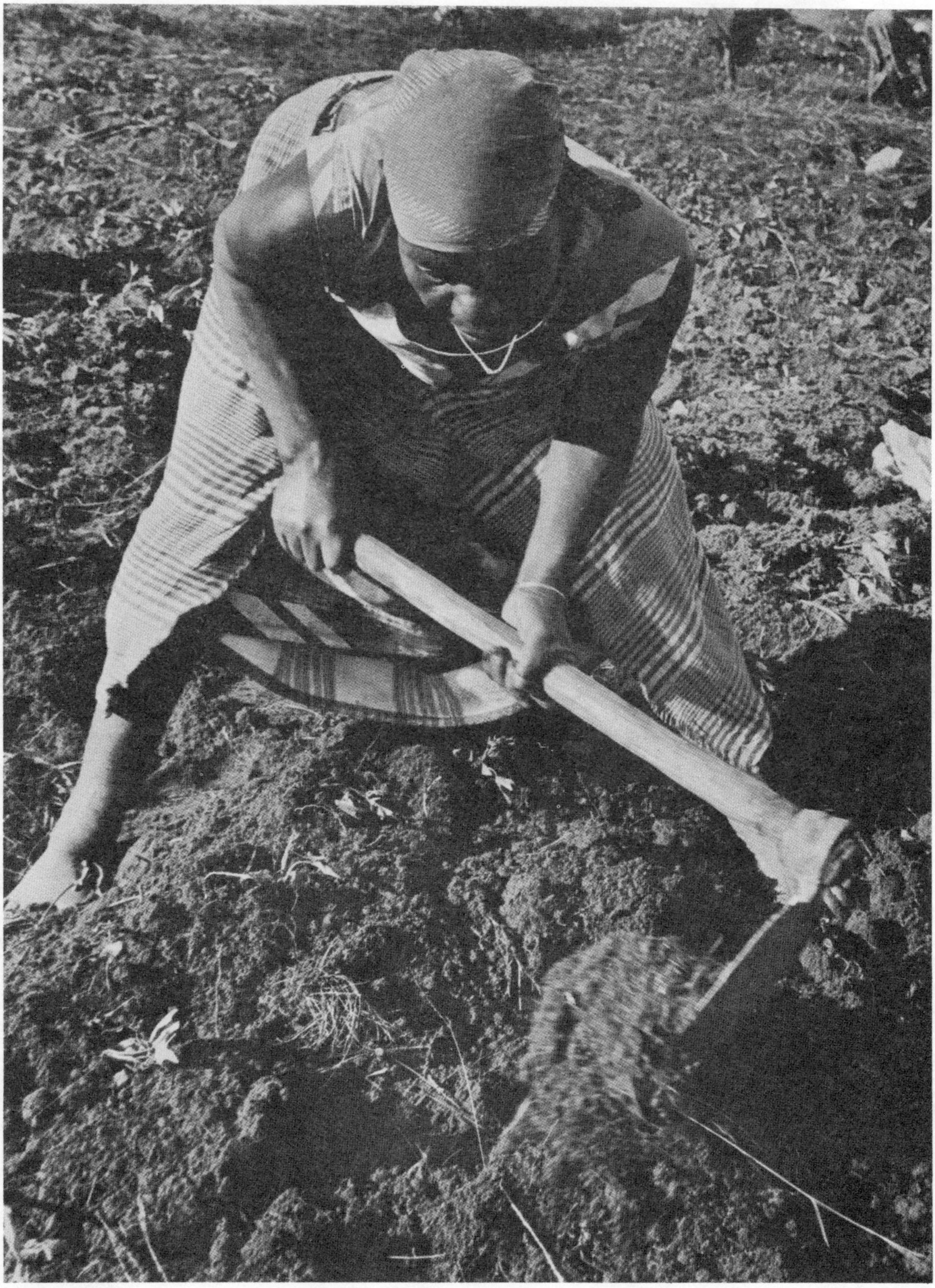

Kurzeinführung

1
Natürliche Ressourcen und Empfindlichkeit

2
Anthropogene Nutzungen und ihre Auswirkungen
auf die natürliche Umwelt
Landwirtschaft. *Viehzucht. Ackerbau*
Forstwirtschaft. *Nutzung von Wäldern. Schutz
von Wäldern*
Fischerei und Jagd

3
Politische Ziele und Institutionen im
Umweltbereich

4
Untersuchungen und Programme zur Umweltplanung
– *Beispiele* –

5
Gesamteinschätzung

Christiane Ziegler

DIE ENTWICKLUNG DES LÄNDLICHEN RAUMES IN TANZANIA AUS ÖKOLOGISCHER SICHT

Kurzeinführung

Die ökologischen Probleme Tanzanias decken sich weitgehend mit den Schwierigkeiten im Umweltbereich, die anläßlich einer Befragung von Entwicklungsländern genannt wurden. Nach Priorität und Dringlichkeit der Aktivitäten wurden bereits 1972 folgende Punkte aufgeführt:
- "Schutz vor der fortschreitenden Zerstörung der natürlichen Ökosysteme ... durch Waldvernichtung, besonders Feuer und Kahlschlag;
- das weitgehende Fehlen von Erfahrungen über die rationale Behandlung ... (z.B.) der entwaldeten Areale;
- Schutz vor Bodenzerstörung mit allen Folgeerscheinungen wie Lateritisierung (Nährstoffverarmung), Versalzung ...;
- ... Probleme ... aus der Verschmutzung der Biosphäre ... Hierbei steht die Bodenverunreinigung durch Biozide (Schädlingsbekämpfungsmittel), Industrieabfälle, Verstädterung ... an erster Stelle."

An letzter Stelle, jedoch von Tanzania genannt, folgt die Verschmutzung der Küstengewässer /1/.

Die Ursachen der stetigen Zunahme der Umweltbelastung in den Entwicklungsländern liegen zum einen in der raschen Bevölkerungszunahme, dem Transfer nicht umweltangepaßter Technologie bei Industrie und Landwirtschaft, vor allem für den Export billiger landwirtschaftlicher Rohstoffe in die Industriestaaten und der zunehmenden Bevölkerungskonzentration in den Städten.

Ein weiterer Grund liegt in der höheren Instabilität der natürlichen Ressourcen in ariden und tropischen Zonen. Hinzu kommt, daß die Kenntnisse und Aktivitäten im Umweltbereich nicht ausreichend entwickelt werden, um negative Auswirkungen neuer Technologien und veränderter Wirtschaftsformen zu verhindern. Traditionelle Wirtschaftsformen werden aufgegeben, ohne die ökologische Verträglichkeit moderner Methoden zu überprüfen.

Zahlreiche Ursachen der Umweltproblematik lassen sich auch für Tanzania analysieren. Die Bevölkerungszunahme und -konzentration (natürliches Bevölkerungswachstum jährlich 3%; 90% der Bewohner leben im ländlichen Raum weitgehend in Dörfern konzentriert) und die notwendige Nahrungsmittelversorgung, sowie weltmarktabhängige Produktion einzelner landwirtschaftlicher Rohstoffe in den fruchtbaren Regionen führten neben dem Einfluß moderner Agrartechnologien zu ökologischen Problemen.

Tumani Mcharo nimmt in seinem Artikel kritisch Stellung zu den Umweltproblemen Tanzanias und ihren Ursachen:
Aufgrund des Bevölkerungswachstums steigt der Bedarf an Nahrungsmitteln, Feuerholz und Wasser. Das Wildern bei Tieren, das wahllose Abholzen von Bäumen und ausreichende Wasserversorgung sind neben Bodenerosion die Probleme, die die Regierung vordringlich zu lösen hat. Hinzu kommen in neuerer Zeit die Belastungen durch erhöhten Biozideinsatz, dessen Auswirkungen als Degradierung der Ökosysteme bereits festzustellen sind /2/.

Allerdings hat die "Grüne Revolution" in Tanzania noch nicht stattgefunden. Die Entwicklung des ländlichen Raumes und der Agrarwirtschaft sind seit der Unabhängigkeit und der Arusha-Deklaration erklärtes Ziel Tanzanias. "Landwirtschaft ist die Basis der Entwicklung" /3/. Dieses Ziel war jedoch stets begleitet von der Forderung der Integration traditioneller Methoden und moderner Technologie und dem sorgsamen Umgang mit den natürlichen Ressourcen.

Karte 1:
Öko - klimatische Zonen in Tanzania

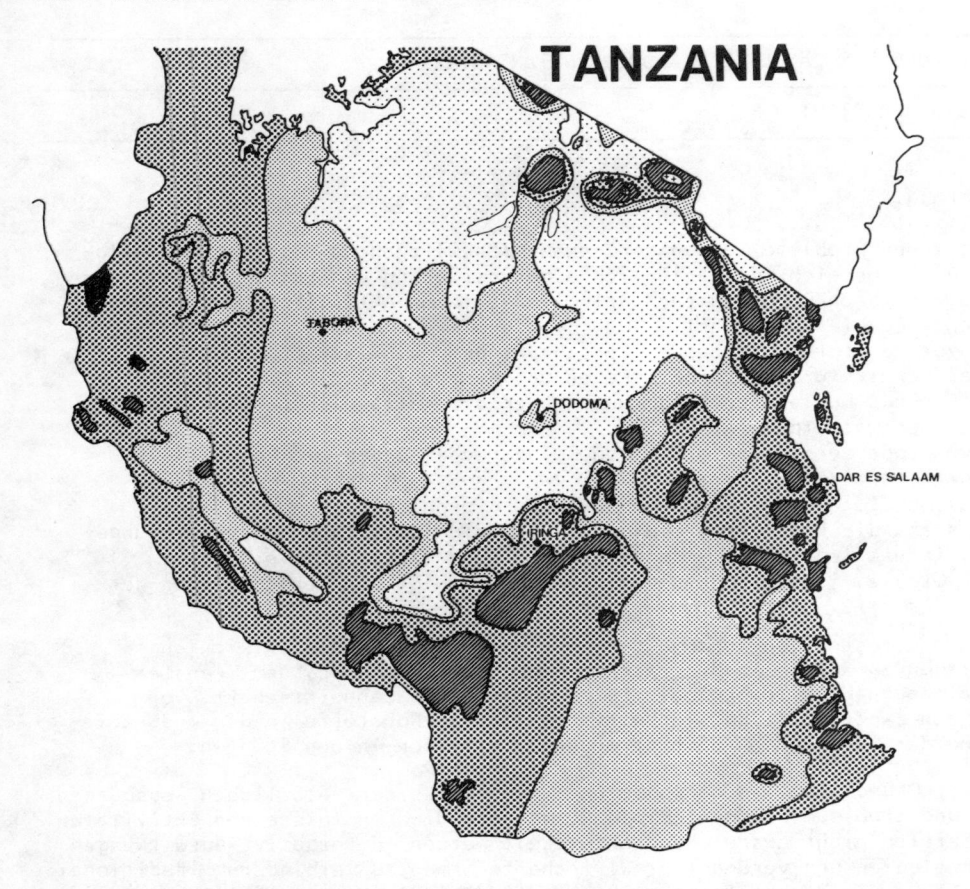

TANZANIA

- Zone I : Afro-alpines Klima, afro-alpines Moor- und Grasland
- Zone II : Humides^a - trockenes sub-humides Klima, tropischer Regenwald, Gras- und Buschland, Ackerbau und intensive Tierhaltung
- Zone III: Trockene - sub-humide bis semi-aride Zone, meist Wald, Buschland oder Savanne Ackerbau oder Weidewirtschaft (begrenzt möglich), Düngung und Abbrennen teilweise notwendig
- Zone IV : Semi-aride Zone, trocken, meist Savanne, extensive Weidewirtschaft, zahlreiche wildlebende Tiere
- Zone V : Aride^b Zone, Dornensavanne, Ackerbau nur noch vereinzelt möglich, extensiv nutzbares Weideland, Gefahr bei Abbrennen, zahlreiches Wild
- Zone VI : Sehr trockene aride Zone, keine geschlossene Grasnarbe, für nomadisierende Viehwirtschaft nur sehr begrenzt nutzbar

  a: humides Klima - feuchtes Klima
  b: arides Klima - tockenes Klima
  - gekennzeichnet durch das Verhältnis von Niederschlag und Verdunstung

(übersetzt und modifiziert nach: Pratt and Gwynne:
Rangeland Management and Ecology in East Africa)

Die ökologischen Probleme, die in Tanzania existieren, ihr Zusammenhang mit der räumlichen Entwicklung, insbesondere der Ujamaa-Politik, sollen im folgenden dargestellt werden. Darüberhinaus wird auf die Verwaltungsstruktur im Umweltbereich und exemplarisch auf Umweltprogramme und -maßnahmen eingegangen.

1. Natürliche Ressourcen und Empfindlichkeit

Die Erforschung und Einschätzung des natürlichen Ressourcenpotentials ist notwendige Grundlage für die ökologisch orientierte Entwicklung eines Landes. Die Schwierigkeit für Tanzania besteht darin, daß sich das Land in sehr unterschiedliche Zonen gliedert, daß das Klima Extrema, z.B. bei Niederschlag, zeigt und daß daher Aussagen über die Nutzungsmöglichkeiten der Ressourcen oder die möglichen Auswirkungen geänderter Anbaumethoden aufwendiger, detaillierter Untersuchungen bedürfen.

Die geographische Gliederung reicht von den feuchten alpinen Zonen des Kilimanjaros bis zu ausgedehnten ariden Bereichen im westlichen Zentralplateau Tanzanias (siehe Karte 1).

Niederschlag:
Entscheidend sind hierbei nicht nur Regenmenge, sondern vor allem Dauer und Zeitraum der Niederschläge. Sie fallen, außer an der Küste, häufig während

Karte 2
Jährliche Niederschlagsrate in Ostafrika

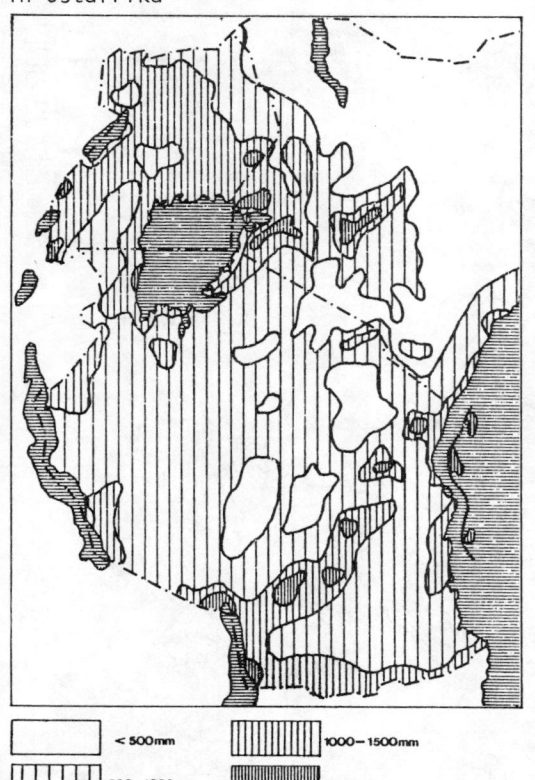

Karte 3
Durchschnittliche Verdunstungsrate/Jahr in Ostafrika

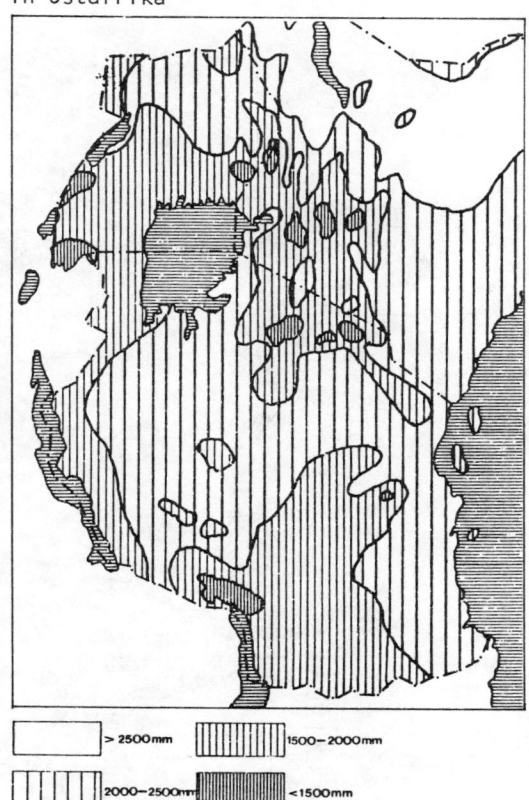

Quelle: Pratt/Gwynne (Hrsg.): Rangeland Management and Ecology in East Africa. London 1977.

einer kurzen Regenzeit von November bis April, wobei die Menge der Niederschläge von Jahr zu Jahr schwanken kann /4/. Nach Ruthenberg /5/ gelten 30-40% der Landesfläche relativ günstig mit Wasser versorgt, dennoch fällt in weiten Zonen nicht mehr als 500mm Niederschlag pro Jahr. Dieser, auf die Regenzeit konzentriert, reicht in der Regel nicht aus, um intensive Landwirtschaft zu betreiben. Dennoch kann es durch die zeitlich konzentrierten Niederschlagsmengen zu Überschwemmungen kommen, die mit den periodisch auftretenden Dürren ein ständiges Problem für die Landwirtschaft darstellen (vgl. Karte 2). Besondere Bedeutung wird auch den Evaporationswerten, d.h. der gesamten Verdunstungsmenge an Wasser, beigemessen, da ihre Kenntnis unter anderem zu der Quantifizierung der Grundwasservorräte und als Grundlage von Bodensicherungsmaßnahmen wichtig ist /6/. In weiten Bereichen Tanzanias liegt die Evaporationsmenge weit über der des Niederschlags (vgl. Karte 3).

Böden:
Klima, Ausgangsgestein und Vegetation sind die beeinflussenden Faktoren für die Entwicklung der Böden. In weiten Bereichen Tanzanias befinden sich auf häufig saurem Ausgangsgestein nährstoffarme Lateritböden mit der Gefahr der Flachgründigkeit und geringer Humusanlieferung aufgrund der spärlichen Vegetationsdecke in den ariden Zonen.

Karte 4

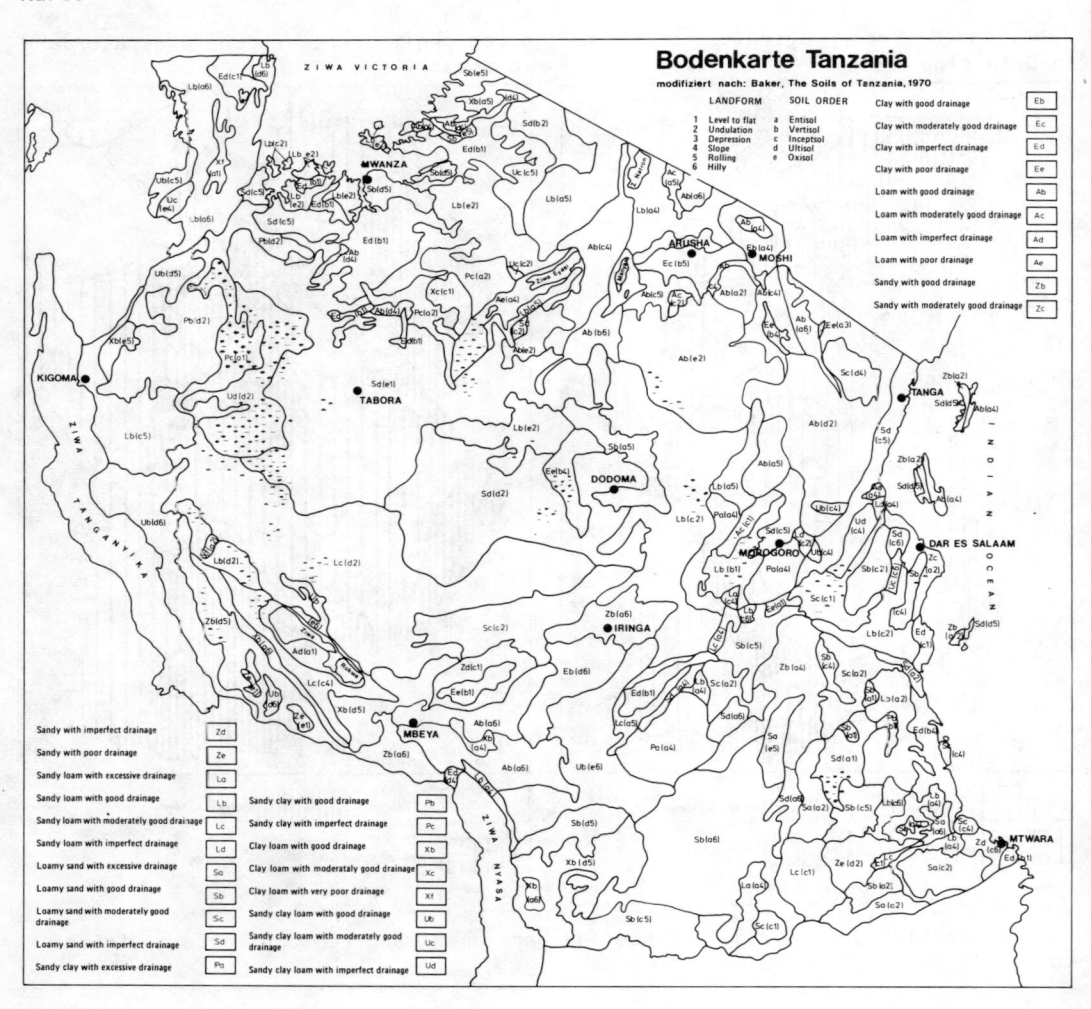

Fruchtbar sind dagegen die Böden vulkanischen Ursprungs (z.B. Kilimanjaro-Region) mit gutem Wasserhaushalt und Nährstoffangebot.
Die dritte Kategorie stellen die Schwemmlandböden dar, die aufgrund hohen Nährstoffgehaltes als Anbaufläche geeignet sind, die jedoch durch Überschwemmungen und notwendige Entwässerung technische Bewirtschaftungsprobleme mit sich bringen /7/ (siehe Karte 4).

Vegetation:
Die unterschiedliche Zonierung Tanzanias spiegelt sich deutlich in der Diversität der Vegetationsformen wider (siehe Karte 5). Sie sind das Ergebnis natürlicher Umweltfaktoren, aber auch anthropogener Beeinflussung. Die Breite reicht von dem tropischen Regenwald bis zur trockenen Gras-Buschland-Savanne.
Eine grobe Einteilung in sechs Haupttypen nimmt Engelhard in Anlehnung an Lauer vor (siehe Übersicht 1).
In erster Linie sind die Pflanzenformationen abhängig von der Niederschlagsmenge, nur am Gipfel des Kilimanjaro ist die Artenzusammensetzung auch durch die Höhe bedingt. Entsprechend den klimatischen Zonen haben sich angepaßte Pflanzengesellschaften entwickelt, deren Potential von den Menschen teilweise extensiv genutzt, daneben aber, z.B. durch intensive Land- und Holzwirtschaft, auch beeinträchtigt oder zerstört wird /8/.

Karte 5

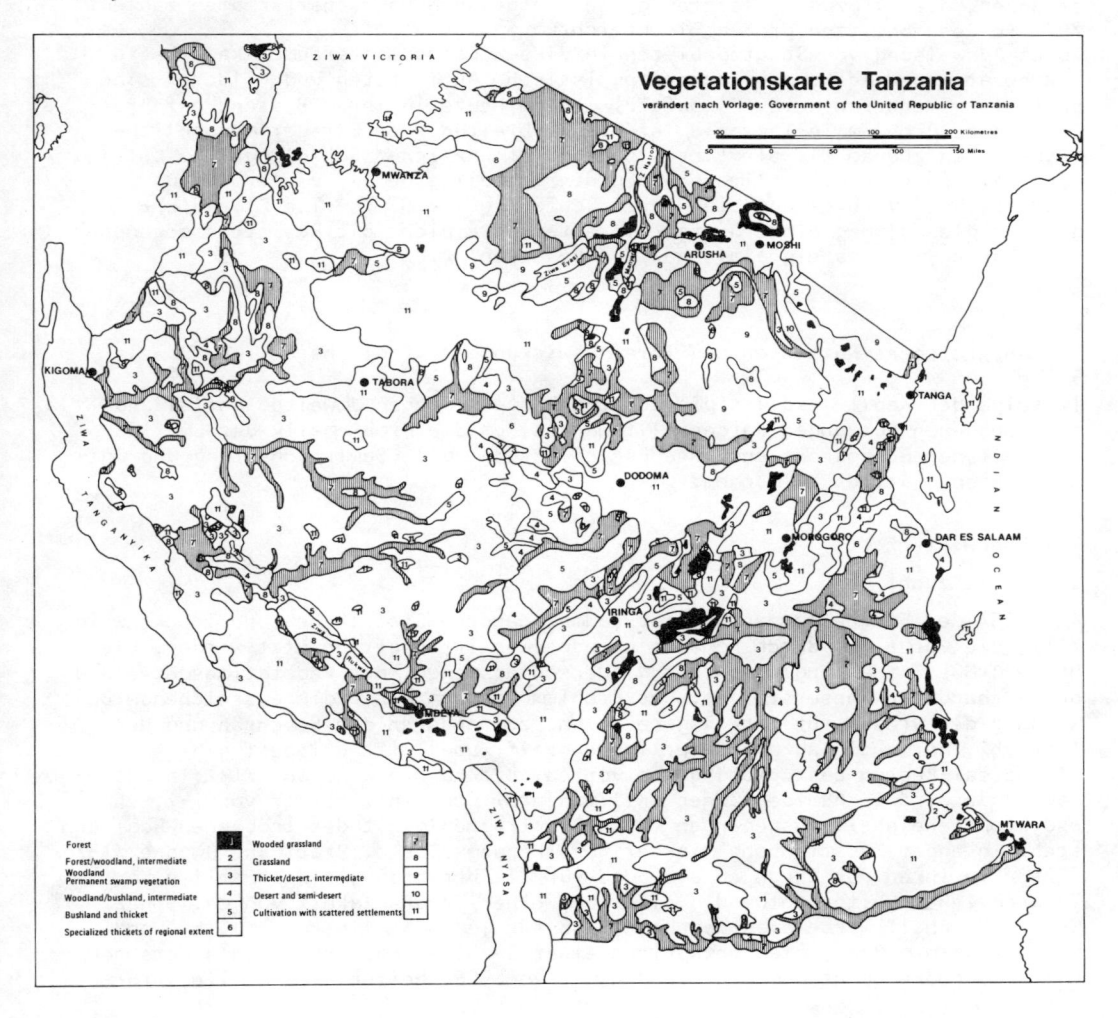

Übersicht 1

- Immergrüner ombrophiler (feuchtigkeitsliebender, Anm. d. Verf.)
  Regen-, Berg- und Höhenwald (mit 10-12 humiden Monaten);
- Feuchtsavanne bzw. regengrüner Feuchtwald (Monsunwaldtyp, mit 7-9
  humiden Monaten);
- Trockensavanne bzw. regengrüner Trockenwald (Miombowald, mit 5-6 humiden
  Monaten);
- Dornsavanne bzw. regengrüner Dorn- und Sukkulentenwald (Caatingatyp,
  mit 3-4 humiden Monaten);
- Halbwüste (Wüstensteppe, mit weniger als 3 humiden Monaten);
- Wüste (nur episodische Niederschläge)

Quelle: W.Lauer: Hygrische Klimate und Vegetationszonen der Tropen mit besonderer Berücksichtigung Ostafrikas. In: Erdkunde, 1951, S. 284-293, Abb. 3; zit. nach Engelhard, K.: Die wirtschaftsräumliche Gliederung Ostafrikas, München, 1974, S.53

Tierwelt:
Der Lebensraum der Tierwelt wird bestimmt durch die zuvor beschriebenen Umweltfaktoren. Die Wildbestände sind am dichtesten in den offenen Trockensavannen, die mit zu den letzten großen naturnahen Landschaftsräumen zählen. /9/ Die Seen besitzen großen Fischreichtum.
Durch Ausweisung von Schutzgebieten in diesen Landschaftsräumen kann es zu Überbesatz an Wild kommen. Durch touristische Aktivitäten und Wilderer sind bestimmte Tierarten (z.B. Flußpferd) jedoch heute in ihrem Bestand gefährdet. Ein großes Problem in Tanzania ist die Verbreitung der Erreger menschlicher Krankheiten ebenso wie die tierischer und pflanzlicher Schädlinge. So begünstigen feucht-heiße Klimaperioden den Schädlingsbefall vieler Kulturpflanzen. Die Verbreitung tierischer Schädlinge, z.B. Tse-Tse Fliege, begrenzen die Haltung eingeführter Tierarten, die nicht die Resistenz gegenüber Krankheiten wie das einheimische Wild besitzen /10/.

2. Anthropogene Nutzungen und ihre Auswirkungen auf die natürliche Umwelt

Im folgenden Kapitel sollen die Zusammenhänge zwischen Umweltpotential und anthropogenen Nutzungen dargestellt werden, um die Problematik der Empfindlichkeit der Ressourcen und ihre Beeinflussung durch Bewirtschaftung und Entwicklungen deutlich zu machen.

2.1 Landwirtschaft

2.1.1 Viehzucht

Rund 25% der Fläche Tanzanias sind baumbestandene Grasflächen und Trockenwald /11/, die vor allem durch nomadisierende Viehwirtschaft genutzt werden. Die Herdengröße ist abhängig von der Niederschlagsmenge, der Vegetationsdecke und den vorhandenen Wasserstellen. Das Problem ist zum einen die ausreichende Beweidung der Gräser für ihre Regeneration, zum anderen die Beschränkung der Tierzahl, notwendig aufgrund der Trockenzeiträume /12/. Leippert gibt für die Massai-Region Bestockungsgrade von ca. 4,8 ha pro Rind an /13/. Im Gegensatz dazu wird in humiden Zonen (Kilimanjaro) von einem Besatz von 1-2,5 ha pro Großvieheinheit ausgegangen /14/. Die Tragfähigkeit der trockenen Regionen steht in engem Zusammenhang mit der Bevölkerungsdichte. Pratt und Gwynne /15/ führen in ihren Berechnungen aus, daß für die Versorgung einer Familie ca. 20 Großvieheinheiten notwendig sind; bei einer Tragfähigkeit von ca. 5 ha/ Großvieheinheit würde dies bedeuten, daß für jede Familie rund 100 ha Land nutzbar sein müßten; dies entspricht einer Bevölkerungsdichte von 4 Personen/ km^2. Fosbrooke nennt dagegen ein Minimum von 5 Einheiten pro Familie /16/.

Daraus wird klar, wie gering der zulässige Nutzungsgrad dieser ariden Zonen ist, deren Niederschlagsmenge nicht gleichmäßig fällt und damit einen zusätzlichen limitierenden Faktor darstellt. Die Zahl der Rinder wurde in früheren Zeiten häufig durch Krankheiten (z.B. Rinderpest) zeitweise drastisch verringert, der Bestand daher relativ groß gehalten. Durch erfolgreiche Krankheitsbekämpfung blieb die erhöhte Zahl jedoch dauernd erhalten und führte zu Überweidungen. Die Sterblichkeit der Tiere ist damit in trockenen Jahren um so größer, die vorher ausgelösten Erosionsschäden jedoch meist irreparabel /17/. Die Entwicklung und Ausdehnung von Tourismus und Ackerbau führte, gerade im Gebiet der Massai (nord-westl. Savannen), zu Nutzungskonkurrenzen. Die Ausweisung staatlicher Wildreservate mit eingeschränktem Weiderecht und der verstärkte Anbau von Nahrungsmitteln aufgrund des Bevölkerungsdrucks griffen in die traditionellen Weidevorgänge der Massai ein und führten zu Konflikten /18/. Die verfügbaren Weidegebiete verringerten sich, die Herdengröße blieb jedoch gleich, da der Besitz von Herden soziales Prestige und Reichtum bedeutete und damit einen Machtfaktor darstellte /19/. Die zunehmende Belastung der Vegetationsdecke führte zu Schäden, die langfristige Erosionen zur Folge hatten.

Die Entwicklung der Viehzucht wird als Ziel im 2. Fünfjahresplan ausführlich angesprochen /20/. Für die Fleisch- und Milchproduktion, aber auch zur Aufzucht von Zugochsen sollen die Rinderherden erweitert werden. Auch der Bestand an Ziegen und Schafen als Fleischlieferanten für den lokalen Markt, vor allem in trockenen Zonen soll gesichert werden, ebenfalls Geflügel als Proteinlieferant ärmerer Haushalte. Da die Regionen sehr unterschiedliches ökologisches Potential haben, wird im Plan explizit auf die Gefahr durch zu hohe Bestockung hingewiesen.

Der Bekämpfung tierischer Schädlinge wird ebenfalls große Bedeutung zugemessen. Eines der Hauptprobleme neben Infektionskrankheiten (z.B. Rinderpest) ist die Verbreitung der Tse-Tse Fliege (Überträger der Schlafkrankheit), die Anfang dieses Jahrhunderts eingewandert ist und die Rinderhaltung für weite Gebiete Tanzanias ausschließt /21/. Mit der Bekämpfung durch Rodung des Buschwerks und damit Vernichtung der Brutplätze wurde schon frühzeitig begonnen, großräumige Aktionen, vor allem in den 5oer Jahren, führten dazu, daß mehr Gebiete, vor allem im Norden Tanzanias, für die Viehwirtschaft nutzbar sind. Kritik wird heute jedoch an dem umfangreichen, teilweise sinnlosen Vernichten der Gehölze und dem starken Biozideinsatz laut, mit der Forderung, biologische Schädlingsbekämpfungsmaßnahmen anzuwenden.

2.1.2 Ackerbau

Art und Intensität der ackerbaulichen Nutzung richten sich neben sozio-ökonomischen Faktoren stark nach den jeweiligen Umweltbedingungen. So beträgt der Anteil der ackerbaulichen Dauerkulturen nur etwa 17% der Gesamtfläche Tanzanias /22/, konzentriert sich jedoch auf einzelne Regionen, z.B. Kilimanjaro, oder andere Vulkangebiete, wo bis zu 75% der Fläche landwirtschaftlich genutzt werden /23/. Ackerbau ist in erster Linie abhängig von den Niederschlägen, die als Begrenzungsfaktor wirken. Mascarenhas setzt für die meisten Ackerbaukulturen ein jährliches Minimum von 750 mm voraus, dies trifft seiner Meinung nach für die Hälfte der Flächen Tanzanias zu /24/. Bestimmte Böden sind potentiell für Ackerbau geeignet, sofern Mineraldüngung oder Fruchtfolge eingesetzt werden, doch haben Beispiele gezeigt, daß sowohl eine unsachgemäße Technik, als auch nicht artengerechter Anbau zu Verlusten oder Scheitern oder Projekte führen können. (Erdnuß-Projekt /25/). Düngung, Bearbeitung des Bodens und Sortenwahl bedürfen bei derart instabilen, komplexen Systemen einer genauen Vorprüfung der einzelnen Naturfaktoren.

Wanderhackbau (shifting cultivation) war die den ärmeren Bodenzonen angepaßte traditionelle Wirtschaftsweise. Durch Brandrodung wird die oberste Bodenschicht mit Nährstoffen angereichert, dennoch sind die Nährstoffreserven nach wenigen Nutzungsjahren erschöpft, und der Boden braucht mindestens 10 - 20 Jahre zu seiner Regeneration /26/. Dies bedeutet, daß weite Gebiete nur sehr extensiv genutzt und ständig neue Flächen, auch

Waldgebiete, abgebrannt werden müssen. Brachezeiten müssen sehr genau eingehalten werden, um nicht zu einer dauernden Ermüdung und damit Nutzungsverlust des Bodens zu führen. Wichtigstes Kriterium, damit nicht innerhalb kürzester Zeit der Boden degradiert, ist die geringe Siedlungsdichte und die Mobilität der Bevölkerung. Wanderhackbau dient fast ausschließlich der Selbstversorgung mit traditionellen Nahrungsprodukten wie z.B. Hirse. Die ökologische Einschätzung des Wanderhackbaus ist unterschiedlich. Auf der negativen Seite stehen Degradierung der Vegetation durch Abbrennen, die geringe Produktivität und die notwendige Fläche, die bis zu zehn Mal größer sein kann als beim Dauerfeldanbau. Dagegen spricht die über Jahrhunderte beibehaltene Wirtschaftsweise, die wenig Arbeitsaufwand braucht, zusätzliche Düngung mit Phosphor durch Brandrodung bewirkt und sich als relativ stabil erwiesen hat /27/.

Seit der Unabhängigkeit wurde in Tanzania mit Programmen zur Umsiedlung und Konzentration der Bevölkerung und zur Modernisierung der Landwirtschaft begonnen. Bevölkerungsentwicklung, Veränderung landwirtschaftlicher Systeme und Umweltauswirkungen stehen jedoch in engem Zusammenhang. Die Änderung agrarischer Wirtschaftsformen muß zum einen in ihrer Abhängigkeit von dem vorhandenen Naturpotential gesehen, zum anderen auf ihre Umweltauswirkungen hin analysiert werden. An Beispielen soll dies klargelegt werden.

Übersicht 2

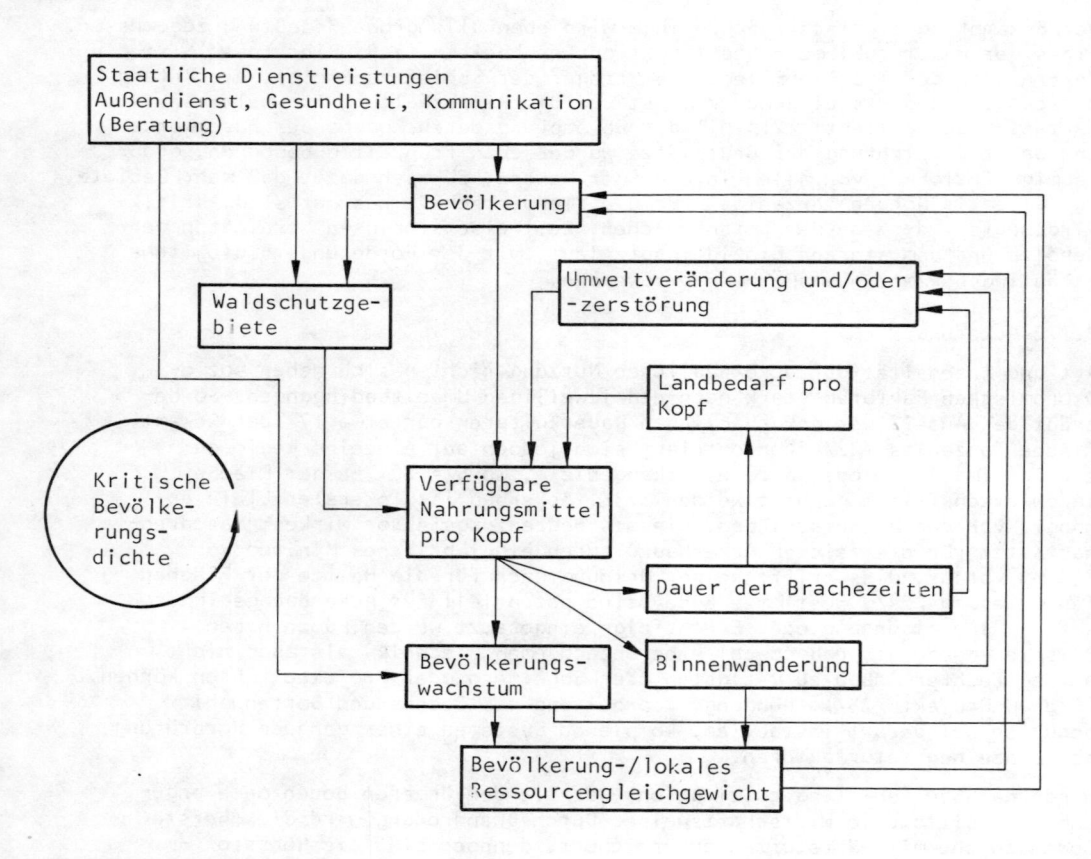

Quelle: Knight, G.: Ecology and Change,
Rural Modernization in an African Community, S. 206

Knight /28/ stellt die Zusammenhänge zwischen den agrarischen Systemen und unterschiedlichen Umweltfaktoren (Regen, Böden) am Beispiel des Mbozi-Hochlandes dar, weist auf das Umweltpotential als limitierenden Faktor für die Bevölkerungsentwicklung hin, und warnt vor den ökologischen Problemen durch Übernutzung. Er zitiert Allen (1965), der von der "kritischen Bevölkerungsdichte eines agrarischen Systems" spricht und darunter "die maximale Bevölkerungsdichte, die der dauernden Tragfähigkeit eines Systems entspricht" versteht. Allen setzt die Bevölkerungsentwicklung in direkten Zusammenhang zu dem Ressourcenpotential; das Wechselspiel zwischen verfügbarem Land - Bevölkerungszunahme - Landmangel pro Person, Wanderungsdruck - Störung des ökologischen Gleichgewichts ist in dem vorliegenden Modell dargestellt (Übersicht 2).

Veränderungen der traditionellen Anbauweisen werden durch Produktion für Markt und Export und durch Bevölkerungswachstum, aufgrund besserer medizinisch-sozialer Versorgung, hervorgerufen.

Fosbrooke /29/ sieht die Ursache der Umweltstörung oder -zerstörung in mehreren Faktoren:
- Zunahme der Bevölkerung durch bessere Versorgung
- Umstellung der Produktion von der reinen Selbstversorgung auf Verkaufsprodukte
- durch Bevölkerungsdruck werden Bewohner gezwungen, abzuwandern, z.B. von den dicht besiedelten Hochländern in die semiariden Gebiete. Die mitgebrachte, nicht angepaßte Agrarwirtschaft führt zu einer Degradation der Umwelt /30/.

Selbst bei teilweisem Auffangen des zunehmenden Bevölkerungsdruckes durch Intensivierung der örtlichen Landwirtschaft und Abwanderung in Industriegebiete, geht Fosbrooke davon aus, daß ca. 1/3 der Bevölkerung (6 Millionen) zukünftig in die trockenen Gebiete abwandern wird und sich dort ernähren muß. Da der Hauptteil des dichtbesiedelten Hochlandes an die Massai-Steppe angrenzt, wird davon ausgegangen, daß gegen Ende des Jahrhunderts die Hälfte der Massai-Steppe durch seßhafte Bevölkerung in Anspruch genommen wird und damit die Umweltgefahr in diesen ariden Gebieten wächst. Ähnliche Probleme formuliert Saitoti /31/ schon heute für das Gebiet der Massai. Die in der Kolonialzeit für Siedlung und Landwirtschaft abgezogenen Gebiete wurden nicht zurückgegeben. Er kritisiert die Einführung landwirtschaftlicher Projekte unter rein marktwirtschaftlichen Gesichtspunkten, die die Selbstversorgungsmöglichkeiten verschlechtern. Der Grad der Probleme ist in den einzelnen Regionen jedoch sehr verschieden. Schwierigkeiten treten zum einen, wie bereits erwähnt, in den dichtbesiedelten Hochländern (Intensivierung der Landwirtschaft, Erosion), zum anderen in den ariden Gebieten (Überweidung) auf.

Diese Entwicklung hängt sehr eng mit dem Bevölkerungswachstum zusammen, das in den letzten 10 Jahren jährlich etwa 2,7%, betrug. Tanzania hat nicht wie andere Länder eine stark auf Industrialisierung ausgerichtete Politik mit den damit verbundenen Umweltproblemen betrieben. Innerhalb des Agrarsektors wurde früh eine Kombination von traditionellen Anbaumethoden und moderner Technologie gefordert, ohne jedoch die Ziele der "Grünen Revolution" uneingeschränkt zu übernehmen /32/. Dennoch ergeben sich aufgrund der Agrarplanung und ländlichen Planung ökologische Probleme.

Die Bevölkerung konzentriert sich zum einen in den Städten und zum anderen in den fruchtbaren ländlichen Bereichen. Eine weitere Konzentration wurde durch Umsiedlung und Gründung von Ujamaa-Dörfern bewirkt, mit dem Ziel, die gemeinschaftliche agrarische Produktionsform an die Stelle der bisherigen Plantagen- und Kleinbauernwirtschaft zu setzen /33/. Zudem sollten die Lebens- und Ernährungsbedingungen der ländlichen Bevölkerung gerade in Gebieten mit ungünstigen natürlichen Bedingungen verbessert werden.

Die Umsiedlungspolitik, die von der tanzanischen Regierung bis 1973 mit dem Ziel betrieben wurde, die Bevölkerung in bestehenden und neuen Dörfern zu konzentrieren (ca. 2 Millionen in ca. 5.600 Dörfer), hatte große Ernteverluste zur Folge. Die Ursachen lagen in den auftretenden Trockenheiten und in der relativ geringen Bereitschaft der Bauern zur Mitarbeit an neuen Projekten, da sie ihre alten Felder teilweise vor der Ernte aufgeben mußten /34/. Probleme der ländlichen Entwicklung sehen auch Banyikwa/Kikula /35/, die durch die Verdichtung von Bevölkerung und Viehbestand in Ujamaa-Dörfern erhöhte Belastung und mangelnde Regenerationszeit für den Boden feststellen, (vgl. Kapitel Forstwirtschaft).

Mascarenhas kritisiert die unzureichende Agrarplanung in Tanzania, die in den naturräumlich unterschiedlichen Regionen die lokalen traditionellen Kenntnisse über angepaßte Anbaumethoden zur Minimierung ökologischer Risiken nicht berücksichtigt. Statt dessen wird auf der Verwaltungsebene beispielsweise die Ausdehnung des Maisanbaus gefördert, obwohl die Gebiete weitaus besser für Hirseanbau geeignet sind /36/.

Mais ist heute wichtigstes Grundnahrungsmittel und hat den traditionellen Anbau von Hirse in die trockenen Regionen (- 4oomm Niederschlag) verdrängt - häufig sind die Mais-Anbaugebiete solche mit großer Bevölkerungsdichte /37/.

Reisanbau spielt vor allem in den Schwemmlandgebieten eine Rolle und soll weiterhin intensiviert werden, bedarf jedoch relativ hoher Arbeitsintensität und Bewässerungstechnologie /38/.

Die bewässerungsfähigen Gebiete gibt Engelhard mit ca. 1,6 Mill. ha Fläche an. Hierbei handelt es sich überwiegend um Areale, die teilweise monatelang überflutet sind und unter Wasserstau leiden können, während bei langanhaltenden Trockenzeiten auf den gleichen Flächen Bewässerung notwendig wird /39/. Das bewässerungsfähige Potential wird sehr unterschiedlich eingeschätzt;

Ruthenberg bezifferte 1962 die Fläche auf ca. 80 000 ha, zitiert jedoch die "Internationale Bank für Wiederaufbau", die damals die Ansicht vertrat, daß ca. 2 Millionen ha durch Wasserbaumaßnahmen für den Ackerbau nutzbar gemacht werden könnten /40/.

Mascarenhas schreibt, daß weite Teile Tanzanias nur mit Hilfe von Bewässerungsprojekten nutzbar sind, die mit großer Sorgfalt vorgenommen werden müssen, die aber in Regionen mit großer Bevölkerungsdichte (z.B. Kilimanjaro-Region) durch Ausdehnung des anbaufähigen Gebietes zu einer Verbesserung der Situation führen können /41/. Dabei muß jedoch berücksichtigt werden, daß durch Nutzbarmachung bisherige Weideflächen für nomadisierende Stämme verloren gehen. In Gebieten mit erhöhter Verdunstung ist vor allem die Gefahr der Versalzung von Böden gegeben, wenn bei der Bewässerung nicht auf ständige Wasserzufuhr und geregelten Abfluß geachtet wird.

Boree schreibt noch 1971, daß Tanzania keine Bewässerungspolitik betreibe /42/, 1976 waren jedoch bereits 14 500 ha bewässert, nach Aussagen des dritten Fünfjahresplanes soll diese Fläche bis 1990 auf 22 500 ha erhöht werden /43/. Der Schwerpunkt muß nach Meinung Mascarenhas jedoch in der Erforschung des Wasserbedarfs unterschiedlicher Getreidearten liegen, um den Anbau daraufhin abzustimmen, da Bewässerung eine sehr teure Alternative ist /44/.

In feuchteren fruchtbaren Gebieten stellen Bananen das Haupt-Grundnahrungsmittel dar, zunehmend wurden sie mit dem Anbau von Kaffee kombiniert. Daneben bilden Hülsenfrüchte wegen ihres hohen Proteingehalts und Maniok (Kassava) wegen der Trockenresistenz und Lagerungsfähigkeit zusammen mit Zuckerrohr und Süßkartoffel die weitere Ernährungsgrundlage. Als Marktprodukte bäuerlicher Betriebe werden Baumwolle, (Sukumaland 90%), Cashew-Nüsse (Küste), Kokuspalmenprodukte (feuchte Regionen), Tabak (Tabora-Region), und Gewürznelken (Zanisbar) angebaut /45/. In Großbetrieben werden hauptsächlich Kaffee (Hochland) für den Export produziert, hierfür werden vor allem die fruchtbaren Böden in Anspruch genommen. Traditionell wurden häufig Mischkulturen wie Banane - Kaffee, Bohne - Mais - Kartoffel angepflanzt /46/. Diese Kulturen wurden im Laufe der Zeit teilweise durch Monokulturen für den Export ersetzt, die Dünger- und Biozideinsatz notwendig machten. Ein Überdenken der modernen Anbaumethoden findet in einzelnen Regionen bereits statt,(vgl. hierzu ökoforschung in den Usambara-Bergen).

Die Produktionsstruktur war von entscheidender Bedeutung für die Nahrungskrisen. Dem Anbau von Nahrungsmitteln für den Markt wurde nur untergeordnete Bedeutung beigemessen, (bei Mais gelangten überhaupt nur etwa 10-20% auf den heimischen Markt), dagegen wurde der Anbau von Exportgütern gefördert /47/. Das Produktionsverhältnis von "cash-crops" zu "food-crops" wurde im zweiten Fünfjahresplan ausführlicher angesprochen. Es wird im Vorspann eine Verlagerung zugunsten der Nahrungsmittelproduktion gefordert, doch gab der Plan Agrarprodukten mit günstigen Absatzaussichten auf dem Weltmarkt, wie Tee und Baumwolle höchste Priorität /48/. Bei den Nahrungsmitteln erhält Weizen höchsten Stellenwert, ebenso die Forderung nach Fleisch-, Fisch- und Molkereiprodukten. Mais, das Hauptnahrungsmittel des größten Teils der Bevölkerung, wird nur mit mittlerer Priorität eingestuft /49/. Mais hat jedoch eine relativ kurze Vegetationsdauer (4-5 Monate), gedeiht auf ungünstigen Böden und bei Niederschlagsmengen von 5oomm und liefert höhere Erträge als die meisten anderen Getreidearten /50/.

Ab 1971 spitzte sich die Ernährungsituation bis zu ihrem Höhepunkt 1974 zu. Tanzania mußte große Mengen an Mais (100 000 to), Reis (30 000 to) und Weizen (43 000 to) einführen. Als Ursachen hierfür werden genannt:
- Umsiedlung
- Exportausrichtung der Landwirtschaft
- widrige Wetterverhältnisse (Trockenzeit).

Auf die Nahrungsmittelkrise hin begann die Regierung mit einer Kampagne "Kilimo cha Kufa na Kupona", (Landwirtschaft auf Tod und Leben) /51/. Durch die verstärkte Aktivität der Bevölkerung bei der Nahrungsmittelproduktion in Stadt und Land wurde die Lage entscheidend gebessert und die Getreideimporte gingen zurück. Letzten Berichten zufolge hat sich die Situation seit 1979 wieder verschärft, von neuem wurden erhöhte Getreideimporte notwendig, gleichzeitig wurde ihre Finanzierung aufgrund steigender Devisenschwierigkeiten immer problematischer. Darüberhinaus wächst der Unmut der Bauern, Nahrungsmittel zu niedrigen Preisen für den Markt herzustellen, während die Lebenshaltungskosten immer weiter ansteigen, von 1967-77 um ca. 400%, z.B. für Kleidung /52/. Sie reagieren im Augenblick mit einem Rückzug in die Subsistenzwirtschaft, mit der Folge weiterer Verschärfung der Nahrungsmittelsituation in den Städten.

2.2 Forstwirtschaft

2.2.1 Nutzung von Wäldern

Ein Drittel der Landesfläche Tanzanias ist mit Wald bedeckt (nur ein ganz geringer Teil ist Regenwald). Die Nutzung der Wälder zur Holzverarbeitung spielt nur eine geringe Rolle, da nur ein kleiner Teil, überwiegend Hartholzarten, für die Holzindustrie (Bauholz, Bahnschwellen) genutzt wird /53/.

Dennoch sind die Sicherung, Entwicklung und der Schutz der Waldbestände eines der großen Probleme Tanzanias. Neben der Vernichtung durch Brandrodung werden große Mengen als Feuerholz verwendet, das häufig die einzige Energiequelle darstellt. Zum Vergleich: Nach FAO-Schätzungen wurden 1972 etwa 1,17 Mill. m^3 zu Nutzholz verarbeitet, dagegen betrug der Verbrauch an Feuerholz 31,5 Mill. m^3! /54/. Die jährlich produzierte Holzmenge liegt pro ha zwischen ca. 13 m^3 /55/ und 25 m^3 /56/. Die Menge der gefällten Bäume ist etwa doppelt so hoch wie vor 50 Jahren, so daß in einigen Regionen (Dodoma, Mwanza, Shinyanga, Singida und dem Küstenstreifen) akuter Mangel an Feuer- und Bau-Nutzholz besteht /57/. Als Ursachen des Waldrückgangs werden hier genannt:
- wahllose Abholzung als Feuer- und Nutzholz,
- Ausdehnung der landwirtschaftlichen Nutzfläche und Überweidung des vorhandenen Graslandes,
- Abbrennen der Waldgebiete durch Farmer und Jäger /58/.

Die Probleme existieren vor allem in Regionen, in denen sich die Bevölkerung konzentriert. Ein Beispiel dafür ist die Region Dodoma mit der neuen Hauptstadt. Während die Bevölkerung im ländlichen Raum in 10 Jahren (1967-1977)

um ca. 24% wuchs, betrug das Wachstum in Dodoma-Stadt 150% /59/. Damit verbunden ist unter anderem das Problem der ausreichenden Versorgung mit Feuerholz. Nach einem FAO-Bericht (1971) liegt der Verbrauch in Tanzania bei ca. 2,3 m^3 pro Person und Jahr im Landesdurchschnitt /60/.
Davon werden ca. 60% zum Kochen
30% zum Heizen und
10% für Handwerk und Industriezwecke
verwendet. Hinzu kommt der erhöhte Verbrauch an Holzkohle in Städten, die zwar einfacher zu verwenden ist, bei deren Gewinnung jedoch ca. 50% der Energie verloren gehen. Openshaw beleuchtet kritisch am Beispiel Dodoma die Umweltgefahren durch Bevölkerungskonzentration, die unter anderen Gesichtspunkten sicherlich sinnvoll ist. In kleinerem Maßstab besteht diese Problematik auch bei den entwickelten Ujamaa-Dörfern. Durch die Umsiedlungskampagnen wurde die Bevölkerung in diesen Dörfern zusammengefaßt und dadurch der Druck auf die umliegenden Gebiete, vor allem auf die Vegetation in einem Radius von ca. 15-25 Kilometern ungeheuer groß /61/. Die Einwohner fällen Bäume für Feuerholz und sind nach Vernichtung der Bäume gezwungen, Gras, Blätter und Büsche als Brennmaterial zu verwenden, wodurch negative Auswirkungen für Bodenstabilität und -fruchtbarkeit, gerade in einem ariden Bebiet verstärkt werden /62/. Hinzu kommt die immer größer werdenden Schwierigkeiten, überhaupt Feuerholz zu beschaffe. Kaale führt aus, daß z.B. in Gebieten um Arusha schon mit 300 Arbeitstagen jährlich gerechnet werden muß, um eine Familie ausreichend mit Feuerholz zu versorgen. (Die Arbeit des Holzsammelns wird, ebenso wie Wasserholen fast ausschließlich von Frauen und Kindern geleistet, im Fall Arusha ist also eine Person ca. 300 Tage/Jahr mit Feuerholzsammeln beschäftigt).
Um weiterer Umweltzerstörung vorzubeugen, prognostiziert Openshaw, ausgehend von Bodenproduktivität und Feuerholzverbrauch einen Bedarf von ca. 36000 ha Feuerholz-Plantagen allein für Dodoma-Stadt im Jahre 1987 /63/.

2.2.2 Schutz von Wäldern

In Tanzania sind durchschnittlich 1,5% der Landesfläche als Schutzwald ausgewiesen /64/. Ziel ist es, 8% der Landesfläche als geschützte Waldbestände zu sichern /65/.

Wie dringend der Schutz der Wälder ist, wird am Beispiel der montanen Gebiete, Meru-, Kilimanjaro-, Usambara, Uluguru-, Southern Highlands und Kagera mit hoher Bevölkerungsdichte (ca. 200E/km^2) deutlich /66/.

Sämtliche, nicht unter Schutz stehenden Bestände wurden für Agrarnutzung gerodet. Darüberhinaus wurden allein im Kilimanjaro-Gebiet 1980 ca. 200 ha Wasserschutzwald von Farmern in Anspruch genommen. Die negativen Auswirkungen der Abholzung werden folgendermaßen beschrieben:
- 90% der saisonalen Wasserläufe außerhalb der Wasserschutzgebiete haben kein Wasser während der Trockenzeit,
- die landwirtschaftliche Produktivität ging aufgrund von Erosion und Dürre zurück,
- das Sammeln von Feuerholz wird immer schwieriger,
- medizinisch nutzbare Pflanzen, die in den Wäldern wuchsen, sind für die Dorfbewohner teilweise nicht mehr einfach verfügbar, teilweise völlig verschwunden.

1980 war der Bestand an montanen Waldreservaten ca. 1.064.400 ha groß, 60% des Wasservorrats der tanzanischen Bevölkerung wird hier gebildet. Der größte Teil hat daher auch eindeutig Schutzfunktion /67/. Nur etwa 39600 ha wurden zur Holzproduktion angelegt. Intensive Aufforstungsprogramme begannen ab 1964, jedoch hauptsächlich mit fremdländischen Gehölzen und Monokulturen, (vor allem Eukalyptusbäume) um höheren Ertrag zu erzielen. 1974 wurden diese Programme gestoppt und wieder zu standortgerechten Anpflanzungen übergegangen, da durch die Monokulturen negative Auswirkungen festgestellt wurden:
- erhöhte Evaporationswerte,
- ungehinderte Sonneneinstrahlung auf den ungeschützten Boden während Vorbereitungs- und Untriebszeit,
- Erosionsgefahr durch Einsatz schwerer Maschinen,

- Erhöhung der Erosion durch ein weites, feinverzweigtes Wegenetz,
- starke Artenverarmung. Im Gegensatz zu natürlichen Waldbeständen mit über 120 Pflanzenarten pro ha können Monokulturen weniger als 10 Arten enthalten, vor allem medizinisch nutzbare Pflanzen sind gefährdet /68/.

In anderen Regionen wird der Schutz der Waldbestände ebenfalls als dringendes Problem dargestellt, wenn auch andere Ursachen zugrundeliegen. So fordert Temu /69/ als Ergebnis seiner Untersuchungen in der Tabora-Region über Tabakanbau und die Ausnutzung des Miombo-immergrünen Regenwaldes, ein umfassendes Programm zum Schutz der Waldflächen und zur langfristigen Absicherung der Versorgung mit Feuerholz. Bei expandierendem Tabakanbau wird zum einen ständig neue Waldfläche gerodet, zum anderen sind für den Verarbeitungsprozeß von Tabak große Mengen Holz notwendig (1 ha Holzproduktion für Verarbeitung von 1 ha Tabakproduktion). Daher muß trotz großer Waldbestände in diesem Gebiet (ca. 3,2 Mill ha) bei einem prognostizierten Verbrauch von 35000 hat Waldland jährlich die Regeneration und Reproduktion des Waldes gesichert werden, um Versorgungsengpässe und negative Auswirkungen auf die Umwelt zu vermeiden /70/.

2.3 Fischerei und Jagd

Der große, artenreiche Wildbestand besitzt in Tanzania in mehrererlei Hinsicht Bedeutung. Er garantiert bestimmten Bevölkerungsgruppen die Versorgung mit Proteinen. Darüberhinaus stellt er jedoch durch Trophäenhandel und Tourismus in den Nationalparks wirtschaftliches Kapital dar. Die wichtige Bedeutung der Parks liegt vor allem in der Sicherung des Artenschutzes und der Möglichkeit, biologische Forschungen zu gewährleisten. Hierbei wird auch eine verstärkte Nutzung der Wildtiere als Fleischlieferanten diskutiert, die aber auf Probleme, z.B. das der Veterinärkontrolle stößt. Schwerpunkt lag eindeutig auf der Entwicklung des Nationalparktourismus, der in den letzten drei Jahren stark zurückgegangen ist. Tanzania hat ca. ein Drittel der Landesfläche als Nationalparks und Schutzgebiete ausgewiesen und investiert relativ große Summen in den Artenschutz /71/, (die Nationalparkfläche beträgt etwa 20%) der Landesfläche. Probleme können in diesen Regionen (vor allem Serengeti) durch Nutzungskonkurrenzen auftreten, wenn durch Eindringen von geschützten Wildtieren Schäden auf den Feldern entstehen oder die Massai in ihren Weidegebieten beschränkt werden /72/. Der Schutz reicht jedoch nicht aus, um die Gefährdung seltener Arten durch Trophäenjagd und Wildern zu verhindern.

Der Fischfang hat an Tanzanias Wirtschaft noch sehr geringen Anteil. Die Binnenfischerei überwiegt bei weitem die der Küste (ca. 80% zu 20%) /73/. Der Fischfang dient in erster Linie der Eigenversorgung und dem Absatz auf lokalen Märkten und ist neben Geflügelzucht häufig einzige Quelle tierischen Eiweißes. Eine weitere Ausdehnung des kommerziellen Fischfangs ist geplant und könnte eine zusätzliche Proteinversorgung für größere Bevölkerungsgruppen garantieren /74/. Erste Ansätze wurden innerhalb der Dorfentwicklung durch die Anlage von Fischteichen verwirklicht /75/.

3. Politische Ziele und Institutionen für den Umweltbereich

Die Entwicklung von Siedlung, Landwirtschaft, Industrie, aber auch der natürlichen Umwelt ist stark von den jeweiligen politischen Zielsetzungen des Landes abhängig. In Tanzania leben, wie bereits erwähnt, über 90% der Bevölkerung in den ländlichen Bereichen und ernähren sich hauptsächlich von der Landwirtschaft. Es ist daher einleuchtend, daß Schwerpunkte der staatlichen Entwicklungspolitik für die Landwirtschaft und, damit eng verbunden, auch für die Bewirtschaftung, Entwicklung und Sicherung der natürlichen Ressourcen formuliert wurden.

Bereits 1967 postulierte Präsident Nyerere als Teilziel der Arusha-Dekleration "... die Erhaltung der natürlichen Ressourcen durch Schaffung von Nationalparks, Wild- und Forstreservaten, durch staatliche Lenkung von Erschließungsmaßnahmen, durch Maßnahmen zur Bodenerhaltung, durch Intensivierung der Bildungsarbeit und Beratertätigkeit..." /76/. Vor allem wurde dem Erosionsschutz und der

Sicherung der Waldbestände zur Regulierung der Wasservorkommen große Bedeutung beigemessen. Daneben stand das Ziel der Produktionssteigerung in der Landwirtschaft, um die Importabhängigkeit zu mindern und um für den einheimischen Markt zu produzieren /77/. Dies sollte mit moderner Technologie, jedoch in Anlehnung an bewährte traditionelle Methoden geschehen.

Die vergangenen 15 Jahre zeigen jedoch ein Anwachsen der Umweltprobleme, die teilweise aus Unkenntnis der komplizierten ökologischen Zusammenhänge, teilweise aufgrund problematischer Zielsetzungen, wie beispielsweise Bevölkerungskonzentration, hervorgerufen wurden. Hinzu kamen die negativen Praktiken bei der Durchsetzung der politischen Programme, da teilweise von den politischen Zielen abgewichen, teilweise bürokratisch gegen den Willen der Bevölkerung vorgegangen wurde. In der Landwirtschaft bedeutete dies vor allem die weiterhin bestehend bleibende Exportausrichtung, begünstigt durch die internationalen Marktverhältnisse /78/ und das unkoordinierte, bürokratische Vorgehen mit starker "Modernitäts-Ideologie". Die Umstrukturierung der Betriebe und neue Produktionsformen wurden den Bauern teilweise trotz Widerstand aufgezwungen und traditionelles ökologisches Wissen wenig beachtet /79/.

Heute wird der schwierigen Umweltsituation mit einer Überprüfung der Ziele, vor allem in der Landwirtschaft, aber auch mit gezielten Programmen begegnet; Forschungsinstitutionen und Ministerien benennen zunehmend den Schutz der natürlichen Ressourcen als einen wichtigen Aufgabenbereich. So werden beispielsweise im 3. Fünfjahresplan (1976-81) folgende Umweltziele genannt /80/:
- Ausweitung der Aufforstungsprogramme, u.a. zum Bodenschutz und zur Wassersicherung
- Schutz und Erforschung des Fischbestandes
- Sicherung der natürlichen Umwelt, vor allem in Nationalparks, u.a. für Forschungszwecke
- differenzierte, den unterschiedlichen agro-ökologischen Zonen angepaßte Düngung
- Bodenüberwachung im Rahmen der Bewässerungsprogramme
- Bereitstellung sauberen Wassers für die Bevölkerung.

Unter dem Kapitel "Natural Resources" werden jedoch nur die Punkte "Forestry" "Fisheries" und "Wildlife" angesprochen, während der Bereich Boden nicht als eigener Bereich behandelt wird, obwohl er eines der gravierensten Umweltprobleme darstellt /81/.

Die mangelnde Koordination bei den Planungen spiegelt sich teilweise auch in der für den Umweltbereich zuständigen verwaltungsmäßigen Organisation wider. Unterschiedliche Ministerien sind für denselben Umweltbereich zuständig, und die differenzierte Formulierung der Probleme und Aufgaben hat keine umfassende, gesamträumliche Umweltplanung zur Folge. (Auf die Arbeit zu bestimmten Umweltproblemen und einzelner Institutionen wird im Kapitel 4 eingegangen.) Genauere Angaben zu dem Bereich Umwelt und Verwaltungsorganisation finden sich bei Gour-Tanguay /82/. Die einzelnen Umweltbereiche und Probleme, die dafür zuständigen Ministerien, Organisationen und Gesetze werden in folgende Gruppe unterschieden:

1. Umweltpolitik allgemein,
2. Nutzung natürlicher Ressourcen und Umweltschutz
(dazu gehören: Luft, Wasser, Meere, Boden, Fauna, Flora, nicht erneuerbare Ressourcen, Lärmregulierung und gefährliche Stoffe),
3. Umweltplanung
(untergliedert in: - Landnutzungsplanung,
                 - Siedlung und Wohnungsbau,
                 - Umweltaspekte ökonomischer Entwicklung,
                 - Schutzgebiete,
                 - klimatische und geographische Veränderungen,
                 - Bevölkerungspolitik),
4. Umweltwissenschaft, Erziehung und Technologie.

Als zuständige Ministerien und Institutionen werden hauptsächlich aufgeführt:
- Ministry of Natural Resources and Tourism
- Ministry of Water Development and Power
- Ministry of Agriculture, Food and Cooperatives,
  Natural Resources and Utilization Division
- Serengeti Research Institute
- College of African Management /83/.

Folgende Probleme werden in den einzelnen Bereichen genannt:
Boden: - Trockenheit, teilweise hohe Bevölkerungsdichte
Fauna: - Wildern und Zerstörung der Biotope durch menschliche Eingriffe,
        z.B. Brandrodung
Flora: - Zerstörung in Schutzgebieten durch Tiere, Degradierung durch Plünde-
        rung der Wälder, Waldzerstörung
Niederschlag: - Menge schwer voraussagbar, Problem für die Landwirtschaft
Ressourcen : - begrenzte mineralische Rohstoffe
Umweltaspekte der
ökonomischen Entwicklung: notwendige Abstimmung zwischen wachsender Be-
                          völkerung mit dem Bedarf an Land, Nahrung und Arbeit,
                          und dem Schutz z.B. der Serengeti, einer einzig-
                          artigen Wildlandschaft
Schutzgebiete: - Siedlungs- und Agrardruck auf die Schutzgebiete durch Be-
                 völkerungsentwicklung und Landknappheit
Umweltwissenschaften,
Erziehung und Technologie: - Bewußtseinsbildung bei der Bevölkerung /84/.

Hierbei können für einen Bereich wie bereits erwähnt, mehrere Organisationen
zuständig sein, so z.B. bei der Pflanzenwelt das:
- Ministry of Agriculture, Food and Cooperatives, Natural Resources and
  Utilization Division
- Ministry of Natural Resources and Tourism
- Serengeti Research Institute.

Neben der Koordination dieser Bereiche ist die Veröffentlichung und Durch-
setzung vor allem der Landnutzungspläne, die ebenfalls von zwei Ministerien
(Ministry of Lands, Housing and Urban Development ARDHI und Ministry of
Agriculture,...) erstellt werden, schwierig /85/. Um überhaupt übergreifende
Arbeiten zu ermöglichen, wurden in der Vergangenheit staatliche Institute
gegründet, so z.B. BRALUP (Bureau of Resource Assessment and Land Use Planning)
und TARO (Tanzania Agriculture Research Organisation). Über den Verlauf einzelner
Umweltprogramme wird im folgenden Kapitel berichtet.

4. Untersuchungen und Programme zur Umweltplanung - Beispiele -

Projekte zur Bekämpfung von Umweltproblemen wurden in Tanzania schon während
der Kolonialzeit der Engländer initiiert, sie dienten hauptsächlich der
Erosionskontrolle. Da die Anordnungen jedoch in der Regel von oben, durch die
Verwaltung, getroffen und mangelhaft organisiert wurden, stießen die Projekte
bei den örtlichen Bewohnern auf wenig Kooperationsbereitschaft und scheiterten
häufig /86/. Nach der Unabhängigkeit hat sich Tanzanias Regierung die Information
und Mitarbeit der Bevölkerung im Umweltbereich als wesentliches Ziel gesetzt.
Beispielhaft sollen im folgenden einige Programme und Untersuchungen dargestellt werden.

Als staatliche Initiative wurde 1980 ein umfangreiches Programm innerhalb der
Erwachsenenbildung begonnen, das die Bewußtmachung der ökologischen Probleme
durch fortgesetztes Abholzen der Wälder zum Ziel hat /87/. In einigen Regionen
zeigte die Bevölkerung bereits vorher zunehmendes Interesse an diesem Problem
und begann mit eigenen Baumschulen und Aufforstungen /88/ (vgl. Übersicht 3).

Das Institut für Erwachsenenbildung startete in Zusammenarbeit mit dem
Ministerium für Tierproduktion und Naturressourcen sowie anderen Institutionen
eine Informations- und Erziehungskampagne, vor allem in den gefährdeten

Übersicht 3

Gesamtgebiet, aufgeforstet von der Dorfbevölkerung während 1971 und 1980, innerhalb der montanen Agrarzone
2000 Setzlingen sollen für einen ha geschlagenen Wald gepflanzt werden.

Region	Total Hectares Planted
Mbeya	3,343
West Lake	3,000
Kilimanjaro	2,700
Arusha	2,465
Iringa	1,600
Morogoro	1,200
Tanga	1,200
Lindi	401
Total	15.909

Quelle: Forest Division Dar es Salaam
Kaale: Deforestation and afforestation in the montane zone of Tanzania. BRALUP Workshop, Dar es Salaam 22nd-26th June 1981

Gebieten Arusha, Dodoma, Mara, Mwanza, Singida, Shinyanga, Tabora und Kigoma. Durch Radiosendungen, Ausstellungen, örtliche Seminare, Verteilung von Literatur und kostenlose Bereitstellung von Baumsetzlingen soll die drohende Gefahr der Erosion und Wüstenbildung deutlich gemacht und bekämpft werden /89/.
Zusammen mit BRALUP (Bureau of Resource Assessment and Land Use Planning) entwickelten Berry und Ford (Universität Massachusetts) Pläne zur Darstellung der Umweltsituation unterschiedlicher Räume in Tanzania /90/.
Die Studie soll helfen, Fragen zu beantworten über:
- die relative Stärke der Umweltprobleme
- die gegenseitige Beeinflussung der Probleme, die zur jeweiligen Situation führen
- das Verhältnis zwischen Bevölkerungsdichte und Umweltproblemen
- die möglichen Umweltauswirkungen geplanter Entwicklungsprojekte.

Tanzania wird hierbei in 62 Bereiche unterteilt, die nach zwei Hauptfaktoren analysiert werden:
- der Bevölkerungsdichte und
- den Umweltbedingungen.

Letztere werden in sechs unterschiedliche Ursachenkomplexe für Umweltprobleme aufgeteilt:
- Probleme menschlicher Krankheiten
- Probleme der Tier- und Pflanzenkrankheiten
- Landprobleme (Erosion, Abholzung)
- Probleme durch Entwicklungsprojekte
- Wasserprobleme (z.B. Überschwemmungen)
- Probleme aufgrund anthropogener Fakten (Verstädterung, Landbesitz) /91/

Darüber hinaus nehmen Berry und Ford eine Einstufung nach Dringlichkeit der Beachtung der Umweltsituation vor.
Die fünf im Text unterschiedenen Kategorien werden für die Graphik zu einer dreistufigen Skala zusammengefaßt, und zwar zu:
Stufe 1 - Berücksichtigung der Umweltbedingungen ist zu empfehlen
Stufe 2 - Berücksichtigung ist notwendig
Stufe 3 - Berücksichtigung ist dringlich /92/.

In der anschließenden graphischen Übersicht sind Bevölkerungsdichte und notwendiger Grad der Umweltberücksichtigung darstellt (siehe Karte 6).

Karte 6
Environmental Context of Development in Tanzania

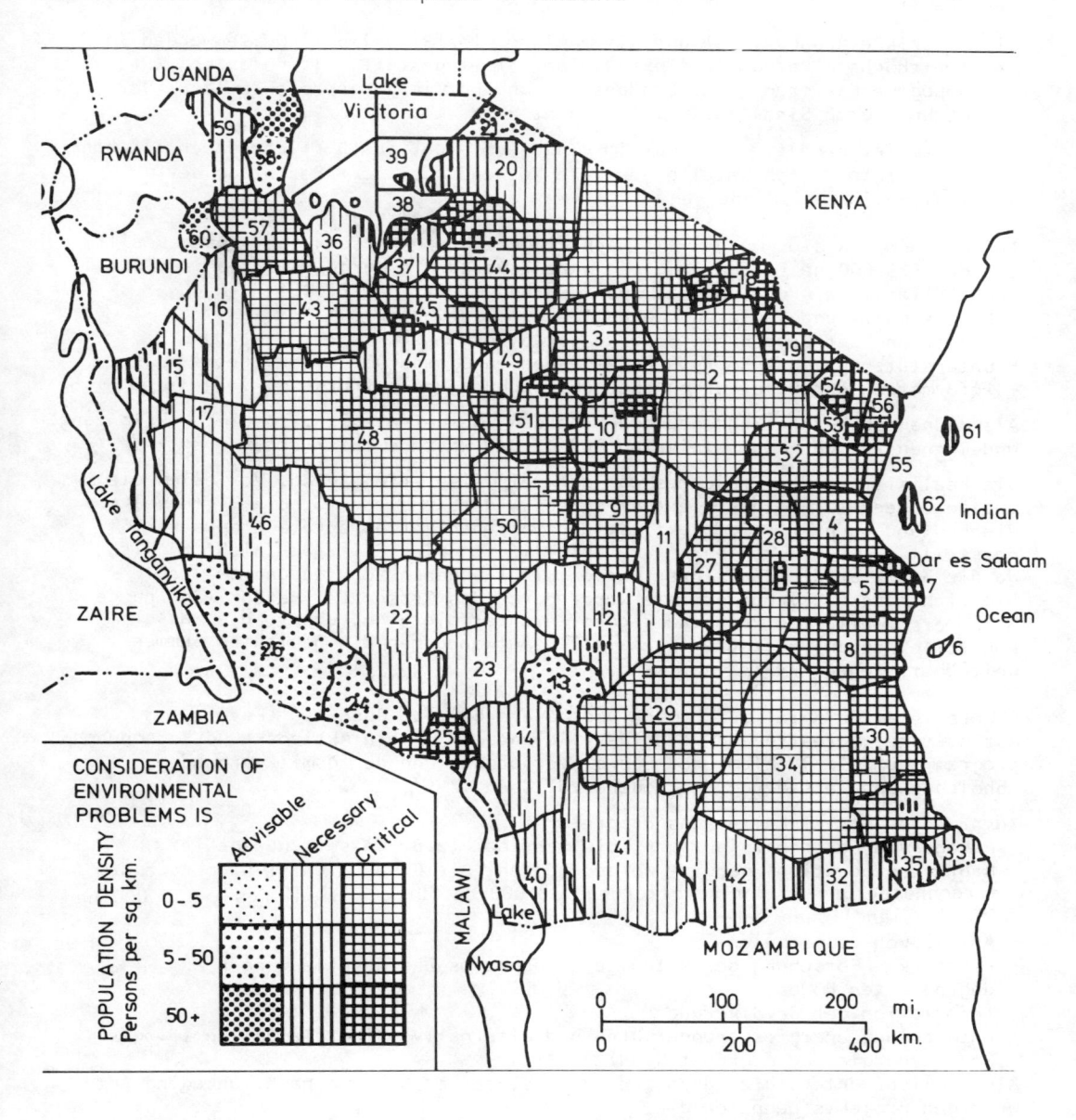

In einer tabellarischen Übersicht werden für jeden Bereich noch einmal die Ursachen der Umweltproblematik genannt. In einigen Beispielen soll dies verdeutlicht werden:

Gebiete mit der höchsten Problemstufe (Tabelle 3, Text 5) sind beispielsweise:
Dodoma: Gebiet 9
    Problemkategorie 3 + 5 (Land- und Wasserprobleme).

Als Problemursachen werden angegeben:
Bodenerosion, Überflutungs- und Trockenheitskatastrophen.

Kilwa (Mtwara-District: Gebiet 30
    Problemkategorie 1 + 2 (Menschen-, Pflanzen- und Tiererkrankungen)

Als Problemursachen werden angegeben:
Tse-Tse-Fliege, Buschschweine, Vögel, Malaria und Trypanosomiasis (Schlafkrankheit).

Die Distrikte Arusha (1-3) und Kilimanjaro (18/19) beispielsweise werden in die zweithöchste Kategorie (Text 4, Tab. 3) eingestuft. Als Belastung werden anthropogene Faktoren (z.B. Landbesitz) und Entwicklungsprojekte (z.B. Verschmutzung durch Sisalindustrie) genannt.

Diese Studie enthält einen zwar im einzelnen nicht ausführlichen aber flächendeckenden Informationskatalog über die Notwendigkeit der Beachtung der Umweltsituation bei Planungen.

In der Dodoma Region wurde 1973 nach eingehenden Untersuchungen festgestellt, daß ca. 125 000 ha Fläche erodiert waren. Daraufhin wurde die Organisation HADO (Hifachi ya Ardhi Dodoma) /93/ gegründet, mit dem Ziel:
- Bodenschutz- und Sanierungsmaßnahmen durchzuführen
- Versorgung der Bauern mit Holz zu garantieren
- Unterstützung von Aufforstungskampagnen in Ujamaa-Dörfern zu geben
- Information der Bevölkerung über Bodenschutz und Aufforstung zu leisten

Als Maßnahmen wurden Begrenzung der Herden, weidefreie Schutzgebiete, Pflanzungen und Rinnen für den kontrollierten Ablauf des Wassers initiiert.

Die Realisierung des Projektes war nur teilweise erfolgreich. Vor allem die geplante Reduzierung des Viehs stieß auf Widerstand, da für die Hirtenvölker Viehbestand auch Prestigobjekt ist und über den Verkaufspreis hinaus Wert darstellt. Eine Art Rentenzahlung anstelle von Viehbesitz war nicht möglich, da die Besitzer die Zahl ihrer Herden nicht angeben konnten und wollten. Die Sicherung der Schutzgebiete wurde durch das Grasen der Herden während der Nacht erschwert. Die Pflanzkampagnen waren erfolgreich, ebenso die Wasserkontrolle, obwohl hier die finanziellen Aufwendungen die geplanten Summen weit überstiegen /94/.

Ebenfalls am Beispiel der Region Dodoma erarbeitete Openshaw (Faculty Agriculture, Forestry and Veterinary Science) 1977 ein Aktions- und Forschungsprogramm, um die Probleme der Energieversorgung und der damit verbundenen Abholzung und Zerstörung des Bodens zu lösen /95/.

Zusammengefaßt beinhaltet das Programm:
- Anlage von Feuerholzplantagen, die mehrfach (z.B. Wasserschutzgebiet, Nahrungsproduktion) genutzt werden können. Die Größe richtet sich nach dem errechneten Bedarf der Bevölkerung. 38 000 ha für die Siedlungs-, 150 000 ha für die ländlichen Bereiche
- Anlage von Baumschulen
- Verstärkte Forschung der Arten, des Wachstums und Neupflanzungen auf degradierten Böden
- Information der Bevölkerung
- Entwicklung energiesparender Öfen und alternativer Energiequellen (Biogas, Sonnenenergie und begrenzt Wind)

Als mögliche Unterstützungspartner dieses, seiner Meinung nach, unbeding notwendigen Projekts nennt er die
- Food and Agricultural Organisation of the United Nations und das
- International Development and Research Centre (IDRC), das die Bereitschaft bekundet hat, diese Projekte bis zu einer Summe von 250 000 $ zu unterstützen /96/.

Für Tanzania existieren bereits Untersuchungen und Planungsansätze zu einer ökologisch orientierten Landwirtschaft. Am Beispiel der Usambara Berge, einem Hochland nordöstlich von Tanga, diskutieren Glaeser und Egger Probleme und Möglichkeiten des Ecofarming (ökologisch ausgerichteter Landbau) /97/. Grundsatz ist die Berücksichtigung und Integration ökologischer Komponenten in die Produktionsweise und die Übernahme der Charakteristika des Ökosystems wie Stabilität, Komplexität und Diversität als Grundregeln des ökologischen Anbaus /98/.

Bei der Entwicklung dieser Anbauweisen, die umweltschonend, kostengünstig, doch durchaus produktionsorientiert sind, für die empfindlichen tropischen Zonen der Entwicklungsländer, wird als ein wesentlicher Punkt die Übernahme traditioneller Anbaumethoden gesehen.

Die Bauern in den Usambara-Bergen haben derartige Techniken entwickelt, vor allem in Form von Fruchtfolgen und Vielseitigkeit der Mischkulturen, je nach lokalen Bedingungen. Hierbei werden vor allem folgende Grundsätze angewandt:
- die zeitlich sinnvolle Fruchtfolge, z.B. Mais, Bohnen, Kartoffeln
- die Kombination unterschiedlicher Pflanzen zur Schädlingsbekämpfung wie Paprika, Bohnen, Salat
- Mischkulturen gegen einseitige Ausnutzung und Bodenmüdigkeit
- Anpflanzen, z.B. von Bananenbäumen, als Schattenspender
- ständiges Bedeckthalten des Bodens gegen Austrocknung durch Unkraut und Mulchen
- zwischenzeitliche Brache zur Bodenregeneration
- Düngung nur mit natürlichem Dünger - Kuhkompost /99/.

Trotz dieser angepaßten Anbaumethoden gaben die Bauern bei einer Befragung eine Reihe wirtschaftlicher Probleme an. /100/ An erster Stelle stand Trockenheit, gefolgt von Erosion und Schädlingsbefall. Die ausdrücklich genannte Kapitalarmut muß bei der Initiierung von Projekten unbedingt berücksichtigt werden. Das starke Bevölkerungswachstum und die Produktionsveränderung in Richtung Marktprodukte wie Gemüse, Tee und Kaffee stellen weitere Probleme bei der Ernährung dar. Der Subsistenzanbau spielt nach den Aussagen immer noch die wesentlichste Rolle. Aufgrund des geringen Einkommens, ca. 200,- tanzanische Schillinge (Entspricht ca. 50,-- DM), ist bei der Marktproduktion wie auch bei dem Subsistenzanbau eine Produktionssteigerung notwendig /101/.

Als Maßnahmen mit dem Ziel ökologischer Verfahren nennt Glaeser vor allem:
- horizontale Stufen von Guatemalagras gegen Erosion (außerdem Viehfutter)
- Schattenbäume (Bananen)
- Mischkulturen mit stickstoffhaltigen Leguminosen
- Wechsel der Fruchtfolge
- Mulch- und Kompostwirtschaft
- Unkrauttoleranz bis zu einem bestimmten Grade /102/.

Die vorgeschlagenen Maßnahmen können vor allem auf den Ujamaa-Feldern im Vergleich ausprobiert werden /103/. Die erfolgreiche Verbreitung und Publikmachung dieser Methoden kann mit Hilfe der Lehrer des relativ dichten Schulnetzes in Tanzania erfolgen. So wurden in den Usambara-Bergen fünf Primarschulen an dem Ökologieprogramm beteiligt, indem Grundlagenwissen vermittelt und auf Versuchsfeldern gearbeitet wurde. Der Untersuchungszeitraum wird von Glaeser als zu kurz für umfassende Aussagen angesehen, doch kann seiner Meinung nach vor einer positiven Entwicklung der Landwirtschaft und größerer Nahrungssicherheit für die Bevölkerung durch ökologisch orientierten Anbau ausgegangen werden /104/.

Während bei Einzelprojekten und gezielten Maßnahmen, die auf Gebiete oder bestimmte Umweltprobleme begrenzt sind, die Durchführung relativ erfolgversprechend ist, zeigt es sich, daß der Umweltschutz jedoch mangelhaft innerhalb übergeordneter Planung verankert ist.

Als Beispiel sei hier der "Tanga Regional Development Plan (1975-1980)" (der im Rahmen des "Tanga Integrated Rural Development Programe" erstellte Regionalplan) angeführt und auf seine Aussagen bezüglich der natürlichen Umweltentwicklung hin untersucht /105/.

Die Tanga Region liegt im Osten des Landes und nördlich der Region Dar es Salaam. 75% der Fläche werden landwirtschaftlich genutzt /106/, die Einteilung in 15 "agricultural zones" spiegelt die Variationsbreite der Anbauprodukte wider. Die geographisch sehr unterschiedlichen Zonen, Bergland bis Savanne, werden verschieden intensiv genutzt.

Bei der Analyse der Potentiale wird, gerade in Gebieten mit sehr hoher Bevölkerungsdichte (Lushoto Highlands), der Erweiterungsdruck durch landwirtschaftliche Flächen auf Waldgebiete genannt.

Auf die sich alarmierend verschlechternde Situation des Bodens, die Erosion und die abnehmende Fruchtbarkeit wird mit der Forderung hingewiesen, Aktionsprogramme zu entwickeln, soll nicht eine vollständige Zerstörung der Ökologie in den nächsten 10 bis 15 Jahren stattfinden. Die Ursachen werden jedoch nicht im einzelnen differenziert.

In einem von den Planern selbst als nicht vollständig bezeichneten Analyseteil für die Forstwirtschaft wird auf die Bedeutung der Wälder als Wassereinzugsgebiet und Bodenschutz hingewiesen. Die Entwicklungsvorschläge für die Forstwirtschaft nehmen jedoch nur eine Seite ein und beinhalten allgemeine Zielsetzung wie:
- Zusammenarbeit der Fachdisziplinen zur Entwicklung ökologisch verträglicher Agrarsysteme
- Ausbildung von Fachleuten zur Unterweisung der Bauern in angepaßten Anbaumethoden
- Kampagnen für die Notwendigkeit des Umweltschutzes
- Programme für die Regeneration der Umwelt   /107/.

Im Rahmen des Tanga-Projektes wurde im letzten Jahr mit Analysen und Planungen zur Aufforstung der Region mit deutscher Unterstützung begonnen.

5. Gesamteinschätzung

In den vorangegangenen Kapiteln wurde versucht, über die Umweltsituation Tanzanias, den Zusammenhang zwischen Entwicklung, wirtschaftlicher Abhängigkeit und Nutzung der Ressourcen, sowie über die politischen Zielsetzungen und ökologischen Maßnahmen zu berichten.

Die Verknüpfungen sind sehr komplex, und die Daten- und Informationslage schwierig. Wie in anderen Sektoren spiegelt sich auch im Umweltbereich die Problematik wider, politische Ziele und Programme durch Zusammenarbeit von Verwaltung und Bevölkerung zu realisieren. Und dies in einer Zeit, in der sich die Finanzsituation und Abhängigkeit Tanzanias ständig verschlechtern.

Die verstärkte Ausbildung von Planern und die Informations- und Weiterbildungsprogramme für die Erwachsenen vergrößern sicherlich die Chancen der Verwirklichung. Inwieweit jedoch Umweltprogramme, die in den letzten Jahren verstärkt initiiert wurden, gerade in einem Land, das mit existentiellen Problemen wie Ernährung und Versorgung der Bevölkerung zu kämpfen hat und zu den ärmsten Ländern der Welt gehört, langfristig Erfolg haben, bleibt abzuwarten. Daß die ökologischen Gefahren jedoch sehr bewußt sind und bekämpft werden sollen, wird aus einer Rede Nyereres anläßlich einer Banket-Ansprache 1980 deutlich, bei der er ausdrücklich auf die Umweltgefahren durch Abholzung hinwies.

"Weite Gebiete unseres Landes haben keinen natürlichen Baumbewuchs mehr, und immer noch fällen die Bewohner Bäume ohne Aufforstung. Wir beginnen die Auswirkungen zu spüren, aber nicht jedermann hat die Zusammenhänge zwischen dem Wechsel von Wassermangel und Überflutung und dem Abholzen von Wäldern begriffen, dem gleichgültig freier Lauf gelassen wird. Wir Tanzanier haben noch Zeit, die Katastrophe zu verhindern, wenn wir jetzt aktiv werden." /108/.

Anmerkungen

/1/ MANSHARD, W.: Umweltbelastung in Entwicklungsländern - gegenwärtige und zukünftige Perspektiven. In: Vierteljahresberichte - Probleme der Entwicklungsländer. Forschungsinstitut der Friedrich-Ebert-Stiftung, Bonn-Bad Godesberg, 1973, S. 121

/2/ MCHARO, T.: National parks and natural reserves, S. 148

/3/ NYERERE, K.: "Freedom and socialism". Zitiert nach MEYNS, P.: Nationale Unabhängigkeit und ländliche Entwicklung in der 3. Welt. Das Beispiel Tanzania, Berlin, 1977, S. 171

/4/ Vgl. HICKMAN, G.M., DICKINS, W.H.G., WOODS, E.: The Lands and Peoples of East Africa, Hongkong, 1977, S. 11

/5/ Vgl. RUTHENBERG, H.: Ansatzpunkte zur landwirtschaftlichen Entwicklung Tanganyikas. Sonderschrift des IFO-Instituts für Wirtschaftsforschung, München, 1974, S. 16

/6/ Vgl. ENGELHARD, K.: Die wirtschaftsräumliche Gliederung Ostafrikas. IFO-Institut für Wirtschaftsforschung, Afrika-Studienstelle, München, 1974, S. 30

/7/ Ebenda, S. 41

/8/ Vgl. PRATT, D.J., GWYNNE, M.D.: Rangeland Management and Ecology in East Africa. London, 1977, S. 51

/9/ Vgl. ENGELHARD, K.: a.a.O., S. 60ff

/10/ Vgl. ebenda, S. 59

/11/ Vgl. MUNZINGER - ARCHIV: Internationales Handbuch: Vereinigte Republik von Tansania, Tansania 49/76, Ravensburg, o.J., S. 6/2

/12/ Vgl. LEIPPERT, H.: Pflanzenökologische Untersuchungen im Massai-Land Tanzanias. IFO-Institut für Wirtschaftsforschung München, 1968, S. 151

/13/ Ebenda

/14/ Vgl. ENGELHARD, K.: a.a.O., S. 83

/15/ Vgl. PRATT, D.J., GWYNNE, M.D.: a.a.O., S. 38

/16/ Vgl. FOSBROOKE, H.A.: Resource-Development and Environment, Paper presented at the Bureau of Resource Assessment and Land Use Planning Workshop, Dar es Salaam 22nd-26th June 81, S. 7

/17/ Vgl. PRATT, D.J., GWYNNE, M.D.: a.a.O., S. 38

/18/ Vgl. OLE SAITOTI, T.: A Massai looks at the ecology of Massailand. In: Munger Africana Library Notes, Nr. 42, Pasadena/USA, 1978, S. 4-24

/19/ Vgl. MEYNS, P.: a.a.O., S. 171 und OLE SAITOTI, T.: a.a.O., S. 14

/20/ Vgl. UNITED REPUBLIC OF TANZANIA: Second Five Year Plan 1969-1974 Dar es Salaam, 1969, S. 50

/21/ Vgl. SCHULTZ, J.: Agrarlandschaftliche Veränderungen in Tanzania. IFO-Institut für Wirtschaftsforschung, München, 1971, S. 100

/22/ Vgl. MUNZINGER-ARCHIV, a.a.O., S. 6/2

/23/ Vgl. Tanga Integrated Rural Development Programme - TIRDEP Tanga, 1980, S. 46

/24/ Vgl. MASCARENHAS, A.C.: Drought and the optimization of Tanzania's environmental potential. Bureau of Resource Assessment and Land Use Planning (BRALUP), University of Dar es Salaam, 1974, S. 14

/25/ *Hierbei handelt es sich um ein 1946 initiiertes Projekt der Engländer, in der Nordprovinz, mit dem Ziel, eine bessere Proteinversorgung für die lokale Bevölkerung zu erreichen. Aufgrund unzureichender Bodenanalysen*

über den hohen Lehmanteil und der damit verbundenen Verhärtung des Bodens scheiterte der Anbau von Erdnüssen und Sonnenblumen. Das Projekt wurde 1951 als völliger Mißerfolg eingestellt.
Vgl. auch MEIER, H.: Die geplante Misere. Zur soziologischen Problematik fehlgeschlagener Entwicklungsprojekte.) Meisenheim am Glan, 1971, S. 57 ff

/26/ Vgl. ENGELHARD, K.: a.a.O., S. 46

/27/ Vgl. WEISCHET, W.: Die ökologische Benachteiligung der Tropen, Stuttgart, 1977, S. 89

/28/ Vgl. KNIGHT, C.G.: Ecology and Change. Rural Modernization in an African Community, New York, 1974, S. 197 ff

/29/ Vgl. FOSBROOKE, H.A.: a.a.O., S. 2

/30/ Ebenda, S. 3

/31/ Vgl. OLE SAITOTI, T.: a.a.O., S. 15 und 22

/32/ *"Grüne Revolution bedeutet Anbau von Saatgut-Züchtungen in Verbindung mit Düngen, optimaler Bewässerung und Biozideinsatz, in Form von Monokulturen, mit dem Ziel der Ertragsteigerung. Zunehmend wird Kritik an dieser Technologie und ihren Umweltauswirkungen deutlich.*
Vgl. GLAESER, B.: Ökonomische Konsequenzen ökologisch orientierter Landwirtschaft in Ostafrika. In: ELSENHANS, H. (Hrsg.): Agrarreform in der Dritten Welt. Frankfurt/New York, 1979, S. 255 ff

/33/ Vgl. MEYNS, P.: a.a.O., S. 139

/34/ Vgl. ebenda, S. 171

/35/ Vgl. BANYIKWA, F.F., KIKULA, J.S.: Soil erosion and land degradation: the case of Kondoa Irangi Highlands, Dodoma, Tanzania.
Paper presented at the Bureau of Resource Assessment and Land Use Planning Workshop on: Resource Development and Enviroment, Dar es Salaam 22nd-26th June, 1981, S. 16

/36/ Vgl. MASCARENHAS, A.C.: a.a.O., S. 14

/37/ Vgl. ENGELHARD, K.: a.a.O., S. 168 ff

/38/ Vgl. UNITED REPUBLIC OF TANZANIA: Second Five Year Plan 1969-1974, Dar es Salaam, 1969, S. 17

/39/ Vgl. ENGELHARD, K.: a.a.O., S. 41

/40/ Vgl. RUTHENBERG, H.: a.a.O., S. 16

/41/ Vgl. MASCARENHAS, A.C.: a.a.O., S. 17

/42/ Vgl. BOEREE, R.M.: "Report on the Economics and Planning of Immigration in Tanzania: Zit. nach MASCARENHAS, A.C.: a.a.O., S. 17

/43/ United Republic of Tanzania: Third Five Year Plan for Economic and Social Development, 1976-81, First Volume, Dar es Salaam, 1978, S. 24

/44/ Vgl. MASCARENHAS, A.C.: a.a.O., S. 14

/45/ Vgl. ENGELHARD, K.: a.a.O., S. 167 ff

/46/ Vgl. EGGER, K.: Agrartechnik in Tanzania zwischen Tradition und Moderne-Alternativen zur Grünen Revolution. In: Zeitschrift für Kulturaustausch 25 (1975), Heft 1, S. 52

/47/ MEYNS, P.: Die Landwirtschaft Tanzanias nach der Nahrungsmittelkrise von 1974/75. (Unveröffentlichtes Manuskript), S. 7

/48/ Vgl. UNITED REPUBLIC OF TANZANIA. Second Five Year Plan 1969-1974, Dar es Salaam, 1969, zitiert nach MEYNS, P.: a.a.O., S. 216

/49/ Ebenda

/50/ Vgl. ENGELHARD, K.: a.a.O., S. 169

/51/ MEYNS, P.: Die Landwirtschaft Tanzanias nach der Nahrungsmittelkrise von 1974/75. (Unveröffentlichtes Manuskript 1979), S. 6

/52/ Vgl. MATOMARA, M.: Tansania - Probleme und Chancen ländlicher Entwicklung. In: Blätter des IZ3W, Nr. 70, Juni 1978, S. 15

/53/ Vgl. MUNZINGER-ARCHIV: a.a.O., S. 7/2

/54/ Ebenda

/55/ Vgl. TEMU, A.B.: Fuelwood scarcity and other problems associated with tobacco production in Tabora Region, Tanzania. Division of Forestry, Faculty of Agriculture, Forestry and Veterinary Science, University of Dar es Salaam, Record Nr. 12, 1979, S. 19

/56/ Vgl. OPENSHAW, K.: The energy problems and requirements of Dodoma Region. A report to the Capital Development Authority. Division of Forestry, Faculty of Agriculture, Forestry and Veterinary Science, University of Dar es Salaam, Morogoro, 1977, S. 3

/57/ Vgl. IAE - Institute of Adult Education: Forests are a Wealth. A radio study group campaign on village afforestation 1980-81, S. 2

/58/ Vgl. ebenda, S. 1

/59/ Vgl. OPENSHAW, K.: a.a.O., S. 3

/60/ Vgl. ebenda, S. 2 ff

/61/ Vgl. ebenda, S. 1

/62/ Vgl. ebenda, S. 2

/63/ Vgl. ebenda, S. 3

/64/ Vgl. Tanga Regional Development Plan - TIRDEP (1975-80), S. 189

/65/ Vgl. KNIGHT, C.G.: a.a.O., S. 194

/66/ Vgl. KAALE, B.K.: Deforestation and afforestation in the montane zone of Tanzania. Paper presented at the BRALUP workshop on: Resource Development and Environment, Dar es Salaam 22nd-26th June 1981, S. 1 ff

/67/ Vgl. ebenda, S. 5

/68/ Vgl. ebenda, S. 7

/69/ Vgl. TEMU, A.B.: a.a.O., S. 16 ff

/70/ Vgl. ebenda, S. 17

/71/ Nach Aussagen von SKUTSCH, M., Ardhi Institute, Dar es Salaam und vgl. MCHARO, T.: a.a.O., S. 145

/72/ Vgl. ENGELHARD, K.: a.a.O., S. 191

/73/ Vgl. MUNZINGER-ARCHIV: a.a.O., S. 7/2

/74/ Vgl. UNITED REPUBLIC OF TANZANIA: Third Five Year Plan for Economic and Social Development, 1976-81, First Volume, Dar es Salaam, 1978, S. 27 ff

/75/ Vgl. PROJEKTGRUPPE F 33 1981: Dorfplanung in einem Entwicklungsland am Beispiel Tanzania. Projektbericht Abteilung Raumplanung, Universität Dortmund, 1980, S. 135

/76/ Vgl. ENGELHARD, K.: a.a.O., S. 132

/77/ Vgl. RAIKES, P.: Ujamaa - eine sozialistische Agrarentwicklung ? In: Blätter des IZ3W, Nr. 60 (1977), S. 29

/78/ Vgl. ebenda, S. 29 ff

/79/ Vgl. ebenda, S. 31

/80/ Vgl. UNITED REPUBLIC OF TANZANIA: Third Five Year Plan for Economic and Social Development, 1976-1981, First Volume, Dar es Salaam, 1978 Kap.: "Agriculture, Natural Resources, Water development."

/81/ Vgl. ebenda, S. 26 ff

/82/ Vgl. GOUR-TANGUAY, R.: Environmental Policies in Developing Countries. Berlin, 1977, S. 922900/01 ff

/83/ Vgl. ebenda, S. 922900/00 ff

/84/ Vgl. ebenda

/85/ Nach Aussagen von SKUTSCH, M., Ardhi-Institute, Dar es Salaam.Tanzania

/86/ Vgl. MEIER, H.: Die geplante Misere. Zur soziologischen Problematik Meisenheim am Glan, 1971, S. 61

/87/ Vgl. IAE, a.a.O., S. 5 ff

/88/ Vgl. KAALE, B.K.: a.a.O., S. 4

/89/ Vgl. IAE, a.a.O., S. 5

/90/ Vgl. BERRY, L., FORD, R.B.: The Evironmental Context of Development in Tanzania - A Map of Environmental Pressure Points, Projekt Document 1223.3, Massachussetts, 1977

/91/ Vgl. ebenda, S. 4 ff

/92/ Ebenda, S. 6

/93/ Vgl. BANYIKWA, F.F.1 KIKULA, I.S.: Soil erosion and land degradation: the case of Kondoa Irangi Highlands, Dodoma, Tanzania. Paper presented at the Bureau of Resource Assessment and Land Use Planning Workshop on: Resource Development and Environment, Dar es Salaam 22nd-26th June, 1981, S. 16

/94/ Vgl. ebenda, S. 15
/95/ Vgl. OPENSHAW, K.: a.a.O., S. 8 ff
/96/ Vgl. ebenda, S. 9
/97/ Vgl. GLAESER, B.: Ökoentwicklung in Tanzania. Saarbrücken, 1981 und
 EGGER, K.: a.a.O.,
 ders.: Ökologie als Produktivkraft. In : ELSENHANS, H. (Hrsg.): Agrarreform in der Dritten Welt. Frankfurt/New York, 1979. S. 217-254.,
 GLAESER, B.: Ökonomische Konsequenzen ökologisch orientierter Landwirtschaft in Ostafrika. In: ELSENHANS, H. (Hrsg.): a.a.O., S. 255-338
/98/ Vgl. EGGER, K., in ELSENHANS, H.: a.a.O., S. 240
/99/ Vgl. ebenda, S. 52/53
/100/ Vgl. GLAESER, B.: a.a.O., S. 143
/101/ Vgl. ders. in ELSENHANS, H. (Hrsg.): a.a.O., S. 264
/102/ Vgl. ebenda, S. 265/266
/103/ Vgl. EGGER, K.: a.a.O., S. 52
/104/ Vgl. GLAESER, B.: a.a.O., S. 155 und 168
/105/ Vgl. Tanga Integrated Rural Development Programme - TIRDEP, Tanga, 1980
/106/ Vgl. ebenda, S. 549 ff
/107/ Vgl. ebenda, S. 472
/108/ IAE, a.a.O., S. 3

Einleitung

1
Das Tanzanische Bildungssystem
Koloniale Bildungspolitik. Aktuelle Situation

2
Planerausbildung
Gründung des ARDHI-Institute. Der Studiengang "Städtische und ländliche Planung". Anforderungen an eine sozialistische Planerausbildung. Das Institute of Rural Development Planning. Erziehung zur Eigenständigkeit in der Planerausbildung?

Martin Orth / Einhard Schmidt

PLANERAUSBILDUNG IN TANZANIA UND DIE ANFORDERUNGEN
DER LÄNDLICHEN ENTWICKLUNGSPLANUNG

Die Bedingungen, Schwierigkeiten und Probleme der Planerausbildung in Tanzania werden erst verständlich vor dem Hintergrund der räumlichen, sozialen und politischen Probleme des Landes, wie sie in den vorhergehenden Aufsätzen beschrieben worden sind, einerseits und der Situation im Bildungssektor andererseits. Es sollen deshalb zunächst die kolonialen Ausgangsbedingungen und die aktuelle Situation im Bildungssektor kurz beschrieben werden, um dann die bestehenden Ausbildungsgänge in Tanzania und die Möglichkeiten des Studiums im Ausland zu beschreiben und Probleme aufzuzeigen.

1. Das tanzanische Bildungssystem

1.1 Koloniale Bildungspolitik

Während die vorkolonialen Gesellschaftsformationen in der Lage waren, das nötige Wissen zur Erhaltung und Weiterentwicklung der Gesellschaft ohne formalisierte Ausbildungsgänge und -institutionen weiterzugeben, verlor diese Form der traditionellen Erziehung und Ausbildung gegenüber der aufgezwungenen Kultur und Technik der Kolonialmacht ihre Bedeutung, weil sie das nötige Wissen zum Umgang mit dieser Kultur nicht besaß.
In einer frühen Phase der Kolonialzeit bestand auch kein Interesse seitens der Kolonialherren, die Kenntnisse ihrer Kultur und Technik an die afrikanischen Bewohner weiterzugeben. Ebenso wie man zunächst die Afrikaner auch nicht als Bewohner der Städte akzeptierte, so sprach man ihnen auch die nötige Eignung und Intelligenz ab, "zivilisiert" zu werden, d.h. ganz oder zum Teil in die Kultur der Herrschenden integriert zu werden.
Mit steigendem Interesse an einer besseren Einsatzfähigkeit im Produktionsprozeß durch höhere Qualifikation und mit steigendem Interesse an einer Christianisierung der Bevölkerung kam es zunächst hauptsächlich durch Missionen zur Einführung von Schulen, in denen der einheimischen Bevölkerung "die westliche Kultur nahegebracht" wurde. Die teilweise Integration in die Kultur der Herrschenden und die damit einhergehende Entwurzelung von der eigenen Kultur war geeignet, herrschaftsstabilisierend zu wirken. Die Zerstörung des Selbstbewußtseins durch die ständige Dokumentation der "Überlegenheit des weißen Mannes" wirkt bis heute nach.
Während der Mandatszeit der Engländer in Tanzania, nach dem ersten Weltkrieg bis 1961, wurde eine kleine Anzahl von Afrikanern auch für mittlere Positionen, besonders in der Verwaltung, ausgebildet. Gemäß dem Prinzip "teile und herrsche" wurde so eine gegenüber den anderen Tanzanianern privilegierte Schicht aufgebaut.

Zu Beginn der Unabhängigkeit ist der Bildungssektor also charakterisiert durch eine kleine Anzahl von Schulen, die nur einem Bruchteil der Bevölkerung zur Verfügung stehen und außerdem Werte und Wissen vermitteln, die viel eher geeignet sind, Unmündigkeit hervorzurufen, als sie zu beseitigen. Im Bereich der beruflichen und höheren schulischen Bildung stehen noch weniger Plätze zur Verfügung, akademische Ausbildungsplätze fehlen völlig.

1.2 Aktuelle Situation

Nach der Unabhängigkeit 1961 erfolgte bis 1967 zwar ein rascher Ausbau des Bildungswesens, die kolonial geprägten Lehrinhalte und -formen blieben jedoch zunächst unverändert.
Die Orientierung Tanzanias auf Sozialismus und ländliche Entwicklung brachte auch eine Umorientierung in der Bildungspolitik. Die allgemein programmatischen

Aussagen der Arusha-Entschließung sind für die Bildungspolitik in der Erklärung "Erziehung zur Eigenständigkeit" /1/ konkretisiert.
Im November 1974 wurde dieses bildungspolitische Programm in der Erklärung von Musoma /2/ weiter ausgeführt und bisher unberücksichtigten Erfordernissen einer humanen, gleichberechtigten Entwicklung der tanzanischen Gesellschaft angepaßt.

Die bildungspolitische Konzeption Tanzanias wird charakterisiert mit den Schlagworten "Lifelong Learning" und "Erziehung zur Befreiung", sie weist Ähnlichkeiten mit der kubanischen Bildungspolitik und vor allem mit der "Pädagogik der Unterdrückten" von Paolo Freire auf /3/.

Marjorie Mbiliny, Hochschullehrer für Erziehung an der Universität Dar es Salaam, faßt die Ziele der tanzanischen Bildungspolitik folgendermaßen zusammen:

"Die Politik hatte folgende Zielsetzungen: Orientierung der Schulausbildung auf die ländlichen Gebiete und insbesondere auf Landwirtschaft; die Förderung von Gemeinschaftsarbeit, von Kreativität, kritischem Denken und Selbstbewußtsein; die Einheit von Hand- und Kopfarbeit; Loyalität gegenüber Partei, Regierung und den Massen, gegenüber den Bauern und Arbeitern, schließlich: die Stärkung egalitärer Werthaltungen" /4/.

Gemäß den Richtlinien der Erklärung von Musoma "wird gegenwärtig in Tanzania eine Grundausbildung für jedermann angeboten, sei es in der sieben Jahre umfassenden Primar- oder Grundschule für die Kinder und Jugendlichen (Primary School, wobei die Klassen von Standard 1 bis Standard 7 bezeichnet werden) oder in besonderen funktionalen Alphabetisierungs- und Fortbildungskursen für Erwachsene. Auf diese Grundstufe baut die erste Phase der weiterführenden Bildung auf (Continued Education I), die eine vierjährige Sekundarschule, eine berufliche Ausbildung oder den Besuch verschiedener Kurse umfaßt. Dabei können diese Bildungsaktivitäten in Schulen, Betrieben, Schulungs- oder Fortbildungszentren stattfinden (Farmer-Ausbildungsstätten, genossenschaftliche Bildungszentren, Lehrwerkstätten, Institut für Erwachsenenbildung mit seinen weit verzweigten Nebenstellen, kirchliche Gemeindezentren, Krankenhäuser usw.) oder auch zu Hause bzw. im Gemeindezentrum des Dorfes als Teilnehmer eines der Fernkurse, die vom tanzanischen Institut für Erwachsenenbildung, Abteilung Fernstudien, nach und nach für alle Qualifikationen angeboten werden.

Wer die Hochschulreife erwerben will, muß entweder zwei weitere Jahre Oberstufenkolleg auf der Sekundarschule besuchen (Form V & VI) und erhält dann nach einer Leistungsprüfung die Qualifikation zugesprochen, die bei uns dem "Abitur" entspricht oder man unterzieht sich nach dem Besuch verschiedener informeller Kurse einem akademischen Eignungstest direkt an der Universität. Gemäß den Beschlüssen von Musoma reicht jedoch diese akademische Qualifikation allein nicht aus für die Zulassung zum Hochschulstudium. Hinzukommen müssen außerdem der Nachweis einer mehrjährigen qualifizierten beruflichen Tätigkeit, und die Bestätigung der Partei, daß der Bewerber oder die Bewerberin sich auch sozial oder politisch als reif genug für den Genuß dieses Privilegs ausgewiesen hat. Bisher allerdings wurde dies lediglich im Sinn einer politischen Unbedenklichkeitsbescheinigung praktiziert.

Parallel zum Oberstufenkolleg und zum Hochschulstudium werden von den oben angeführten und vielen weiteren Institutionen für diese Fortbildungsphase (Continued Education II) spezialisierte Kurse angeboten, die eine gleiche Einstufung in der Stellungs- und Gehaltshierarchie des Landes gewährleisten sollen, wie sie Hochschulabsolventen erreichen. Tatsächlich ist jedoch mit der Verwirklichung dieses Plans erst in der weiteren Zukunft zu rechnen; doch wird das integrierte tanzanische Bildungswesen jetzt nach dieser Grundstruktur ausgerichtet und aufgebaut.

Der Erwachsenenbildung kommt dabei eine Kernfunktion zu; abgesehen von der technischen Qualifikation soll sie für Motivation, Einsicht und Wertung sorgen und außerdem die Masse der Bevölkerung in Kooperationsformen einüben helfen" /5/.

Bei der Primarschule und der Erwachsenenbildung dieses Bildungssystems stehen genügend Plätze zur Verfügung.

In Tanzania sind seit der Unabhängigkeit bei der Alphabetisierung der Bevölkerung Erfolge erreicht worden, wie in kaum einem anderen Land Schwarz-Afrikas. Lag die Alphabetenquote für Erwachsene 1960 noch bei 10 %, so konnten 1976 bereits 66 %

der erwachsenen Bevölkerung lesen und schreiben. (Zum Vergleich: im wesentlich reicheren Nachbarland Kenia lagen die entsprechenden Zahlen bei 20 % im Jahre 1960 und 45 % im Jahre 1976). 1978 gingen in Tanzania 70 % der Kinder im Grundschulalter zur Schule gegenüber 25 % 1960 am Vorabend der Unabhängigkeit /6/.

Erhebliche Schwierigkeiten und vor allem ein Stadt-Land-Gefälle sowie interregionale Disparitäten entstehen bei der Versorgung mit Lehrmaterial und bei der Ausbildung der Lehrer. Neben Finanzknappheit und mangelhafter Ausbildung der Lehrer (die ja gerade dann besonders wichtig sind, wenn Ideen und Originalität fehlendes Material ersetzen müssen) entstehen Probleme vor allem daraus, daß eine emanzipatorische Erziehung nur durch aufgeklärte, fortschrittliche Lehrer möglich ist. Die tatsächliche Situation in manchen tanzanischen Schulen beschreibt Mbilinyi hingegen so:

"Die häufige Benutzung des Rohrstocks ist ein Symbol für die Autoritätsbeziehungen in Schule und Klassenraum" /7/.

In den Sekundarschulen stehen etwa 8.500 Plätze zur Verfügung, das bedeutet, daß nicht einmal 1 % der Personen, die die Grundschule erfolgreich abgeschlossen haben, eine Chance haben, die Sekundarschule zu besuchen. Obwohl die Primarschule einen vollständigen Abschluß bietet und die tanzanische Regierung sich propagandistisch darum bemüht, den gesellschaftlichen Status von der Schulbildung unabhängig werden zu lassen, so sind doch die Privilegien eindeutig. Obwohl die Einkommensstaffelung sehr gering ist (maximale Schwankung bei 100 %), bietet der Abschluß der Sekundarschule die Chance auf einen Arbeitsplatz in der Stadt. Das heißt: besserer Zugang zu Sozialeinrichtungen und Waren auf qualitativ höherer Stufe und das Vielfache an Verdienst gegenüber den Kleinbauern auf dem Lande, die in weitgehender Subsistenz oft nur den Bruchteil des Monatslohns eines städtischen Arbeiters zur Verfügung haben.

Die Konkurrenz um die in der Sekundarstufe zur Verfügung stehenden Plätze ist groß. Folglich bleiben überproportional viele Mittelschichtkinder im Rennen, bessere Bildungschancen und vereinzelt auch Bestechung sorgen dafür.
Die Zahl der Hochschul-, Fachhochschul- und vergleichbarer Plätze macht noch einmal ein Auswahlverfahren nötig.

Hier wird schon deutlich, woher der Fachkräftemangel, vor allem in Positionen, die eine hohe Qualifikation erfordern, rührt. Dieses koloniale Erbe hat Tanzania veranlaßt, im dritten Fünfjahresplan besonders die Ausbildung von eigenen Experten voranzutreiben, um so von ausländischen Experten zunehmend unabhängiger zu werden.
Die Privilegien, die mit einer höheren schulischen und beruflichen Qualifikation noch immer verbunden sind, locken natürlich auch solche Leute an, die nicht unbedingt mit der Vorstellung einer optimalen sozialistischen Führungspersönlichkeit übereinstimmen. Deshalb wird bei der Zulassung zum Hochschulstudium auch die eben genannte politische und charakterliche Beurteilung hinzugezogen.
Wir sehen also, daß es Probleme bei der Auflösung kolonialer oder neokolonialer Strukturen auch in den Köpfen von Studenten und (ausländischen) Hochschullehrern gibt. Der ständige Finanzmangel führt dazu, daß zu wenig studieren können, zudem unter schlechten Ausstattungs- und Betreuungsbedingungen.

2. Planerausbildung

Der große Mangel an qualifizierten Fachkräften für die Planung stellte und stellt für Tanzania ein besonders großes Problem dar, da die Beseitigung bzw. Korrektur kolonialer Raumstrukturen und die planmäßige Steuerung der Entwicklung der Raumstruktur wichtige Voraussetzungen für eine wirtschaftliche Entwicklung des Landes im Interesse der Bevölkerung sind.

Seit Beginn der 70er Jahre sind mehrere Ausbildungsgänge geschaffen worden, die eine kritische Auseinandersetzung mit den Modernisierungsstrategien möglich machen, und in denen die Studenten lernen sollen, in der Raumplanung entwickelte Methoden und Strategien in ihrer Anwendbarkeit auf tanzanische Verhältnisse zu überprüfen.

Allerdings bietet Planerausbildung in Tanzania ein sehr verwirrendes Bild. Von einem einheitlichen System kann keine Rede sein. Nebeneinander bestehen eine Reihe von Institutionen, die alle die Aufgabe haben, Stadtplaner, Regionalplaner oder Planer für die Aufstellung des nationalen Gesamtplanes auszubilden. Diese Unübersichtlichkeit im Bereich der Planerausbildung hat im wesentlichen zwei Ursachen:

- zum einen ist sie Folge des kolonialen Verwaltungsaufbaues, der in seinen Grundzügen bis heute unverändert besteht. In der britischen Kolonialverwaltung wurde Planung als sektorale Ressortplanung eingeführt. Integrierte Entwicklungsplanung gab es nicht; Querverbindungen zwischen den einzelnen Ressorts bestanden kaum. Bis heute gibt es in Tanzania eine strenge Trennung zwischen ökonomischer Planung, die vom Prime Minister's Office wahrgenommen wird, und physischer Planung, für die die Kompetenz beim Ministry of Lands, Housing and Urban Development liegt. Im Zuge der Umsetzung der eigenen Entwicklungsstrategie Tanzanias hat es zwar verschiedene Reformen des Verwaltungssystems gegeben, insbesondere hat die Dezentralisierung von Kompetenzen, d.h. die Verlagerung von Funktionen auf die Ebene der Region und der Distrikte, dazu beigetragen, daß integrierte Planung heute eher möglich ist. Trotzdem besteht der Ressortegoismus bis heute fort /8/;

- die zweite Ursache für die Unübersichtlichkeit der Planerausbildung hat mit dem Einfluß ausländischer Entwicklungshilfegeber-Institutionen zu tun. Es ist durchaus nichts Ungewöhnliches, daß die Projektfindungsmission einer ausländischen Geber-Institution nach einer kürzeren Bereisung Tanzanias die Errichtung einer neuen Ausbildungsstätte vorschlägt. Vielfach mangelt es diesen Delegationen an umfassenden Kenntnissen des etwas verwirrend aufgebauten tanzanischen Bildungssystems, und das Ergebnis ist, daß eine neue Ausbildungsstätte finanziell gefördert wird, obwohl bereits eine vergleichbare Institution mit ähnlichem Programm im Lande existiert.

Die beiden für die Planerausbildung wichtigsten Einrichtungen sind das ARDHI-Institute in Dar es Salaam und das Institute of Rural Development Planning in Dodoma. Daneben nehmen auch die Universität von Dar es Salaam und das Business College Mzumbe gewisse Funktionen in der Ausbildung von - vorwiegend ökonomischen - Planern wahr.

Obwohl bisher an der Universität in Dar es Salaam kein Planerstudiengang besteht, sind doch zahlreiche Absolventen der Studiengänge Ökonomie und Geographie in planungsbezogenen Tätigkeitsbereichen untergekommen. Absolventen dieser Studiengänge arbeiten im Prime Minister's Office oder als Regional Planning Officers auf der Ebene der Regionalverwaltungen. Ähnliches gilt für Absolventen des Business College Mzumbe.

Schließlich ist noch eine Ausbildungsstätte für Village Manager zu nennen, die gegenwärtig in Arusha aufgebaut wird. Village Manager sollen in Zukunft allen registrierten Dörfern zugeordnet werden. Sie übernehmen die Buchführung der genossenschaftlichen Einrichtungen und beraten die Dorfbewohner bei Projekten, die der wirtschaftlichen Entwicklung dienen. Im Grunde sind sie "Animateure" für integrierte ländliche Entwicklung auf unterster Ebene. Der vorgesehene Ausbildungsgang überschneidet sich sowohl mit dem Curriculum des Business College in Mzumbe als auch Kursen, die am Institute of Rural Development Planning angeboten werden.

2.1 Gründung des ARDHI-Institute

Das ARDHI-Institute (ardhi = Suahili für Land) ging aus einer Schule für Vermesser und Vermessungsgehilfen hervor, die Anfang der 60er Jahre ihren Lehrbetrieb aufgenommen hatte. Die Schule war in ihrer ursprünglichen Konzeption ein spätes Produkt der Kolonialzeit: Ziel war nicht die Ausbildung von selbständig arbeitenden Fachleuten, sondern die Heranziehung von dienstbereiten Hilfskräften. Dieses Konzept wurde Anfang der 70er Jahre gründlich revidiert. Auslösendes Ereignis für die Neukonzeption war der Dezentralisierungsbeschluß von 1972, in dessen Folge der Bedarf an qualifizierten Vermessungsingenieuren, Planern und Baufachleuten im ganzen Land sprunghaft anstieg. Um räumliche Planung bevölkerungsnäher und angepaßter an regionale Besonderheiten zu machen, sollte die Planung für die Dörfer,

Regionen und Städte von regionalen Planungsbüros, den "Regional Planning Offices", übernommen werden.

Durch ein Gesetz aus dem Jahre 1972 wurde die Vermesserschule zu einer selbständigen Hochschule mit akademischer Ausbildung aufgewertet /9/. Ihre Funktion ist seither im wesentlichen die Ausbildung von Form-Six-Absolventen (entspricht etwa unserem Abitur) auf Fachhochschulniveau. 1974 begann auf einem neuen Campus, in unmittelbarer Nachbarschaft der Universität von Dar es Salaam, der Lehrbetrieb.

Es werden folgende Ausbildungsgänge angeboten:
- Vermessungswesen (Land Surveying),
- Städtische und ländliche Planung (Urban and Rural Planning),
- Architektur (Building Design),
- Bodenordnung (Land Economics),
- Bauwirtschaft (Building Economics).

Außerdem wurden Filialen in Tabora und Morogoro aufgebaut, in denen drei- bzw. sechsmonatige Kurse zur Aus- und Weiterbildung von Vermessungstechnikern durchgeführt werden.

ARDHI-Institute, Studentenwohnheim und Bücherei, Dar es Salaam

2.2 Der Studiengang "Städtische und ländliche Planung"

Wir wollen uns im folgenden mit dem Ausbildungsgang "Städtische und ländliche Planung" beschäftigen /10/. An dem Angebot der Studiengänge des ARDHI-Institute wird schon deutlich, welch großer Stellenwert der praktisch-ingenieurwissenschaftlichen Vorbereitung (Vermessung) und Durchführung (Bauwirtschaft) der Planung beigemessen wird. Ebenso wie die anderen Studiengänge ist Urban and Rural Planning (URP) auf drei Jahre angelegt, die jeweils in drei Teilabschnitte (Trimester) eingeteilt sind, und wird mit einem Diplom (Diploma/Degree) abgeschlossen, was etwa der Graduierung an einer deutschen Fachhochschule entspricht. Außerdem sollen in Zukunft Auffrischungskurse für Planungspraktiker eingeführt werden, um neue inhaltliche und methodische Erkenntnisse an die Praxis weiterzugeben.

Der Diplomstudiengang entspricht inhaltlich Studiengängen, die im englischsprachigen Raum zumeist "Urban and Regional Planning" oder "Town and Country Planning" genannt werden /11/. In der Bundesrepublik Deutschland heißen vergleichbare Studiengänge, jedoch meist fünfjährige Universitätsstudiengänge "Raumplanung" oder "Stadt- und Regionalplanung". Die Benennung des tanzanischen Studienganges deutet die besondere Rolle der Dorfplanung und der Planung für den ländlichen Raum an.

In Zusammenarbeit der an der Planung beteiligten Fachressorts, also interdisziplinär, sollen die Studenten die Zielformulierung, die Planaufstellung, die Sicherung der Plandurchführung und die Evaluierung erlernen. Dabei soll praxis- und problemorientiert, d.h. anhand von realen Beispielen, im ersten Jahr schwerpunktmäßig die Dorfplanung, gelernt werden. Im zweiten Jahr liegt das Schwergewicht auf der Erstellung von Plänen für städtische Teilräume, besonders "Lay-out Planning" (Bebauungsplanung). Im dritten Jahr stehen Distrikts- und Regionalplanung sowie gesamtstädtische Planung "Master Planning" (Flächennutzungs- und Stadtentwicklungsplanung) im Vordergrund.

Dabei soll im ersten Jahr erlernt werden, eine Standortentscheidung für ein Dorf zu treffen, ein Entwicklungskonzept und ein Konzept für die ökonomische und soziale Infrastruktur zu entwerfen, sowie einen Bebauungsplan und einen für die Dorfbevölkerung verständlichen Plan zu erstellen.
Der Entwurf von "Lay-out Plans", städtischen Entwicklungskonzepten sowie Plänen für die Verbesserung von Squattergebieten (Spontansiedlungen /12/) (Squatter Upgrading) und Stadterneuerungsgebieten (urban renewal areas) sollen im zweiten Jahr erlernt werden. Außerdem werden die Techniken für Untersuchungen in den Bereichen Verkehr und Wohnungsbau gelehrt.
Im dritten Jahr ist die Integration der in den ersten beiden Jahren erworbenen Kenntnisse über Planung im ländlichen Raum und in der Stadt gefragt. Die Studenten sollen in Distrikts- und Regionalplänen sowie in "Master Plans" für die städtischen Bereiche solcher Distrikte und Regionen Gesamtplanung betreiben. Am Schluß muß in einer Diplomarbeit die Fähigkeit bewiesen werden, ein Thema weitgehend selbständig zu bearbeiten.
Folgende Fächer werden gelehrt:

1. Jahr	2. Jahr	3. Jahr
Planungstheorie	Planungstheorie	Planungstheorie
Planentwerfen	Planentwerfen	Planentwerfen
Vermessung	Wohnungswesen	Boden- und Planungsrecht
Soziologie	Hausbau	Ökologie
Statistik	Erschließungsplanung	Regionalplanung
Einschätzung ländl. Ressourcen	Verkehrsplanung	Verkehrsplanung
Berichtewesen	Politische Ökonomie	Umweltgüteplanung
Luftbildinterpretation		
Kartographie		
Verkehrsplanung		

Ardhi Institute, Seminarraum

2.2.1 Das erste Jahr der Ausbildung

Die Einzelheiten des Curriculums hier zu beschreiben, wäre zu aufwendig und würde zudem die inhaltliche Ausrichtung des Studiums auch nicht transparenter machen. Es soll nur kurz beschrieben werden, welches Gewicht die einzelnen Fächer haben, möglicherweise unbekannte Fächer sollen kurz dargestellt bzw. bei bekannten Fächern Unterschiede zwischen den Inhalten, die in der BRD bekannt sind und denen, die in Tanzania gelehrt werden, aufgedeckt werden. Außerdem sollen das Verhältnis von Vorlesungen, Übungen, projektorientierten Lehrveranstaltungen sowie die Studienbelastung deutlich werden.
Die Fächer Planungstheorie und Planentwerfen werden problemorientiert am Beispiel des für das Projekt ausgesuchten Dorfes zur Erstellung von Dorfplänen gelehrt. Die beiden Fächer geben dabei, je nach Bedarf Inputs im Bereich der Theorie, der praktischen Fähigkeiten (technisches Zeichnen) sowie bei der Planerstellung:
Planungstheorie - 60 Std. (gemeint sind immer Jahresstunden)
Planentwerfen (Übung) - 166 Std.

Entsprechend der Tatsache, daß weite Gebiete Tanzanias noch nicht genauer vermessen sind, muß der Planer auf dem Dorf in der Lage sein, das Kartenmaterial selbst zu erstellen. Dabei steht nicht die perfekte Vermessung im Vordergrund, sondern es soll dem Planer die Fähigkeit vermittelt werden, sich alle Planungsgrundlagen selbst zu erarbeiten:
Vermessungswesen - 92 Std.
Soziologie - 54 Std.
Statistik - 81 Std.

Grundkenntnisse über Klima, Vegetation, Böden, Fischerei, Jagd, Wasserversorgung, industrielle Rohstoffe für ländliche Kleinindustrie (Holz, Ton etc.), Landwirtschaftsformen (Subsistenzwirtschaft, pastorale Wirtschaft) und Landwirtschaftssysteme (z.B. Fruchtwechselwirtschaft) werden im Fach "ländliche Ressourcen" vermittelt:
Ländliche Ressourcen - 40 Std.

Im Fach Berichtewesen soll die Erstellung von Planerläuterungen gelehrt werden. Auch Formen der Darstellung, die für die ländliche Bevölkerung verständlich sind, sollen eingeübt werden:
Berichtewesen - 25 Std.

Die Auswertung von Luftbildern als Ersatz für Karten oder als Grundlage für Karten stellt eine wichtige Grundlage der Planung dar, vor allem in unvermessenen Gebieten:
Luftbildinterpretation - 28 Std.
Kartographie - 28 Std.

Im Fach Verkehrsplanung werden auf dem Niveau angepaßter Technologie für den ländlichen Raum nicht nur theoretische Kenntnisse vermittelt, sondern mit den Studenten auch Entwürfe für Trassen und Querschnitte erstellt:
Verkehrsplanung - 33 Std. (Theorie 13 Std., Übung 20 Std.).

Die Projektarbeit über die Planung eines oder mehrerer Dörfer nimmt mit 380 Jahresstunden fast 40 % der gesamten Lehrveranstaltungen ein. Berücksichtigt man zusätzlich den Bausteincharakter /13/ der Veranstaltungen in fast allen Fächern, so wird die große Bedeutung praxis- und problemorientierter Lehrformen deutlich. Lediglich die Veranstaltungen Luftbildinterpretation und Kartographie bleiben als Grundlagenveranstaltungen ohne direkten Bezug zum Projekt. Da in der Regel die Dörfer, über die die Projekte stattfinden, von den Studenten noch vermessen werden müssen, hat auch die Veranstaltung Vermessungswesen direkten Projektbezug. Die Praxisorientierung der Projekte geht oft darüber hinaus, nur ein reales Beispiel zu wählen. Sind die Dorfbewohner mit den Planungsvorschlägen der Studenten einverstanden, und halten auch die Lehrkräfte die Vorschläge für gut, so können die Projektvorschläge vom Dorf beim regionalen Planungsbüro eingereicht werden und von diesem als offizielle Entwicklungspläne anerkannt werden.

Geplant sind normalerweise drei Feldaufenthalte:
einer in einem noch weitgehend traditionellen Dorf,
einer in einem Dorf, das nach der Umsiedlungskampagne durch Neusiedler größer geworden ist,
einer in einem Ujamaa Dorf /14/.
Dabei soll der Dorfaufenthalt jeweils 60 Std. und die Vor- und Nachbereitung zusammen jeweils 70 Std. dauern, das entspricht dreieinhalb Wochen pro Dorf, also insgesamt 3 x 60 und 3 x 70 Std. = 390 Std. in 10 Wochen. Leider führen die Knappheit an Fahrzeugen und vor allem an Benzin dazu, daß die Projektarbeit immer weiter eingeschränkt werden muß.

Im Studienjahr 1979 waren von drei vorgeschriebenen Dorfprojekten nur mehr zwei vorgesehen. Außerdem kommt es punktuell wohl auch zu Widerständen der Studenten gegen die Projektarbeit. Ohne eigene Fahrzeuge und mit mangelhafter Ausstattung wird nämlich die Projektarbeit zu einer anstrengenden und unbequemen Unternehmung, vor allem, weil die Studenten dem ländlichen Leben teilweise längst entfremdet sind.

Insgesamt beträgt die Stundenbelastung im ersten Jahr 997 Jahresstunden. Berücksichtigt man, daß selbständiges Vor- und Nachbereiten im tanzanischen Ausbildungs-

gang nicht ganz dieselbe Bedeutung haben wie in der BRD, so bleibt dennoch eine sehr, sehr hohe Belastung.
Zum Vergleich: Der ähnlich strukturierte Studiengang "Raumplanung" an der Universität Dortmund weist eine maximale Studienbelastung von 560 Std. auf.
Der Versuch, im gesellschaftlichen Interesse in möglichst kurzer Zeit qualifizierte Planer auszubilden, stößt dort an seine Grenzen, wo eine zu hohe Arbeitsbelastung, persönliches Engagement, kritisches Hinterfragen und Persönlichkeitsentwicklung der Studenten vermindern oder behindern. Darüber hinaus wird den Prüfungen ein recht hoher Stellenwert beigemessen. Neben den schriftlichen Ergebnissen der Projektarbeit und der Arbeit in Seminaren und Übungen, werden zur Beurteilung der Studenten auch individuelle Leistungstests (Klausuren) durchgeführt. Dabei dienen die Prüfungen am Ende des ersten und zweiten Trimesters der Überprüfung des Leistungsstands. Die Jahresabschlußklausuren entscheiden über die "Versetzung" ins zweite bzw. dritte Jahr. Das Diplom setzt sich zusammen aus den Abschlußklausuren des dritten Jahres und der Diplomarbeit.

2.2.2 Das zweite Jahr der Ausbildung

Der Schwerpunkt des zweiten Jahres ist die Stadtplanung für städtische Teilräume, besonders die Bebauungsplanung. Die Fächer Planungstheorie, Planentwerfen sind dabei direkt mit dem Projekt verquickt.
Vorgesehen sind: 60 Std. Planungstheorie
　　　　　　　　　 80 Std. Feldarbeit
　　　　　　　　　160 Std. praktische Bausteine (Zeichentechnik, Arbeitsorganisation)
　　　　　　　　　180 Std. Planentwerfen
　　　　　　　　　─────
　　　　　　　　　480 Std.

Dabei werden folgende Untersuchungen und Pläne verlangt:
1 - Vergleich der Wohnbedingungen in Stadt und Land anhand von Graphiken und Tabellen /15/,
2 - Einfamilienhausentwurf,
3 - Grundstücksentwurf
4 - Plan einer Ein- bis Zweifamilienhaussiedlung (1 : 100)
5 - Planentwurf eines Stadtviertels mit bestimmter Funktion (z.B. Geschäftsviertel, Maßstab 1:2500)
6 - Plan für ein Stadterneuerungsgebiet
7 - Sanierungsplan für eine Spontansiedlung oder ein innerstädtisches Problemgebiet,
8 - Bebauungsplan (modellhafter Entwurf für ein reales Planungsgebiet plus drei alternative Entwürfe).

Es ist wohl einmalig in der Dritten Welt, daß die Aufstellung von Erneuerungs- und Verbesserungsplänen von Squattergebieten (Spontansiedlungen) zum festen Bestandteil des Ausbildungsprogramms gehört.
In den meisten Ländern der Dritten Welt sind Squattergebiete mit dem Stigma der illegalen Landnahme behaftet. Deshalb gibt es auch keine offizielle Stadtplanung für diese Wohngebiete. Viele Planer sehen in Squattersiedlungen hauptsächlich eine Verschandelung des Stadtbildes. Tanzania hat durch eine Änderung des Bodenrechts im Jahre 1972 alle bestehenden Spontansiedlungen legalisiert. Die Siedler haben Anspruch auf ein Nutzungsrecht für den Boden. Das politische Ziel ist es, nach und nach alle diese Gebiete mit Infrastruktureinrichtungen auszustatten, die denen vergleichbarer geplanter Siedlungen entsprechen.

Damit ist die Aufwertung von Spontansiedlungen zu einer der Hauptaufgaben für Planer im städtischen Bereich geworden. Während der Projektarbeit lernen die Studenten den Wert von Selbsthilfe und von traditioneller Baukultur, wie sie in den Squattersiedlungen lebendig sind, schätzen. Sie üben sich im behutsamen Umgang mit vorhandenen Strukturen.

Mit 480 Std. beträgt der Anteil der Projektarbeit (inklusive der Fächer Planungstheorie und Planentwerfen) im zweiten Jahr sogar 60 %. Der geringe Anteil an Feldarbeit soll ausgeglichen werden durch sogenannte "Vacation Studies" (Urlaubsstudien). Während der insgesamt 10 Wochen Ferien sollen die Studenten beim Be-

such der Eltern oder Verwandten sich aufmerksam die Städte anschauen, durch die sie reisen. Diese "Vacation Studies" sollen vor allem ausgleichen, daß die Projektarbeit fast immer nur in Dar es Salaam stattfindet.
Direkte Bausteinfunktion haben die Fächer:
- städtisches und ländliches Wohnungswesen
  (Grundlage für den Entwurf 1)   42 Std.

Vermittelt werden alle nötigen Kenntnisse über Materialien, Statik, Grundstücksgestaltung, Installationen, Instandhaltung von Häusern im Fach Hausbau. Die Anforderungen in diesem Fach sollen den Studenten befähigen, den Hausbau in Squattergebieten planvoll zu gestalten. Es handelt sich dabei um einfache Häuser.

- Hausbau (Grundlage für Entwürfe 2, 3 u. 4)   54 Std.
- Erschließungsplanung (Wasserversorgung, Müll- und
  Abwasserentsorgung, Bestandteil der Entwürfe 5,6,
  7,8) mit 5 Halbtagsexkursionen   92 Std.
- Verkehrsplanung (Bestandteil der Entwürfe 5,6,7,8)
                            Theorie   40 Std.
                            Entwürfe   40 Std.

Außerdem als Grundlagenveranstaltung:
Einführung in die politische Ökonomie des Kapitalismus   54 Std.

Die Gesamtstundenbelastung beträgt im zweiten Jahr 802 Std. plus "Vacation Studies", das ist etwa 20 % geringer als im Vorjahr. Offenbar wird ähnlich wie bei uns versucht, am Anfang durch besonders hohe Belastungen eine frühzeitige Ausles zu betreiben.

2.2.3 Das dritte Jahr der Ausbildung

Ebenso wie im zweiten Jahr ist auch im dritten Jahr das Projekt mit den Fächern Planungstheorie und Planentwerfen unmittelbar verknüpft. Entwicklungsvorstellungen für Stadt und Land sollen in Stadtentwicklungsplanung und Regionalplanung zusammengeführt werden. In 81 Std. Planungstheorie und 258 Std. Planentwerfen sollen die Studenten lernen, in allen Fachressorts umfangreiche Voruntersuchungen durchzuführen (Industrie, Wohnen, Verkehr etc.). Außerdem werden Stadtentwicklungspläne in einer kurz-, mittel- und langfristigen Version verlangt.
Regionalplanerische Kenntnisse müssen in einem Gebietsentwicklungsplan (District Development Plan) dargelegt werden. Bausteinartig zugeordnet sind die Fächer
- Regionalplanung   54 Std.
- Verkehrsplanung   81 Std.,
wobei im Fach Verkehrsplanung als Ergebnis ein Generalverkehrsplan stehen soll (Theorie 27 Std., praktische Kenntnisse 14 Std., Entwurf 40 Std.).
Außerdem werden noch vermittelt:
- Ökologie   40 Std.
- Boden- und Planungsrecht 54 Std.
Die Gesamtbelastung beträgt 568 Stunden.

Allerdings ist es in der Praxis nicht immer möglich, alle Bestandteile des Lehrprogramms des dritten Studienjahres abzudecken.

Denn das Institut hat seit seiner Gründung mit einem chronischen Mangel an qualifiziertem Lehrpersonal zu kämpfen. Etwa die Hälfte der Lehrenden im Fachbereich "Städtische und ländliche Planung" sind Europäer, die erstens eine erhebliche Einarbeitungszeit brauchen und zweitens das Institut nach wenigen Jahren wieder verlassen. Aber auch gut qualifizierte einheimische Lehrkräfte gehen dem Institut oft nach nur kurzer Tätigkeit verloren, entweder weil sie ins Ministerium versetzt worden sind, oder weil sie erst einmal für ein Promotionsstudium ins Ausland gehen.

Während trotz aller personeller Engpässe der Studienplan der beiden ersten Studienjahre im großen und ganzen eingehalten wird, hat das Lehrangebot des dritten Jahres oft erhebliche Lücken.

Die letzten drei Monate stehen für die Diplomarbeit zur Verfügung. Als Diplomarbeit wird in der Regel eine praktische Planungsaufgabe vergeben. Die Studenten müssen eigene Datenerhebungen durchführen und eigene Planungsvorschläge machen. Die meisten Themen beziehen sich auf Planungsaufgaben im städtischen Raum. Aufwertungspläne für Squattersiedlungen werden recht häufig bearbeitet. Daneben werden auch mehr sektorale Themenstellungen z.B. aus der Landschaftsplanung und aus der Verkehrsplanung bearbeitet. So wurde 1981 eine Arbeit mit Vorschlägen für ein Radwegenetz in den Squattergebieten von Dar es Salaam abgeschlossen.

2.2.4 Anforderungen an eine sozialistische Planerausbildung

Der Versuch Tanzanias, mit der Gründung des ARDHI-Institutes eine Planerausbildung zu erreichen, die den Anforderungen an die Herausbildung einer sozialistischen Gesellschaft, unter den besonderen Bedingungen eines "Entwicklungslandes" gerecht wird, kann als weitgehend gelungen bezeichnet werden.
Der große Anteil der Projekte am Studium macht eine Ausbildung möglich, die die tatsächlichen Probleme des Landes zum Planungsgegenstand macht. Die Identifikation solcher Probleme, die den Denkschemata einer anderen Kultur und Gesellschaftsform entspringen, und auch die Anwendung ihrer Standards können so wirksam bekämpft werden. Die Konfrontation mit den Bedürfnissen und den Lebensbedingungen der Bevölkerung in praxisorientierten Lehrformen sind eine Chance, die zunehmende Entfremdung von Bauern und Intellektuellen zu verringern.
Die direkte Verwertung der Planungsvorschläge als offizielle Pläne erhöht die Verantwortlichkeit der Studenten und das Interesse der Bevölkerung an der Projektarbeit der Studenten. Ein Planer-Bürger-Verhältnis, in dem der Planer zum Ausführenden der Interessen, Bedürfnisse der Bevölkerung wird, kann so entwickelt werden.

Vor dem Hintergrund fehlender Planerkapazitäten gewinnt die direkte Verwertbarkeit studentischer Arbeiten auch gesellschaftliche Bedeutung.

Das hohe Gewicht, das der Vermittlung praktisch-technischer Kenntnisse beigemessen wird, macht den Planer unabhängiger von vorbereitenden oder durchführenden Arbeiten anderer. Tendenziell könnte es die Achtung gegenüber den "geringer qualifizierten", praktisch-technische Aufgaben erfüllenden Kollegen erhöhen. Die Vermittlung der praktisch-technischen Kenntnisse auf dem Niveau einer für die Squattersiedlungen und den ländlichen Raum angepaßten Technologie, machen die Kenntnisse anwendbar und richten Planung auf die Bedürfnisse der breiten Bevölkerungsmehrheit aus, für die etwa europäische Standards uninteressant und unbezahlbar sind. Bürgerbeteiligung, das Finden einer gemeinsamen Sprache mit den zunächst noch Planungsbetroffenen sind wichtige Schritte auf dem Weg zu (nicht nur nationaler) Unabhängigkeit und der Entwicklung der Fähigkeiten der Menschen zur Selbstbestimmung und Selbstgestaltung (-planung) ihrer Umwelt. Die Diskussion um die Rolle des Planers, um die Selbstplanungsfähigkeiten der Bevölkerung findet am ARDHI-Institute statt. Ebenso wie für die Bevölkerung die Selbstbestimmung, über die Gestaltung ihrer Umwelt, eine wichtige Voraussetzung auf dem Wege zur Entwicklung sozialistischer Persönlichkeiten und zur Entwicklung einer sozialistischen Gesellschaft ist, ist für die Planerstudenten Selbstbestimmung im Studium wichtig. Die starke Verschulung und der hohe Prüfungsdruck sind als gesellschaftliche Maßnahme, um schnell die dringend benötigten Planer auszubilden, verständlich. Sie sind dennoch die falsche Maßnahme, weil Tanzania auf selbständige, kritische, politisch engagierte Planer angewiesen ist. Die Einführung selbstbestimmter Lernformen (selbstbestimmte Projekte, aber auch Freiräume zum individuellen Vertiefen) sollte deshalb ebenso in Betracht gezogen werden, wie die Verstärkung gemeinschaftlicher Arbeits- und Prüfungsformen (Arbeitsgruppen und Gruppenprüfungen).

Weitere Schwierigkeiten bei der Dekolonisation der Planerausbildung entstehen aus den schwierigen finanziellen Bedingungen sowie aus der nur schrittweisen Dekolonisation der Wissenschaft, vor allem ihrer Literatur /16/.
Vor allem wird Tanzania weiterhin politisch darauf achten müssen, daß es nicht zur Herausbildung einer neuen herrschenden Klasse, der Klasse der Bürokraten, zu der dann sicher auch die Planer gehören, kommt. Die Herausbildung dieser Klasse kann nur durch einen konsequenten Abbau ihrer Privilegien verhindert bzw. rückgängig gemacht werden.

2.2 Das Institute of Rural Development Planning

Sieben Jahre nach dem Ausbau des ARDHI-Institute zu einer Ausbildungsstätte mit Fachhochschulcharakter wurde in Tanzania ein weiteres Institut, das sich mit Ausbildung von Planern befaßt, gegründet: Das Institute of Rural Development Planning (IRDP). Die Beweggründe, trotz knapper Ressourcen eine weitere Einrichtung mit weitgehend vergleichbarem Auftrag zu schaffen, lassen sich nicht eindeutig rekonstruieren.

Ressortkonkurrenz zwischen dem Amt des Premierministers, das für ökonomische Planung (oder nach dem neueren Verständnis: integrierte Planung) zuständig ist, und dem Ministry of Lands, Housing and Urban Development, das für "physische" Planung zuständig ist und dem das ARDHI-Institute untersteht, mag eine Rolle gespielt haben. Es ist aber auch denkbar, daß die Planer im Amt des Premierministers und deren ausländische Berater einfach nicht ausreichend über die Inhalte des Studiengangs am ARDHI-Institute informiert waren. Bis heute halten die leitenden Mitarbeiter des Institute of Rural Development Planning das ARDHI-Institute für so etwas wie eine Schule für technische Zeichner /17/. Daß das am ARDHI-Institute vertretene Ausbildungskonzept eine Integration von sozialen und ökonomischen Aspekten in die physische Planung vorsieht, ist dort nicht registriert worden.

Die Gründung des IRDP geht auf Vorschläge von Prof. D.G.R. Belshaw von der University of East Anglia zurück und steht in engem Zusammenhang mit der Konzeption der RIDEP's, der Integrierten Regionalen Entwicklungsprogramme. Unter Belshaw's Leitung hatte ein britisches Team das Integrierte Regionale Entwicklungsprogramm für die Iringa-Region erarbeitet. Eine Erfahrung der Arbeit an dem Plan war, daß in Tanzania auf allen Ebenen der Verwaltung Leute fehlen, die in der Lage sind, die verschiedenen sektoralen Planungen für den ländlichen Raum zu koordinieren und in ein zusammenhängendes Konzept zu bringen. Diese Kompetenz müßte unbedingt aufgebaut werden, damit der Ansatz der RIDEP's erfolgreich weitergeführt werden könnte. Belshaw's Einschätzung der Administratoren trifft zweifellos zu - nur wäre es wahrscheinlich vernünftiger gewesen, den neuen Studiengang ebenfalls am ARDHI-Institute einzurichten.

Das Institute of Rural Development Planning nahm 1979 als selbständige, unmittelbar dem Premierminister unterstellte Hochschule, den Lehrbetrieb auf. Zwei Jahre lang war das Institut provisorisch auf dem Campus der landwirtschaftlichen Fakultät in Morogoro untergebracht, 1981 zog das Institut nach Dodoma um.

Das Institut hat die Aufgabe, zwei Typen von Programmen durchzuführen:

- Auf der einen Seite soll das Institut Seminare für Regierungsbeamte und Parteiarbeiter über Planung durchführen. Diese Seminare sollen maximal sechs Monate dauern, im Extremfall aber auch nur wenige Tage. Ziel ist nicht die Ausbildung von Planern, sondern bei Laien ein Verständnis für Planung zu wecken.

- Auf der anderen Seite nimmt das Institut die Aufgabe wahr, Planer für integrierte regionale Entwicklung auszubilden. Die Absolventen werden im Prime Minister's Office arbeiten, auf der Ebene der Regionalverwaltung als Regional Planning Officer und auf der Ebene der Distriktsverwaltung als District Planning Officer.

Das Institut bietet zwei Kurse an, einen under graduate course, der drei Jahre dauert und mit dem Diplom abschließt, und einen post graduate course für Mitarbeiter des Ministeriums und der nachgeordneten Behörden, die bereits einen ersten Hochschulabschluß in einem verwandten Fachgebiet haben.

In den Gründungsdokumenten des Institutes werden die übergeordneten Ziele integrierter ländlicher Entwicklung, denen man sich verpflichtet weiß, folgendermassen umrissen:

- ein höheres Maß demokratischer Beteiligung im Planungsprozeß;

- breite Unterstützung für die auf demokratischem Wege entwickelten Politiken und Pläne;

- größere Genauigkeit und bessere Koordination des Planungsprozesses, aufbauend auf größerem Engagement der Planer an der Basis /18/.

Wie sind diese Forderungen nun bei der Formulierung der Lehrpläne des Instituts umgesetzt worden? /19/
Beispielhaft sei hier die Kurzfassung des Lehrplanes des Post-Graduate Course für den ersten Studentenjahrgang wiedergegeben /20/:

Nachdiplomkurs IRDP

TRIMESTER	Lehrstoff	Unterrichtsstunden	Summe
I	1. Überblick über Tanzanias wirtschaftliche Entwicklung	60	
	2. Nationale und regionale Entwicklungsplanung	60	
	3. Forschungstechniken und Datenanalyse	40	
	4. Management und Finanzierung von Entwicklungsmaßnahmen	60	
	10. Politische Bildung	20	
	Praktika	60	300
II	5. räumliche Planung	70	
	6. Sozialplanung	60	
	7. Produktionsplanung und Management	70	
	10. Politische Bildung	20	
	Praktika	80	300
III.	8. Projektplanung und -durchführung	100	
	9. Integrierte Regionale Entwicklungsplanung	100	
	10. Politische Bildung	20	
	Praktika	80	300
	Summe		900
IV.	11. und 12. Planungspraktikum, Abschlußarbeit	3 Monate	3 Monate

Der Aufbau des Nachdiplomkurses erscheint auf den ersten Blick einleuchtend: Ausgangspunkt für das weitere Studium sind Bausteine über Tanzanias Entwicklungsstand und zur Planungsprogrammatik im ersten Trimester. Daneben stehen methodische und arbeitstechnische Einführungen. Im zweiten Trimester lernen die Studenten wichtige sektorale Planungsbereiche kennen. Und im dritten Trimester schließlich wird auf dieser Grundlage integrierte regionale Entwicklungsplanung gelehrt.
Geht man jedoch in die Details des Curriculums, so verliert man schnell die Übersicht über den Stoff. Bei vielem bleibt unklar, was die Relevanz des vorgestellten Stoffs für die Aufgaben ländlicher Entwicklung in Tanzania ist. In fast jeder Teildisziplin wird der Versuch einer systematischen Einführung in die jeweilige Basisdisziplin und ihre Lehrmeinungen gemacht. Abschreckend lange Listen mit Literaturempfehlungen (z.T. längst überholte Werke aus der Mottenkiste bürgerlicher Wissenschaft) tragen sicher eher zur Desorientierung der Studenten bei.

Da fragt sich dann, ob den Absolventen eines einjährigen Nachdiplomkurses mit einem solche umfangreichen Kanon an Wissenswertem wirklich gedient ist. Das Spektrum reicht von Max Webers Staatstheorie über Löschs Standorttheorie bis zu Evaluierungsmethoden. Einiges aus dieser Ansammlung von Stoff ist für den mit ländlicher Entwicklung befaßten Beamten sicher nützlich, anderes weniger brauchbar, aber die Ansprüche nach mehr demokratischer Kontrolle und besserer Koordination werden nicht eingelöst. Praktische Übungen haben zwar einen großen Stellenwert, aber meist beziehen sie sich auf sektorale Arbeitsfelder. "Integrierte Planung" steht erst im letzten Studienabschnitt auf der Tagesordnung. Die Abschlußarbeiten sind zwar insofern projektorientiert, als die Studenten konkrete Planungsvorschläge für eine bestimmte Region machen, aber bei der Themenvergabe geht das Institut wiederum nach sektoralen Trennungslinien vor: Einer macht das Verkehrskonzept für die Region X, der nächste macht eine ökologische Belastungsanalyse und entwickelt daraus Anforderungen an die Planung, der dritte schreibt über Budgetplanung.

Das alles hat sehr viel damit zu tun, wie das Institut aus dem Boden gestampft wurde.
Die Entwicklungshilfeorganisation der Vereinten Nationen UNDP verpflichtete sich, das Institut in der Aufbauphase mit Experten zu unterstützen. 1979 kamen als die ersten Lehrkräfte auf einen Schlag sieben UNO-Experten angereist. Deren erste Aufgabe war es dann, den Lehrplan auszuarbeiten. Keiner der sieben kannte Tanzania vorher; es ist auch gut vorstellbar, daß sie sehr unterschiedliche Vorstellungen von ländlicher Entwicklung in ihren Expertenköpfen mitbrachten. Erst nach und nach wurden die UNO-Leute von tanzanischen Kollegen abgelöst. Der Lehrplan blieb gewissermaßen das Vermächtnis der UNO-Experten an das Institut.

Nun verhält es sich mit diesem Erbstück nicht anders als mit den meisten anderen kolonialen und neokolonialen Hinterlassenschaften: Bewußte Politik vermag sich ihrer zu entledigen.

Es ist erstaunlich, wie schnell die tanzanischen Lehrkräfte des Instituts aus den Unzulänglichkeiten des ersten Lehrplanes Konsequenzen zogen. Nachdem der erste Studentenjahrgang des Nachdiplomkurses sein Studium abgeschlossen hatte, wurde der Lehrplan neu überarbeitet.
Die Grobgliederung wurde im wesentlichen beibehalten, aber die Gestaltung der einzelnen Lehrbausteine wurde vollkommen neu konzipiert /21/. Der Ansatz ist wesentlich praktischer geworden. Der Anspruch, die Dogmengeschichte aller Basisdisziplinen der Raumplanung vorzustellen, wurde fallen gelassen. Dafür wird durchgängig auf die praktische Anwendbarkeit des Lehrstoffs Wert gelegt.
Zum Beispiel gibt der Lehrplan zu dem Studienabschnitt, in dem Fachplanungen auf der Tagesordnung stehen, folgende Erläuterung:

"Die Studenten sollen sich ein umfassendes Bild von Organisation, Wirkungsweise und Funktionen jedes der wichtigen sektoralen Ministerien (Planungsministerium, Wirtschaftsministerium, Prime Minister's Office) und der ihnen unterstehenden Behörden und von den sektoralen und nationalen Entwicklungsplänen und Projekten machen.
Diese Ausbildung ist unverzichtbar, um die Studenten vertraut zu machen mit
- der Arbeitsweise und der Planung jedes der für wirtschaftliche und soziale Entwicklung zuständigen Ministerien;

- Material, das an verschiedenen Stellen bereits verfügbar ist;

- mit Stellen, mit denen der Planer Kontakt aufnehmen kann, um doppelte Arbeit zu vermeiden, und um Daten, Forschungs- und Beratungskapazität, Technologie und Expertise optimal zu nutzen.

Die Ausbildung umfaßt in diesem Trimester alle Aspekte der tanzanischen Wirtschaft, Planung und Entwicklung, nationale Projekte, Produktionsplanung, Verteilungspolitik, Preispolitik.

Neben Seminaren und Vorlesungen sollen die Teilnehmer Behörden, Institute, Forschungseinrichtungen, halbstaatliche Organisationen (parastatals) und andere Stellen, die den einzelnen Fachministerien unterstehen, besuchen" /22/.

Alles in allem stellt der neue Lehrplan einen wesentlich pragmatischeren Einstieg in die Probleme der Planung für den ländlichen Raum dar, ohne daß dabei die grundlegenden Ziele ländlicher Entwicklung aus dem Blickfeld herausfallen.

Das Institut ist jedoch noch längst nicht aus den Anfangsschwierigkeiten heraus. Nach dem Weggang der UNDP-Experten sind nicht genug qualifizierte einheimische Lehrkräfte da. Darunter leidet die theoretische und methodische Fundierung, die auch bei einem praxisorientierten Studiengang unumgänglich ist.
Gegenwärtig ist eine Kooperation mit der Abteilung Raumplanung der Universität Dortmund im Gespräch, durch die der Nachdiplomkurs auf eine solidere Basis gestellt werden könnte. Das grobe Konzept für einen gemeinsamen Nachdiplomstudiengang sieht so aus: Ein Teil der Ausbildung - und zwar vor allem die Vermittlung von theoretischen und methodischen Grundlagen - wird an der Universität Dortmund angeboten; in dieser Phase sollen alle wichtigen Kenntnisse vermittelt werden, über die der Planer bei der Aufstellung eines Regionalplanes verfügen sollte. Danach schließt sich als Projektarbeit die Ausarbeitung eines Entwicklungsplanes

für einen ländlichen District Tanzanias an. Die Projektarbeit in Tanzania wird von Lehrkräften des IRDP betreut, daneben bietet das Institut auch "Bausteine" zur Vertiefung parallel zur Projektarbeit an.
Nach dem jetzigen Stand der Planung soll der gemeinsame Kurs als Experiment erstmals Ende 1983 eingerichtet werden /23/.
Noch läßt sich über Erfolg oder Mißerfolg dieses Programms nichts sagen.

Von der Konstruktion her ist der Kurs aber ein akzeptabler Kompromiß zwischen politischen Ansprüchen und den Möglichkeiten Tanzanias.

Auch bei einem mehrmonatigen Auslandsaufenthalt ist zwar die Gefahr nicht ganz auszuschließen, daß die Studenten mit Wissen vollgestopft werden, das auf ihre heimische Situation nicht anwendbar ist. Aber anders als bei Studenten aus der 3. Welt, die individuell ins Ausland gehen, um an einem Universitätskurs teilzunehmen, der für sie nicht konzipiert wurde, ist in der Konzeption des gemeinsamen Kurses das Korrektiv schon eingebaut: In der auf den Kompaktkurs folgenden Projektarbeit in Tanzania muß sich herausstellen, was man mit den aus Europa mitgebrachten Theorien und Methoden anfangen kann.

2.4 Erziehung zur Eigenständigkeit in der Planerausbildung?

Bisweilen begegnet man der These, Tanzanias Abhängigkeit vom imperialistischen Weltsystem sei heute größer als zum Zeitpunkt der Unabhängigkeit im Jahre 1961. Und zwar sowohl in ökonomischer und politischer als auch in ideologischer Hinsicht. Oberflächlich läßt sich die These in bezug auf unser Thema schnell widerlegen: 1961 gab es keinen einzigen Afrikaner mit Planerausbildung. Heute arbeiten mehr als 150 Absolventen des ARDHI-Institute überall im Lande, darüber hinaus zahlreiche Ökonomen und Geographen mit regional-planerischer Qualifikation. Alle Behördenchefs sind Afrikaner. Äußerlich ist die Dekolonisation vollständig vollzogen. Aber die These vom zunehmenden Einfluß des imperialistischen Systems geht weiter: Sie besagt, daß äußere Dekolonisation einhergeht mit Unterwerfung der afrikanischen Eliten unter europäisch/amerikanische Denkstrukturen und Werte. Der schwarze Planer, der beim Anblick der gepflegten Muster-Nachbarschaft in Dodoma mit ihren ziegelgedeckten Reihenhäusern ins Schwärmen gerät, ist ja viel mehr wert, als der beste weiße Experte! Selbstkolonisierung der afrikanischen Eliten?

Natürlich gibt es viele tanzanische Planer, die von englischer, kanadischer oder deutscher Stadtplanung begeistert sind, die ihren gehobenen sozialen Status auskosten, die sich als Stadtbewohner der Landbevölkerung unendlich weit überlegen fühlen.
Nur ist das nicht die ganze Wahrheit.
Denn auch die Auseinandersetzung mit den programmatischen Leitlinien, die Planung in Tanzania bestimmen sollten, findet immer noch statt. In der Projektarbeit des Planerstudiums und sicher auch in der praktischen Arbeit von Planern.

An unserer Darstellung von Planungsstudiengängen dürfte deutlich geworden sein, wie schwer es ist, ein an nationalen Bedürfnissen orientiertes Bildungswesen in einem Land wie Tanzania, das zum Zeitpunkt der Unabhängigkeit über keine Bildungsschicht verfügte, aufzubauen. Das ist ein ständiger ideologischer Kampf, hinter all den wohlmeinenden Beratern lauert die Gefahr neuer materieller oder ideologischer Abhängigkeit. Angesichts dieser Schwierigkeiten ist schon einiges erreicht worden.

Anmerkungen

/ 1/ NYERERE, J. K.: Erziehung zur Eigenständigkeit, in: Afrikanischer Sozialismus, Texte zum kirchlichen Entwicklungsdienst 14, Stuttgart 1976.

/ 2/ Ders.: Die Erklärung von Musoma, November 1974, in: Bildung und Befreiung, Texte zum kirchlichen Entwicklungsdienst 14, Frankfurt 1977, S. 125-138.

/ 3/ FREIRE, P.: Pädagogik der Unterdrückten, Reinbeck 1973.

/ 4/ MBILINYI, M.: The Arusha Declaration and Education for Self-Reliance, in: Coulson, A.: African Socialism in Practice - The Tanzanian Experience, S. 217-228, Nottingham 1979 (Übers. d. Verf.).

/ 5/ HUNDSDÖRFER, V.: Einleitung in: Bildung und Befreiung, Texte zum kirchlichen Entwicklungsdienst 14, Frankfurt 1977, S. 11, 12.

/ 6/ Angaben nach: Weltbank, Weltentwicklungsbericht 1981, Frankfurt 1981, S. 192.

/ 7/ MBILINYI, M.: a.a.O., S. 222 (Übers. d. Verf.).

/ 8/ Vgl. dazu auch den Beitrag "Politisches System und Planungsorganisation" in diesem Band.

/ 9/ Vgl. ARDHI-Institute, Prospectus for the Academic Year 1980/1981, Dar es Salaam 1980.

/10/ *Die Verfasser hatten im Rahmen eines fünfwöchigen Projektaufenthaltes in Tanzania im Sommer 1979 Gelegenheit, den Studiengang "Städtische und ländliche Planung" genauer kennenzulernen. Zu dem Projektaufenthalt gehörten nicht nur Feldstudien in Dörfern, sondern auch die Teilnahme am normalen Lehrbetrieb in Dar es Salaam.*

/11/ ARDHI-Institute, Department of Urban and Rural Planning, The Curriculum for Diploma in Urban and Rural Planning, Dar es Salaam 1976.

/12/ *Der Begriff "Spontansiedlung" beschreibt ein wenig beschönigend, was in der englischsprachigen Literatur "Squatter" (Siedler ohne Rechtstitel) genannt wird. Die Begriffe "Slum" oder "Elendsviertel" treffen nicht genau denselben Sachverhalt.*

/13/ *Baustein bezeichnet hier Lehrveranstaltungen, die direkte Inputs für die Projektarbeit vermitteln und sich möglichst das Projektthema als Beispiel wählen.*

/14/ *Ujamaa Dörfer dürfen sich nur solche Dörfer nennen, die einen bestimmten Anteil der Produktion genossenschaftlich organisieren und ihre Entwicklung selbständig gestalten.*

/15/ *Hier werden die Kenntnisse des Fachs Statistik praktisch eingeübt.*

/16/ *Bisher gibt es so gut wie keine tanzanische Planungsliteratur. Studenten und Hochschullehrer sind weitgehend auf Texte aus dem angelsächsischen Raum angewiesen. Einige Hochschullehrer, die sich dieser Unzulänglichkeit bewußt sind, stecken viel Energie in die Erarbeitung von hektographierten Unterrichtsmaterialien.*

/17/ *Das ist umso erstaunlicher, als der Direktor des IRDP zugleich Vorsitzender des Verwaltungsrates des ARDHI-Institute ist.*

/18/ Institute of Rural Development Planning, Post-Graduate Diploma Course, Proposed Syllabus, Morogoro 1979 (Maschschr.)

/19/ *Da wir - anders als beim ARDHI-Institute - keine Gelegenheit hatten, in Lehrveranstaltungen des IRDP zu hospitieren, beruhen die folgenden Ausführungen ausschließlich auf der Analyse des Lehrplans und Gespräche mit Lehrenden des Instituts. Da seit 1980 Kontakte zwischen der Abteilung Raumplanung der Universität Dortmund und dem IRDP zur Vorbereitung einer Hochschulpartnerschaft bestehen, war zu solchen Gesprächen mehrfach Gelegenheit.*

/20/ Institute of Rural Development Planning, Post Graduate Diploma Course in Regional Planning, Proposed Syllabus, Morogoro, November 1979 (hektographiert).

/21/ Institute of Rural Development Planning Dodoma, Post Graduate Diploma in Planning and Development, Draft Prospectus, Dezember 1980 (hektographiert).

/22/ Institute of Rural Development Planning 1980, a.a.O., S. 10.

/23/ *Zu den im einzelnen vorgeschlagenen Lehrinhalten siehe:*
Abteilung Raumplanung der Universität Dortmund, Regional Planning for Developing Areas, Pilot Training Programme, Dortmund 1982 (Arbeitspapier).

Literaturverzeichnis

I. TANZANIA, allgemein /1/

ANSPRENGER, F./HECKMANN, G./VOLL, K.: Tanzania. Beiträge zur exemplarischen Analyse eines Entwicklungslandes, Berlin 1976

ARBEITSKREIS ENTWICKLUNGSPOLITIK (Hg.): Workcamp im Massailand. Erfahrungen in Tanzania, Vlotho 1981

ARNOLD, P.: Tanzania - Modell für die Dritte Welt? Warum auch im Lande Nyereres die Entkolonisierung erst begonnen hat, in: Blätter des iz3w Nr. 20, Freiburg 1972, S. 44 ff

BAUMHÖGGER, G. u.a.: Ostafrika - Reisehandbuch Kenya-Tanzania, Frankfurt/Main 1975

BERRY, L.: Tanzania in Maps, London 1971

CLAUSEN, P. u.a.: Zum Beispiel Tanzania - Bemühungen eines afrikanischen Landes, die Armut zu überwinden, Bildband, Frankfurt 1981

DUMONT, R./MOTTIN, M.F.: L'Afrique Etranglée, Paris 1980

GROHS, G.: Tanzania - Zur Soziologie der Dekolonisation, in: GROHS/TIBI: Zur Soziologie der Dekolonisation in Afrika, Frankfurt/Main 1973, S. 123-146

HICKMANN, G.M./DICKINS, W.H.G./WOODS, E.: The Lands and Peoples of East Africa, Nairobi/Dar es Salaam/Kampala 1973

HUNDSDÖRFER, V./MEUELER, E.: Tansania oder der Weg zu Ujamaa, in: MEUELER, E. (Hg.): Unterentwicklung Bd. 2, Reinbek 1974, S. 9-90

KUEPER, W.: Tansania, Bonn 1973

KÜRSCHNER, F.: Wie sozialistisch ist Tanzania? - Ein Informationsbuch, Stein bei Nürnberg 1977

MUNZINGER - ARCHIV: Internationales Handbuch: Vereinigte Republik von Tansania, Tansania 49/76, Ravensburg o.J.

PFENNIG, W./NOLL, K./WEBER, H.: Entwicklungsmodell Tanzania. Sozialismus in Afrika, Frankfurt/Main 1980

STATISTISCHES BUNDESAMT: Länderkurzbericht Tansania 1980

TANZANIA, United Republic of: 1978 Population Census, Dar es Salaam, o.J.

TANZANIA NOTES AND RECORDS No. 83: The Human Environment in Tanzania, Dar es Salaam 1978

YOUNG, R./FOSBROOKE, H.A.: Land and Politics among the Luguru People of Tanganyika, London 1960

II. Die Geschichte Tanzanias

HELLER, P.: Liebe zum Imperium, Lesebuch zum gleichnamigen Film, Bremen 1978

NABUDERE, Dan Wadada: Imperialism in East Africa, 2 Bde., London 1980

PRATT, C.: The Critical Phase of Tanzania 1945-1968, Cambridge 1976

TETZLAFF, R.: Koloniale Entwicklung und Ausbeutung - Wirtschafts- und Sozialgeschichte Deutsch-Ostafrikas, 1815-1919, Berlin 1970

/1/ In dieser Rubrik ist Literatur zusammengefaßt, die sich allgemein mit Tanzania befaßt oder keinem bestimmten Themenbereich zuzuordnen ist.

III. Zu Politik und Verwaltung

III.1 Politisches System und Verwaltung

BOESEN, J.: Ujamaa - Socialism from above, Uppsala 1977

CANDID SCOPE: Honest to my Country, Dar es Salaam 1981. (Eine kritische Auseinandersetzung mit der Rolle der Bürokratie in Tanzania)

CLIFFE, L./SAUL, J.S.: Socialism in Tanzania - An Interdisciplinary Reader, 2 Bde., Dar es Salaam 1973

COULSON, A. (Hg.): African Socialism in Practice - The Tanzanian Experience, Nottingham 1979

DRYDEN, S.: Local Administration in Tanzania, Nairobi 1968

JAMES, R.W.: Land Tenure and Policy in Tanzania, Dar es Salaam 1971

MEYNS, P.: Nationale Unabhängigkeit und ländliche Entwicklung in der Dritten Welt - Das Beispiel Tanzania, Berlin 1977

MSEKE, P.: The Decision to Establish a Democratic One-Party State in Tanzania: A Case Study, in: TAAMULI - A Political Science Forum, Vol. 5, December 1975, No. 2

MWANSASU, B./PRATT, C. (Hg.): Towards Socialism in Tanzania, Dar es Salaam 1979

NYERERE, J.K.: Afrikanischer Sozialismus. Aus den Reden und Schriften von J.K. Nyerere. Mit einer Einleitung von G. Grohs, Texte 5 zur Arbeit von Diensten in Übersee, Stuttgart 1976

Ders.: Freiheit und Entwicklung. Aus neuen Reden und Schriften von J.K. Nyerere. Mit einer Einleitung von G. Grohs und V. Hundsdörfer, Texte 10, Dienste in Übersee, Stuttgart 1976

Ders.: Bildung und Befreiung. Aus Reden und Schriften von November 1972 bis Januar 1977. Mit einer Einleitung von Volkhard Hundsdörfer, Texte 14, Dienste in Übersee, Frankfurt/Main 1977

ROSBERG, C.G./CALLAGHY: Socialism in Sub-Sahara Africa, Berkeley 1979

SAUL, J.: African Socialism in One Country: Tanzania, in: ARRIGHI/SAUL: Essays on the political economy of Africa, New York/London 1973

SHIVJI, I.G. (Hg.): The Silent Class Struggle, Dar es Salaam 1973

Ders.: Class Struggles in Tanzania, Dar es Salaam 1976

Ders.: Tourism and Socialist Development, Dar es Salaam 1975

SZENTES, T.: Status Quo and Socialism, in: SHIVJI u.a.: The Silent Class Struggle, Dar es Salaam 1973

III.2 Entwicklungsstrategie und nationale Ziele

COLLINS, P.: The Working of Tanzanias Rural Development Fund: A Problem in Decentralisation, in: RWEYEMAMU/MWANSASU (Hg.): Planning in Tanzania, Background to Decentralisation, Nairobi 1974

DAMACHI, U./ROUTH, G.: Development Paths in Africa and China, London 1976

ELLMAN, A.: Development of Ujamaa Policy in Tanzania, in: RURAL DEVELOPMENT RESEARCH COMMITTEE: Rural Cooperation in Tanzania, Dar es Salaam 1975

FINUCANE, J.R.: Rural Development and Bureaucracy in Tanzania: The Case of Mwanza Region, The Scandinavian Institute of African Studies, Uppsala 1974

HYDEN, Goran: Beyond Ujamaa in Tanzania - Underdevelopment and an Uncaptured Peasantry, London 1980

ILO (Hg.): Towards Self-Reliance. Development, Employment and Equity Issues in Tanzania, Addis Abeba 1978

LUTTRELL, W.: Villagization, Cooperative Production and Rural Cadres: Strategies and Tactics in Tanzanian Socialism Development, Economic Research Bureau, University of Dar es Salaam, 1971

MALIMA, K.A.: Planning for Self-Reliance. Tanzania's Third Five Year Plan, in: MAJI MAJI No. 35, July 1978, S. 33 ff., Dar es Salaam 1978

NSEKELA, A.J.: Socialism and Social Accountability in a Developing Nation. Problems in the Transformation of the Tanzanian Economy and Society, Nairobi 1978

RWEYEMAMU, A.H.: Some Reflections on Decentralisation in Tanzania, in: RWEYEMAMU/MWANSASU: Planning in Tanzania, Background to Decentralisation, Nairobi 1974

IV. Wirtschaft

IV.1 Rahmenbedingungen wirtschaftlicher Entwicklung

BREITENGROS, J.P.: Wirtschaft und Wirtschaftspolitik in Tansania, in: Pfennig/Voll/Weber: Entwicklungsmodell Tansania. Sozialismus in Afrika, Frankfurt/Main 1980, S. 133-167

COULSON, A.C.: Wer kontrolliert Tanzanias Wirtschaft?, in: Blätter des iz3w Nr. 60, Freiburg 1977, S. 7-13

GREEN, R.H.: A Guide to Acquisition and Initial Operation: Reflections from Tanzanian Experience 1967-1974, in: FAUNDEZ/PICIOTTO (Hg.): The Nationalization of Multinationals in Peripheral Economies, London 1978, S. 17-70

GRIES, R.: Probleme, Handlungsspielraum und Perspektiven eines Entwicklungslandes: Beispiel Tanzania, in: Neue Weltwirtschaftsordnung; Bedingung für eine Zukunft des Friedens?, Köln 1979, S. 305-326

JEDRUSZEK, J.: Development in Employment and Productivity in Tanzania 1967-1977, ERB-Paper 78.5/78.6, University of Dar es Salaam 1978

KUUYA, M.: Transfer of Technology: An Overview of the Tanzanian Case. ERB-Paper 77.3, University of Dar es Salaam 1977

MAGANYA, N.E.: Grappling with the Rural Question. The experience of Tanzania, in: MAJI MAJI No. 40, Dar es Salaam, März 1980, S. 1 ff.

PFITZENMEIER-REMUS, R.: Grenzen und Möglichkeiten einer durch den Staat getragenen Warenproduktion unter der Bedingung weltmarktabhängiger Reproduktion, Diplomarbeit, Berlin 1979

SCHNEIDER-BARTHOLD, W.: Die tanzanische Wirtschaft zwischen "Self-Reliance" und Abhängigkeit, in: Linhard, J./Voll, K. (Hg.): Weltmarkt und Entwicklungsländer, Rheinstetten 1976, S. 249-257

IV.2 Probleme industrieller Entwicklung

BENDERA, O.M.S.: Long term Industrial Strategy for Tanzania, in: Wissenschaftliche Beiträge, Berlin (DDR), 1977, S. 76-80

BIENEFELD, M.A.: The Construction Industry in Tanzania, ERB-Paper 70.22, University of Dar es Salaam 1972

DARKOH, M.B.K.: An Introductory Note on Underdevelopment and Industrialisation in Africa with Special Reference to East Africa during the Colonial Period, in: Journal of the Geographical Association of Tanzania, Nr. 16, Dar es Salaam 1978, S. 15-37

KIM, K.S.: The Linkage Effects of Basis Industries in Tanzania. Some Policy Issues and Suggestions. ERB-Paper 76.11, University of Dar es Salaam 1976

KIM, K.S.: Industrialization Strategies in a Developing Socialist Economy: An Evaluation of the Tanzanian Case, in: The Journal of the Institute of Developing Economies, Nr. 16 (1978), 3, Dar es Salaam 1978, S. 254-268

KUUYA, M.: Import Substitution as an Industrial Strategy: The Tanzanian Case, ERB-Paper 76.10, University of Dar es Salaam 1976

MIHYO, P.B.: Industrial Relations in Tanzania, in: DAMACHI, U.G. (Hg.): Industrial Relations in Africa, London 1979, S. 240-272

MITSCHKE-COLLANDE, P. v.: Transfer and Development of Technology. Industrialisation and Engineering Education in Tanzania, Institut für Afrika-Kunde, Hamburg 1980

RWEYEMAMU, J.: Underdevelopment and Industrialization in Tanzania. A Study of Perverse Capitalist Industrial Development, Nairobi 1978

THOMAS, C.: The Transition to Socialism: Issues of Economic Strategy in Tanzanian Type Economies, unveröffentlichtes Manuskript, University of Dar es Salaam 1972

IV.3 Kleinindustrie

BERG, L. u.a.: Towards Village Industry, London 1978

KAHAMA, C.G.: Promotion of Small Scale Industries in Ujamaa-Villages, in: MBIONI, Vol. VII, No. 2, Dar es Salaam 1973

KJEKSHUS, H.: Ecology Control and Economic Development in East African History. The Case of Tanganyika 1850-1950, London/Nairobi 1977

KLOPFER, G.: Industry and Handicrafts: National Objectives, Strategies, Achievements and Shortcomings, in: The United Republic of Tanzania/Tanga Integrated Rural Development Programme (TIRDEP) (Hg.): Tanga Regional Development Plan 1975-1980, Vol. III, Appendices, Appendix C. 10 b, Tanga 1975

LIVINGSTONE, I.: The Promotion of Craft and Rural Industry in Tanzania, in: Vierteljahresberichte - Forschungsinstitut der Friedrich-Ebert-Stiftung, Nr. 47, Hannover 1972

MICHEL, H./OCHEL, W.: Ländliche Industrialisierung in Entwicklungsländern, Branchenstruktur, Problemanalyse und Förderungsmaßnahmen. IFO-Studien zur Entwicklungsforschung, Nr. 2, München 1977

MÜLLER, J.: Regional Planning for Small Industries in Tanzania. DDR-Papers A 76.2, Kopenhagen 1976

MÜLLER, J.: Liquidation or Consolidation of Indigenous Technology, Aalborg 1980

PHILLIPS, D.: Industrialization in Tanzania. Small Scale Production, Decentralization and Multi-Technology Programm for Industrial Development. ERB-Paper 76.5, University of Dar es Salaam 1976

SCHÄDLER, K.: Crafts, Small Scale Industries and Industrial Education in Tanzania, Afrika-Studien des IFO-Instituts für Wirtschaftsförderung, München 1979

SIDO (Hg.): Objectives and Functions of Small Industries Development Organisation of the United Republic of Tanzania, Dar es Salaam, o.J.

TANU (Hg.): Directive on the Establishment and Development of Small Scale Industries in Tanzania, Dar es Salaam 1973

ZWANGENBERG, R.v.: Pre-Capitalist Industry in Eastern Africa, in: BERG, L. u.a.: Towards Village Industry, Nottingham 1978

IV.4 Landwirtschaft

BALDUS, R.: Die Entwicklung der landwirtschaftlichen Kooperation in Tanzania, in: PFENNIG, W./NOLL, K./WEBER, H.: Entwicklungsmodell Tanzania, Sozialismus in Afrika, Frankfurt/Main 1980

EGGER, K.: Agrartechnik in Tanzania zwischen Tradition und Moderne - Alternativen zur grünen Revolution, in: Zeitschrift für Kulturaustausch 25 (1975), Heft 1, S. 52

FREYHOLD, M. v.: Wozu die Weltbank Tanzania verholfen hat: Der Einfluß der Weltbank auf die landwirtschaftliche Entwicklung Tanzanias von 1967-1977, in: HANISCH/TETZLAFF (Hg.): Die Überwindung der ländlichen Armut in der Dritten Welt - Probleme und Perspektiven kleinbäuerlicher Entwicklungsstrategien, Frankfurt/Main 1979

GLAESER, B.: Umweltschonende Agrartechnologie im Rahmen bedürfnisorientierter Entwicklung, Saarbrücken 1981

MEYNS, P.: Die Landwirtschaft Tanzanias nach der Nahrungsmittelkrise 1974/75, in: PFENNIG/NOLL/WEBER: Entwicklungsmodell Tanzania, Frankfurt/Main 1980

MISHAMBI, G.T.: Imperialism and the Agrarian Question - West Lake Region Tanzania, in: MAJI MAJI No. 38, Dar es Salaam, Juni 1979, S. 30 ff.

RAIKES, P.: UJAMAA - eine sozialistische Agrarentwicklung?, in: Blätter des iz3w Nr. 60, Freiburg 1977, S. 28-35

V. Planung und räumliche Entwicklung

V.1 Amtliche Pläne, Programme und Veröffentlichungen

BRALUP (Bureau of Resource Assessment and Land Use Planning): Rural Integrated Development Plan for Rukwa Region, Dar es Salaam 1978

BUNDESMINISTERIUM FÜR WIRTSCHAFTLICHE ZUSAMMENARBEIT (Hg.): Der Entwicklungsplan Tanzanias 1969-1974, Materialien zur Entwicklungspolitik Nr. 18, Bonn 1971

INSTITUTE OF RURAL DEVELOPMENT PLANNING (Hg.): An appraisal of 1976-81 District Plan of Morogoro, Vol. 1 u. 2, 2 Bde., Dodoma 1980

MAGENI, N.M.: National Urban Housing Policy of Tanzania. Memorandum by the Minister for Lands, Housing and Urban Development, Economic Committee of the Cabinet Paper of 1972, hg. vom Department of Urban and Rural Planning, ARDHI-Institute, Dar es Salaam, Januar 1981

TANZANIA, Government of/Prime Ministers Office: Village Planning, Village Management Training Programme, Dar es Salaam 1977

TANZANIA, Government of/Ministry of Economic Affairs and Development Planning: Tanzania: The People's Plan for programming a popular version of 2nd five-year-plan for economic and social development 1969-1974, Dar es Salaam 1969

TANZANIA, The United Republic of: Tanzania Second Five-Year-Plan for Economic and Social Development, 1st July 1969 - 30th June 1974, Dar es Salaam 1969

TANZANIA, United Republic of: Tanzania Third Five-Year-Plan for Economic and Social Development 1976-1981, Dar es Salaam 1979

TANZANIA, United Republic of/Tanga Integrated Rural Development Programme TIRDEP) (Hg.): Tanga Regional Development Plan 1975-1980, Tanga 1975, 3 Bde.

TIRDEP: Annual Report 1979, Tanga, Januar 1980

V.2 Raumstruktur und dezentrale Planung

AMEY, A.: Urban - Rural Relations in Tanzania: Methodology, Issues and Preliminary Results, ERB-Paper 76.12, University of Dar es Salaam, 1976

ARKADIE, B.v.: Planning in Tanzania, in: FABER/SEERS (Hg.): The Crisis in Planning, Vol. 2, London 1972

BAARS, G.: Restriktionen einer dezentralen Planung in Entwicklungsländern am Beispiel Tanzanias, unveröffentlichte Diplomarbeit, Dortmund 1976

HENNKE, R.: Räumliche Dezentralisierung als Aspekt der Entwicklungsstrategie Tanzanias, Diplomarbeit an der Universität Hannover 1979

HENNINGS, G./JENSSEN, B./KUNZMANN, K.: Dar es Salaam/Tanzania, in: Eine Strategie der Entwicklungsorte für Ballungszentren in Entwicklungsländern, Dortmunder Beiträge zur Raumplanung, Bd. 10, Dortmund 1978

HYDEN, G.: Planning in Tanzania: Lessons of Experience, in: East Africa Journal 6/10, Oct. 1969, S. 13-18

LÜHRING, J.: Gegenstand und Bedeutung dezentraler Raumplanung in den Staaten Tropisch-Afrikas - dargestellt an Beispielen aus Tanzania und Ghana, in: Die Erde, Jahrgang 105, 1974, S. 275-294

MALIMA, K.A.: Planning for Self-Reliance - Tanzania Third Five Year Development Plan, in: MAJI MAJI, July 1978, S. 33 ff.

RWEYEMAMU, A.H./MWANSASU, B.U. (eds.): Planning in Tanzania, Background to Decentralisation, Nairobi 1974

SLATER, D.: Underdevelopment and spatial inequality, in: Progress in Planning, Vol. 4, Oxford 1975

V.3 Regionalplanung

ANSPRENGER, F.: Über Sinn und Unsinn von Regionalstudien unter besonderer Berücksichtigung Tanzanias, in: ANSPRENGER u.a.: Tanzania. Beiträge zur exemplarischen Analyse eines Entwicklungslandes, Berlin 1976

BELSHAW, D.G.R.: Decentralised Planning and Poverty-Focused Rural Development: Intra-Regional Planning in Tanzania, ERB-Paper 77.5, University of Dar es Salaam 1977

BEREGE, E.H.: Regional Physical Planning in Tanzania as a Basis for Economic Planning, a Paper presented at the Symposium on Planning of Human Settlements and Development at ARDHI-Institute, Dar es Salaam 16th-19th May 1979

KAUL, H.W./KAISER, E.: Entwicklungsplanung in der Dritten Welt am Beispiel des Kilomberotals (Tanzania), Berlin 1978

LOHMEIER, J.: Tanzania: Eine politische Ökonomie der Regionalentwicklung. Arbeiten aus dem Institut für Afrika-Kunde, Bd. 41, Hamburg 1982

MBARUK, A.B. (Institute of Rural Development Planning): Proposed Development Plan for Moshi Rural District - 1981/82-1985/86, Part I: Agricultural Production, Institute of Rural Development Planning (IRDP), Morogoro 1980

MGALULA, W.A.R.: Proposed Development Plan for Moshi Rural District - 1981/82 - 1985/86, Part II: Industrial Production, IRDP, Morogoro 1980

MSUYA, G.M.: Proposed Development Plan for Moshi Rural District - 1981/82-1985/86, Part III: Social Infrastructure, IRDP, Morogoro 1980

MTIRO, I.J./BEREGE, E.H.: Regional Physical Planning in Tanzania as a Basis for Economic Planning. A Paper presented to the Planning Officer's Conference, Tanga 16th-21th October 1978, Dar es Salaam 1978

MUSHI, S.S.: Popular Participation and Regional Development Planning: The Politics of Decentralised Administration, in: Tanzania Notes and Records, 83/1978, S. 63-97, Dar es Salaam 1978

MUZIOL, W.: Dodoma Integrated Rural Development Project (DODEP), Evaluierung im Auftrag der Kübelstiftung, Bensheim 1980

PILGRAM, K./ZILS, K.L.: Tanga Integrated Rural Development Programme (TIRDEP). Experience with Regional Planning and Project Implementation in Tanga Region, Tanzania, Tanga/Eschborn 1980

V.4 Urbanisierung und Stadtplanung

BANYIKWA, W.F.: Recent changes in urban residential land use policies in Tanzania and their spatial repercussions, in: Journal of the Geographical Association of Tanzania, Nr. 16, Dar es Salaam 1978, S. 38 ff.

Ders.: The foundation and the structure of a humanized urbanism in Tanzania, in: Journal of the Geographical Association of Tanzania, Nr. 18, Dar es Salaam 1979, S. 1 ff.

DOHERTY, J.: Urban Places and Third World Development: The Case of Tanzania, in: Antipode 9/3, 1977

HEUER, P./SIEBOLDS, P./STEINBERG, F.: Urbanisierung und Wohnungsbau in Tanzania, Berlin 1979

KULABA, S.M.: Development and Human Settlement Development in Tanzania. A Paper presented at the Symposium on Planning of Human Settlements and Development at ARDHI-Institute, Dar es Salaam, 16th-19th May 1979

MAJANI, B.B.K./KAMULALI, T.W.P.: The Planning of Human Settlements. A Paper presented at the Symposium on Planning of Human Settlements and Development at ARDHI-Institute, Dar es Salaam, 16th-19th May 1979

MGHWENO, J.M.: Human Settlement Upgrading Process - Problems and Solutions. Brief on Squatter-Upgrading in Tanzania. A Paper presented at the Symposium on Planning of Human Settlement and Development at ARDHI-Institute, Dar es Salaam, 16th-19th May 1979

SABOT, R.H.: Economic Development and Urban Migration in Tanzania 1900-1971, Oxford 1979

SIEBOLDS, P./STEINBERG, F.: Tanzania I: Die neue Hauptstadt Dodoma, in: Bauwelt, Heft 41, 1979

VORLÄUFER, K.: Koloniale und nachkoloniale Stadtplanung in Dar es Salaam, Frankfurt/Main 1970

V.5 Ländliche Entwicklung und Dorfplanung

ARNOLD, P.: Tanzania, Ujamaa - Bauernkollektive, in: Blätter des iz3w Nr. 26/27, Freiburg 1973, S. 28-35

CLIFFE, L. u.a.: Rural Cooperation in Tanzania, Dar es Salaam 1975

CLIFFE, L.: Planning Rural Development, in: RWEYEMAMU, J.F. u.a. (Hg.): Towards Socialist Planning, Dar es Salaam 1972

FREYHOLD, M.v.: Ujamaa Villages in Tanzania - Analysis of a Social Experiment, London 1979

HIZER, G.: The Ujamaa Village Programme in Tanzania, Hague 1971

MARO, P.S./MLAY, W.F.I.: Village Settlement and Popular Participation in Rural Development in Tanzania, in: Journal of the Geographical Association of Tanzania, Nr. 16, Dar es Salaam, June 1978, S 1 ff.

Dies.: Population Redistribution in Tanzania, in: Journal of the Geographical Association of Tanzania, Nr. 18, Dar es Salaam, June 1979, S. 26 ff.

MATOMARA, M.: Tanzania - Probleme und Chancen ländlicher Entwicklung, in: Blätter des iz3w, Nr. 70, Freiburg, Juni 1978, S. 15 ff.

MCDOWELL, J. (Hg.): Village Technology in Eastern Africa. A Report of a UNICEF sponsored Regional Seminar on "Appropriate Technology for the Rural Family" held in Nairobi 14th-19th June 1976, Nairobi 1976

PROJEKTGRUPPE F 33: 1979/80: Dorfplanung in einem Entwicklungsland am Beispiel Tanzania; Projektbericht, Abteilung Raumplanung, Universität Dortmund, Dortmund 1980

RAIKES, P.: Economic Evaluation Criteria for Ujamaa Villages, ERB-Paper 73.3, University of Dar es Salaam 1973

SCHULER, U.: Planning for Agricultural Development and the Lay-Out-Planning for Villages and Ujamaa-Villages. Paper presented at the Symposium on Planning of Human Settlements and Development, ARDHI-Institute 16th-19th May 1979, Dar es Salaam 1979

V.6 Verkehrsplanung

BROKONSULT: Feasibility Study of the Development Potential and Feeder Road Improvements in the Tabora Region, o.O., 1975

HOFMEIER, R.: Der Beitrag des Verkehrswesens für die wirtschaftliche Entwicklung Tanzanias - unter besonderer Berücksichtigung des Straßenverkehrs, Dissertation, München 1970

ILO: Planning and Administration of Special Labour Intensive Public Works Schemes in Tanzania. A Country Report for ILO, Dar es Salaam 1976

MARO, P.S.: Transportation and Economic Development in Tanzania, in: Journal of the Geographical Association of Tanzania, Nr. 15, Dar es Salaam 1977, S. 153-174

McCALL, M.: Political Economy and Rural Transport: Reappraisal of Transportation Impacts, in: Antipode 9 (1), Massachusetts 1977

McCALL, M./SKUTSCH, M.: Tabora Region Feeder Road Study: A Review, in: Journal of the Geographical Association of Tanzania, Nr. 16, Dar es Salaam 1978, S.140 ff.

MWASE, N.: A Study of the Structure, the Distribution of Operators and other Factors Affecting Road Transport in Tanzania, ERB-Paper, University of Dar es Salaam 1979

VEEN, J.de: Rural Access Roads Programme, Genf (ILO) 1980

VI. Umweltproblematik

BERRY, L./FORD, R.B.: The Environmental Context of Development in Tanzania - A Map of Environmental Pressure Points, Project Document 1223.3, Mass. 1977

EGGER, K.: Ökologie als Produktivkraft, in: ELSENHANS, H. (Hg.): Agrarreform in der Dritten Welt, Frankfurt/New York 1979, S. 217-254

FOSBROOKE, H.A.: Resource Development and Environment. Paper presented at the Bureau of Resource Assessment and Land Use Planning Workshop, Dar es Salaam 22nd-26th June 1981

GLAESER, B./ANTAL, A.: Factors Affecting Land Use and Food Production - A Contribution to Ecodevelopment in Tanzania, Saarbrücken 1980

GLAESER, B.: Umweltschonende Agrartechnologie im Rahmen bedürfnisorientierter Entwicklung. Ein Beitrag zur Ökoentwicklung in Tanzania, Saarbrücken 1981

GLAESER, B.: Ökonomische Konsequenzen ökologisch orientierter Landwirtschaft in Ostafrika, in: ELSENHANS, H. (Hg.): Agrarreform in der Dritten Welt, Frankfurt/New York 1979, S. 255 ff

KNIGHT, C.G.: Ecology and Change. Rural Modernization in an African Community, New York 1974

MASCARENHAS, A.C.: Drought and the Optimization of Tanzania's Environmental Potential. Bureau of Resource Assessment and Land Use Planning (BRALUP), University of Dar es Salaam 1974

OLE SAITOTI, T.: A Massai looks at the Ecology of Massailand, in: Munger Africana Library Notes, Nr. 42, 1978

RUTHENBERG, H.: Ansatzpunkte zur landwirtschaftlichen Entwicklung Tanganyikas. Sonderschrift des IFO-Institutes für Wirtschaftsforschung, München 1974

VII. Bildung und Ausbildung

HINZEN, H./HUNDSDÖRFER, V.: Education for Liberation and Development. The Tanzanian Approach towards Lifelong Learning, Genf, UNESCO, 1977

HUNDSDÖRFER, V.: Die politische Aufgabe des tanzanischen Bildungswesens seit der Arusha Deklaration - Sein möglicher Beitrag zur Überwindung der Unterentwicklung, Institut für Ethnologie und Afrika-Studien der Universität Mainz, 1977

INSTITUTE OF RURAL DEVELOPMENT PLANNING: Post-Graduate Diploma Course in Regional Planning - Proposed Syllabus, Morogoro 1979

INSTITUTE OF RURAL DEVELOPMENT PLANNING: Post-Graduate Diploma in Planning and Development, Dodoma 1980

KOLODZIG, G.: Das Erziehungswesen in Tanzania. Historische Entwicklung und Emanzipation von der kolonialen Vergangenheit, Saarbrücken 1978

MBILINYI, M.: The Arusha Declaration and Education for Self-Reliance, in: Coulson, A.: African Socialism in Practice - The Tanzanian Experience, Nottingham 1979, S. 217-228

MONGI, L.M.: The Importance and the Methods by which Popular Participation Can Be Increased in Development Decisions; Paper presented to the International Conference on Adult Education, Dar es Salaam 1976

NYERERE, J.K.: Bildung und Befreiung. Texte zum kirchlichen Entwicklungsdienst 14, Frankfurt 1977

SHEFFIELD, J.R.: Basic Education for the Rural Poor. The Tanzanian Case, in: The Journal of Developing Areas, Heft 14/1, 1979, S. 99-110

VIII. Bibliographien

HILBERT, R./OEHLMANN, C.: Ausländische Direktinvestitionen und Multinationale Konzerne in Afrika südlich der Sahara - Eine Bibliographie, Frankfurt/New York 1980

HUNDSDÖRFER, V./KÜPER, W.: Bibliographie zur sozialwissenschaftlichen Erforschung Tanzanias, Arnold-Bergsträsser-Institut, München 1974

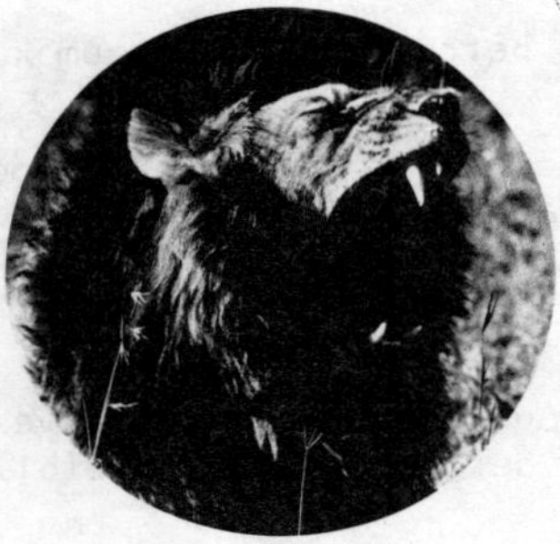

Autoren und Herausgeber

Uwe Friedrich: cand.Ing., Abteilung Raumplanung der Universität Dortmund, 1979/80 Studienprojekt "Dorfplanung in einem Entwicklungsland am Beispiel Tanzania" mit Exkursion.

Wolfgang Eckhardt: cand. Ing., Abteilung Raumplanung der Universität Dortmund, 1979/80 Studienprojekt "Dorfplanung in einem Entwicklungsland am Beispiel Tanzania" mit Exkursion.

Gerd Hennings: Dr.rer.pol., Akademischer Rat am Fachgebiet Volkswirtschaftslehre der Abteilung Raumplanung, Universität Dortmund, verschiedene Arbeiten zur Raumplanung in Entwicklungsländern, 1980 Aufenthalt in Tanzania.

Michael McCall: Ph.D., Geograph und Regionalplaner, 1974-1982 Dozent am Department of Geography, University of Dar es Salaam, Mitarbeit am Regional Integrated Development Plan für die Rukwa-Region.

Katabaro Miti: Ph.D., Dozent am Political Science Department der University of Dar es Salaam.

Martin Orth: cand.Ing., Abteilung Raumplanung der Universität Dortmund, 1979/80 Studienprojekt "Dorfplanung in einem Entwicklungsland am Beispiel Tanzania" mit Exkursion.

Einhard Schmidt: Dr.rer.pol., Wiss.Assistent am Fachgebiet Soziologische Grundlagen der Raumplanung der Universität Dortmund, Veröffentlichungen zu Problemen der Raumplanung in der Dritten Welt, mehrere Reisen nach Tanzania, 1979/80 Betreuung des Studienprojektes "Dorfplanung in einem Entwicklungsland am Beispiel Tanzania" mit Exkursion.

Rita Schnepf: cand.Ing., Abteilung Raumplanung der Universität Dortmund, 1979/80 Studienprojekt "Dorfplanung in einem Entwicklungsland am Beispiel Tanzania" mit Exkursion.

Margaret Skutsch: M.A., Geographin und Regionalökonomin, 1975-1980 Dozentin am ARDHI-Institute, Dar es Salaam, Department of Urban and Rural Planning, Veröffentlichungen zu Fragen der Stadt- und Dorfplanung in Tanzania.

Steven Székely: cand.Ing., Abteilung Raumplanung der Universität Dortmund, 1979/80 Studienprojekt "Dorfplanung in einem Entwicklungsland am Beispiel Tanzania" mit Exkursion.

Christiane Ziegler: Dipl.-Ing., Wiss.Assistentin am Fachgebiet Landschaftsökologie und Landschaftsplanung der Abteilung Raumplanung, Universität Dortmund, 1979/80 Beratung des Studienprojektes "Dorfplanung in einem Entwicklungsland am Beispiel Tanzania" mit Exkursion.

Dortmunder Beiträge zur Raumplanung

Band 1
Methoden der empirischen Raumforschung
herausgegeben von Wilhelm F. Schraeder und Michael Sauberer
Mit Beiträgen von M. Batty, A.D. Cliff, R.W. Ernst, C.W.J. Granger, J. Goddard, M.C. Hayes, H.W. terHart, O. Hebin, S. Illeris, P. Korcelli, V. Kreibich, J. Masser, K. Ord, P.O. Pedersen, W. Pannitschka, W.F. Schraeder and A.G. Wilson.
Dortmund 1976, 398 Seiten, DM 29,50

Band 2
Christoph Wurms
Raumordnung und Territorialplanung in der DDR
Untersuchungen zur Entwicklung von Territorialstruktur, Planungsorganisation und Raumwissenschaft in der DDR.
Mit Beiträgen von M. Görg, W. Selke und D. Töpfer.
Dortmund 1976, 327 Seiten, DM 26,50

Band 3
Lutz Schröter
Infrastrukturausstattung und regionale Krisenanfälligkeit
Analyse des Zusammenhangs von Agglomeration, Technischem Fortschritt und Differenzierung der Standortanforderungen
Dortmund 1978, 110 Seiten, DM 10,00

Band 4
Raumplanung und Verkehr
herausgegeben von Erich Ruppert
Mit Beiträgen von L. Bach, P. Baron, J. Bartnick, W. Delarber, W. Eckstein, L. Fischer, K.-J. Krause, V. Kreibich, E. Kutter, H. Lutter, P.A. Mäcke, W. Pannitschka, A. Pohl, E. Ruppert, R. Schneider, H. Schoof, W. Teichgräber, P. Velsinger, G. Werner/P. Schuch.
Dortmund 1978, 320 Seiten, DM 15,00

Band 5
Hermann Bömer
Internationale Kapitalkonzentration und regionale Krisenentwicklung am Beispiel der Montanindustrie und der Montanregionen der Europäischen Gemeinschaft
Dortmund 1977, 320 Seiten, DM 15,00

Band 6
Erich Ruppert
Modelle räumlichen Verhaltens dargestellt am Beispiel eines Verkehrsmittelwahlmodells im Fernverkehr der Bundesrepublik und der räumlichen Verteilung regionaler Verkehrsbeziehungen als Parameter regionaler Entwicklung
Dortmund 1977, 105 Seiten, DM 8,50

Band 7
Aktuelle Probleme der Regionalentwicklung im Ruhrgebiet
herausgegeben von Lutz Schröter, Paul Velsinger und Horst Zierold
Mit Beiträgen von L. Schröter/H. Zierold, B. Greuter, P.A. Mäcke, C. Reetz, R. Hoberg und G. Wegener.
Dortmund 1977, 74 Seiten, DM 8,00

Band 8
Beat Greuter
Ein dynamisches Erreichbarkeitsmodell zur Simulation der Stadtstrukturentwicklung angewandt am Beispiel der Stadtregion Zürich
Dortmund 1977, 310 Seiten, DM 15,00

Band 9
Raumplanung und Planerausbildung Zum Beispiel: AG-KOP-Konzept und Dortmunder Modell (1969 - 1976)
herausgegeben von Ekkehard Brunn und Wolf Pannitschka
Dortmund 1978, 370 Seiten, vergriffen

Band 10
Gerd Hennings, Bernd Jenssen und Klaus R. Kunzmann
Dezentralisierung von Metropolen in Entwicklungsländern
Elemente einer Strategie zur Förderung von Entlastungsorten
Dortmund 1978, 170 Seiten, vergriffen

Band 11
Wolf Pannitschka
Wohnallokation: Alterung des Wohnungsbestandes und Veränderung der Bevölkerungsstruktur
Dortmund 1979, 175 Seiten, DM 17,00

Band 12
Wohnungsumfeldverbesserung. Ein Lesebuch
herausgegeben von Franz Pesch und Klaus Selle
Mit Beiträgen von D. Blase/F. Schrooten, F. Borkenau (Salam), A. Distler, K.-H. Fiebig, U. Hellweg, U. Kohlbrenner, A. Kretzschmar, D. Obermaier, P. Schneider, R. Sellnow, J. Tober, P. Zlonicky, H. Zierold
Dortmund 1979, 315 Seiten, DM 22,00

Band 13
Aspekte der Raumplanung in Entwicklungsländern
herausgegeben von Bernd Jenssen und Klaus R. Kunzmann
Mit Beiträgen von H.-J. Arens, L. Bähr, T. Dericioglu, R. Ernst, R. Guldager, B. Jenssen, K.J. Kresse, K.R. Kunzmann, R. Michael, V.Z. Newcombe, M. Niermann, E. Schmidt, M. Ueberschaer, P. Waller
Dortmund 1982, 370 Seiten, DM 24,00

Band 14
Dorothee Obermaier
Möglichkeiten und Restriktionen der Aneignung städtischer Räume
Dortmund 1980, 137 Seiten, vergriffen

Band 15
Raumplanung in China Prinzipien, Beispiele, Materialien
herausgegeben von Doris Reich, Einhard Schmidt, Reinhard Weitz
Mit Beiträgen von D. Albrecht, M. Caldwell, S. Ji, Z. Jinghua, M. Mertins, M. Müggenburg, D. Reich, V. Waltz, R. Weitz, G. Zhongtao/W. Chenqing
Dortmund 1980, 338 Seiten, DM 24,00

Band 16
Peter Debold
Staatliche Planung im Agglomerationsprozeß Mailand 1950 - 1978
Dortmund 1980, 335 Seiten, DM 24,00

Band 17
Klaus-Dieter Stark
Wirtschaftsförderungs-Institutionen und Gewerbeflächen als Lenkungsinstrumente zur räumlichen Verteilung von Industrie und Gewerbe
Dortmund 1980, 300 Seiten, DM 21,00

Band 18
Fragen der Bodenordnung und Bodennutzung Instrumente, Wertermittlung, Entschädigung
herausgegeben von Hartmut Dieterich
Mit Beiträgen von H. Dieterich, G. Pirstadt, H. Güttler/E. Ruppert/R. Dierl, H. Dieterich/H. Güttler
Dortmund 1980, 176 Seiten, DM 16,00

Band 19
Volker Kreibich, Bernd Meinecke, Klaus Niedzwetzki
Wohnungsversorgung und regionale Mobilität am Beispiel München
Dortmund 1980, 144 Seiten, DM 15,00

Band 20
Kommunale Entwicklungsplanung Ausgewählte Beiträge aus Wissenschaft und Praxis.
herausgegeben von Gerhard Wegener
Mit Beiträgen von G. Albers, J. Becker, G. Curdes, J.J. Hesse, R. Hoberg, U.J. Küpper, C. Reetz, E. Rothgang, H. Schoof, U. Schumann, F. Wagener, G. Wegener
Dortmund 1981, 270 Seiten, DM 22,00

Band 21
Burkhard Bastisch, Heinz Bunse, Hanno Osenberg, Walter Wiehagen
Wirkungsanalyse von Sanierungen Auswirkungen von städtebaulichen Sanierungsmaßnahmen auf die Wohnungs- und Bevölkerungsstruktur in Wuppertal Elberfeld-Nord und Hannover Linden Süd.
Dortmund 1981, 375 Seiten, DM 25,00

Band 22
Vorbereitung der Stadterneuerung Fallstudien, Folgerungen
herausgegeben von Margit Krüger, Christian Kuthe, Horst Schönweitz, Klaus Selle
Mit Beiträgen von afa (Aachen), AGSTA (Hannover), AG Bestandsverbesserung (Dortmund)
Dortmund 1981, 398 Seiten, DM 26,00

Band 23
Stadt-Umland-Wanderung und Betriebsverlagerung in Verdichtungsräumen
herausgegeben von Peter Paul Ahrens, Volker Kreibich, Roland Schneider
Dortmund 1981, 150 Seiten, DM 16,00

Band 24
Andreas Pohl
Fernstraßenplanung und Naherholung Quantifizierung der Auswirkungen, Bewertung und Minimierung.
Dortmund 1981, 170 Seiten, DM 19,00

Band 25
Lieselotte Krickau-Richter, Josef Olbrich
Regionale Strukturpolitik mit Dienstleistungsbetrieben. Möglichkeiten und Grenzen der Standortsteuerung.
Dortmund 1982, 226 Seiten, DM 20,00

Band 26
Studiengänge und Arbeitsplätze der Raumplaner
herausgegeben von P.P. Ahrens, E. Brunn, H. Estermann, W. Nonnenmacher, I. Schwoerer
mit Beiträgen von H. Ahrens, P. Ahrens, Albers, Arlt, Bauer/Wolters, Berve, Beyer/Ganser, Brake, Brunn, Daub, Eberle/Kistenmacher, Ellwein/Reich/Schwoerer, Görg, Gortworst/de-Ruijter, Guhde, Jenssen, Jöns, Kammeier, Kunzmann, Lehmann, Maurer, McLoughlin, Meyfarth, Michel, Moser, Nonnenmacher/Schwoerer, Piccinato, Rautenstrauch, Schneider, Sinz, Subbakrishniah, Walz, Weiß, Wullkopf
Dortmund 1982, 336 Seiten, DM 24,00

Band 27
Raumplanung und ländliche Entwicklung in Tanzania
herausgegeben von Wolfgang Eckhardt, Uwe Friedrich, Martin Orth, Einhard Schmidt, Rita Schnepf
Dortmund 1982, 175 Seiten, DM 20,00

Band 28
Gerhard Wegener, Wilfried Kühling
Umweltgüteplanung Umriß eines interdisziplinären Konzeptes
Dortmund 1983 (in Vorbereitung)

Band 29 (in Vorbereitung)

Band 30
Franz Pesch
Wohnungsumfeldverbesserung in innerstädtischen Altbaugebieten der Gründerzeit
(in Vorbereitung)

Band 31
Renate Fritz-Haendeler
Sozialer Wohnungsbau in den Niederlanden
Dortmund 1982, 335 Seiten, DM 24,00

BIBLIOGRAPHIEN

B/1
Bibliographie Raumplanung im Ruhrgebiet
Rainer Stierand unter Mitarbeit von H.-J. Maszner, W. Killing und U.v. Petz
Dortmund 1976, 288 Seiten, DM 15,00

B/2
Bibliographie zum Arbeiterwohnungsbau im Ruhrgebiet 1850 - 1933
Franziska Bollerey, Kristiana Hartmann, Ursula v. Petz unter Mitarbeit von Helga Schmal und Werner Killing
Dortmund 1982, 280 Seiten, ca. DM 15,00

PROJEKTE

P/1
Sanierung Wetter 'Alte Freiheit'
Projektgruppe A 05/75, Redaktion: Raimund Messner
Dortmund 1977, 128 Seiten, DM 10,00

P/2
Sanierung Mülheim City Nord. Wohnen am Rande der City
bearbeitet von Berthold Haermeyer, Petra Müller und Michael Zirbel
Dortmund 1978, 138 Seiten, DM 10,00

P/3
Flächennutzungsmodell PLUM. (Projective Land Use Model)
Projektgruppe F 08/77, Redaktion: Michael Wegener
Dortmund 1978, 66 Seiten, DM 10,00

P/4
Strukturkrise Pirmasens. Materialien für eine arbeitnehmerorientierte Regionalpolitik
Redaktion und Zusammenstellung: Walter Schmitt, Raimund Stieler und Christoph Wurms
Dortmund 1979, 220 Seiten, DM 15,00

P/5
Regionalentwicklung Hagen
Projektgruppe F 13/78
Dortmund 1980, 180 Seiten, DM 15,00

P/6
Öffentlicher Personennahverkehr im ländlichen Raum - Märkischer Kreis
Projektgruppe F 05/78, Bearbeitung: Heinrich Ammelt, Axel Losansky, Gerhard Serges, Helmut von Veen
Dortmund 1980, 98 Seiten, ca. DM 13,00

P/7
Stadterneuerung in historischen Grenzen - Wohnen in Werl
Projektgruppe F 19/79
Dortmund 1981, 87 Seiten, DM 8,00

Herausgeber:
Institut für Raumplanung (IRPUD)
Abteilung Raumplanung
Universität Dortmund

Vertrieb:
Informationskreis für Raumplanung e.V. (IfR)
Universität Dortmund
Postfach 50 05 00
4600 Dortmund 50